DOING
ECONOMICS

A GUIDE TO UNDERSTANDING
AND CARRYING OUT
ECONOMIC RESEARCH

经济学
研究入门指南

[美]史蒂文·A. 格林劳 著
(Steven A. Greenlaw)

郝永敬 译

著作权合同登记号：图字 01-2016-6633

图书在版编目(CIP)数据

经济学研究入门指南 /（美）史蒂文·A. 格林劳著；郝永敬译．—北京：北京大学出版社，2018.1
ISBN 978-7-301-29088-0

Ⅰ.①经… Ⅱ.①史… ②郝… Ⅲ.经济学-研究 Ⅳ.①F0

中国版本图书馆 CIP 数据核字（2017）第 328065 号

Steven A. Greenlaw
Doing Economics，first edition
Copyright @2006 Cengage Learning.
Original edition published by Cengage Learning. All Rights Reserved.
本书原版由圣智学习出版公司出版。版权所有，盗印必究。
Peking University Press is authorized by Cengage Learning to publish and distribute exclusively this simplified Chinese edition. This edition is authorized for sale in the People's Republic of China only (excluding Hong Kong, Macao SARs and Taiwan). Unauthorized export of this edition is a violation of the Copyright Act. No part of this publication may be reproduced or distributed by any means, or stored in a database or retrieval system, without the prior written permission of the publisher.

本书中文简体字翻译版由圣智学习出版公司授权北京大学出版社独家出版发行。此版本仅限在中华人民共和国境内（不包括中国香港、澳门特别行政区及中国台湾地区）销售。未经授权的本书出口将被视为违反版权法的行为。未经出版者预先书面许可，不得以任何方式复制或发行本书的任何部分。

本书封面贴有 **Cengage Learning** 防伪标签，无标签者不得销售。

书　　　名	经济学研究入门指南 JINGJIXUE YANJIU RUMEN ZHINAN
著作责任者	〔美〕史蒂文·A. 格林劳（Steven A. Greenlaw）　著　郝永敬　译
策划编辑	王　晶
责任编辑	王　晶
标准书号	ISBN 978-7-301-29088-0
出版发行	北京大学出版社
地　　　址	北京市海淀区成府路 205 号　100871
网　　　址	http://www.pup.cn
电子信箱	em@pup.cn　QQ：552063295
新浪微博	@北京大学出版社　@北京大学出版社经管图书
电　　　话	邮购部 62752015　发行部 62750672　编辑部 62752926　出版部 62754962
印　刷　者	三河市博文印刷有限公司
经　销　者	新华书店
	880 毫米×1230 毫米　32 开本　10.375 印张　280 千字 2018 年 1 月第 1 版　2021 年 3 月第 3 次印刷
定　　　价	35.00 元

未经许可，不得以任何方式复制或抄袭本书之部分或全部内容。
版权所有，侵权必究
举报电话：010-62752024　电子信箱：fd@pup.pku.edu.cn
图书如有印装质量问题，请与出版部联系，电话：010-62756370

本书献给我的朋友 Bob McConnell——他向我表明这是一个可行的项目，以及我的妻子 Kathy——她的支持使我能完成这个项目。

前　言

> 为了实现学术能力的发展，每一个学生都应该把自己所学的知识应用于经济问题，同时，在这一过程中获得"做经济学研究"的真实体验。为了克服实现这一目标的学术困难，学生应该在构建问题、搜集信息、整理与分析信息，以及得出结论并以口头的或书面的形式交流结论上付出大量的努力。
>
> ——Siegfried 等（1991）

在过去的 15 年间，许多著名的经济学教育专家指出，应该要求经济学学生展现出做经济学研究（doing economics）的熟练性而不仅仅是通过课程考试。尽管做经济学研究［以经济学研究（economic research）的形式］在研究生教育中是一个重要的组成部分，但在本科生的层面上却并不多见。由于越来越多的机构在它们的经济学项目中加强了对本科生参与研究的重视，这一情况在过去的 10 年中发生了改变。本书的目的在于引导这些新手研究者，无论他们是在学习本科生的研究方法课程、完成高年级的"顶点课程"①（capstone course）、撰写高年级的学位论文还是在开展研究生早期阶段的研究项目。

本书的目标在于向新手研究者清晰地阐明有经验的研究者已经

---

① 顶点课程是美国高校开设的一种让学生整合、拓展、批判和应用在学科领域的四年学习中所获得的知识、技能和态度等的课程。——译者注

内在掌握的那些关于研究过程的内容。本书的主要观点是，研究从根本上讲是一个构建有说服力的论证（argument）的过程，该论证应由理论证据和经验证据支持，文献检索、理论构建、数据收集和经验检验等更多技术问题是这一过程中的细节问题，但总体来看，这一过程是研究者对其感兴趣的问题或难题的解释构建论据的过程。

研究常常被看作那些有能力的学生在早期课程中肯定已经学到，或者他们能够通过自学掌握的技能之一，但是研究与写作领域的专家指出，这种观点是错误的。

尽管传统的课程传授了许多研究技能，但是研究设计需要的广泛技能却没有得到传授。传统的课程在传授技术技能——如分析推理的技能上，是成功的。在应用一个特定理论来分析一个具体问题或者对于给定数据集进行特定统计检验时，多数新手研究者做得非常好。然而，传统的课程在传授研究中所需要的广泛的、创造性的技能方面并不成功。这些广泛的、创造性的技能包括：

- 对于具体问题或难题构建良好的研究问题的能力；
- 对于具体的研究问题，找出和应用适当模型的能力；
- 开发适当数据集的能力；
- 选择适当方式检验特定假设（hypothesis）的能力；
- 利用结果建立学术性论证的能力。

更一般地来说，新手研究者没有完全理解研究不是一个明确的、机械的过程，而是一个充满模糊性的过程：存在多种解决具体研究问题的正确方式，也存在许多不正确的方式。尽管研究绝不能被简化为一个简单的菜谱式过程，但是它可以以更清晰的模式传授给学生，本书的目标就在于使新手研究者清晰地掌握研究的各个步骤。

致　谢

毫无疑问，本书得益于许多人的帮助。研究方法论覆盖了众多主题，其如此广泛以至于任何作者都难以完全掌握。我希望感谢那些对本项目在早期做出评价以及提出有益提示或建议的审稿人们：Stephen DeLoach（Elon University），Adam Grossberg（Trinity College），Hartford（CT），Wm. Stewart Mounts, Jr.（Mercer University），Craig M. Newmark（North Carolina State University），Paul Rappoport（Temple University），以及 Michael Ye（St. Mary's College of Maryland）。

以下专家阅读并评论了本书的一个或多个章节，我也希望向他们表示感谢：John Bean（Seattle University），Gardner Campbell（University of Mary Washington），Lisa Daniels（Washington College），Stephen DeLoach（Elon University），Jane Gatewood、Karen Hartman 与 Debra Hydorn（University of Mary Washington），Carol Manning，Linda Manning（University of Ottawa），Kenneth Peterson（Furman University），Jerry Petr（University of Nebraska），Anand Rao 与 Robert Rycroft（University of Mary Washington），Patrice Scanlon，以及 Bridget Geiman，Teresa Hannah，Kenneth Lynch，Karen Ransom，Patrick Sarsfield，Stacey Shifflett，Shannon Slawter 与 Julie Heselden Topoleski。

本项目还得益于 Emily Ruesch 与 Catherine Stewart 卓越的研究支持。

Matt Kapuscinski、Emily Ruesch 及 Cristy Tilghman 授权在本书中使用他们的部分研究作为例子。

特别感谢在课堂上试用这一手稿的四位同事：Lisa Daniels（Washington College），Stephen DeLoach（Elon University），KimMarie McGoldrick（University of Richmond），以及 Kenneth Peterson（Furman University）。

还要特别感谢 Ann West、Kerry Falvey 以及圣智学习出版公司的编辑们。最后还要感谢 1996 年以来我的学生们，他们是我写作本书的动力。

存在的所有错误都由我本人负责。

史蒂文·A. 格林劳

目 录

第1章 什么是研究？ 1
  1.1 研究是知识的创造 2
  1.2 怎样评价一个论证？ 4
  总结 6
  注释 7
  进一步阅读的建议 8
  练习 9
  附录1A：经济学研究方法论的范畴 10

第2章 经济学研究过程概览 11
  2.1 科学学科与非科学学科的研究 11
  2.2 经济学研究过程的步骤 12
  总结 25
  注释 25
  进一步阅读的建议 26
  练习 27
  附录2A：撰写研究计划书 28
  附录2B：评审研究计划书时需要关注的问题 30

第3章 经济学主题文献检索 31
  3.1 为什么文献检索是必要的？ 31
  3.2 何处检索：大众文献与学术文献 32

3.3 怎样检索：设计有效率的检索策略 ·················· 35
3.4 获取资源 ·· 44
总结 ··· 46
注释 ··· 46
进一步阅读的建议 ·· 47
练习 ··· 48
附录3A：学术性参考文献与引文格式 ··············· 49

第4章 写作是经济学研究的工具 ·················· 52
4.1 通过写作来学习 ·· 53
4.2 构思是一个创造性的过程 ··························· 53
4.3 论证的结构 ·· 55
4.4 分析论证 ··· 57
4.5 推理的三种类型：演绎、归纳与论据推理 ········ 60
4.6 什么使论证有说服力？ ······························· 63
总结 ··· 68
注释 ··· 69
进一步阅读的建议 ·· 69
练习 ··· 70
附录4A：逻辑谬误 ·· 72

第5章 写作是经济学分析的成果 ·················· 75
5.1 什么是经济学写作？ ·································· 75
5.2 写作步骤 ··· 76
5.3 撰写初稿 ··· 77
5.4 修改论文 ··· 83
5.5 写作风格 ··· 88
5.6 写作技巧 ··· 93
总结 ··· 96

注释 ·· 96
　　进一步阅读的建议 ·· 97
　　练习 ·· 97

第6章　批判性阅读或怎样理解已发表的研究 ······················ 99
　6.1　理解已发表的研究 ·· 100
　6.2　做研究笔记与撰写摘要和批判性评述 ································ 120
　　总结 ··· 123
　　注释 ··· 123
　　进一步阅读的建议 ··· 124
　　练习 ··· 124
　　附录6A：阅读与评价一篇理论性文章 ··································· 126

第7章　研究的理论化或概念化 ·· 128
　7.1　把理论"应用于"研究问题的含义是什么？ ······················· 129
　7.2　什么是理论化？ ··· 129
　7.3　叙事推理 ·· 131
　7.4　数学推理 ·· 132
　7.5　一条常用的捷径：修改现存模型 ······································ 135
　7.6　什么构成好的研究假设？ ··· 138
　　总结 ··· 140
　　注释 ··· 140
　　进一步阅读的建议 ··· 141
　　练习 ··· 141

第8章　确定数据来源与收集经济数据 ·································· 143
　8.1　数据创建 ·· 144
　8.2　经济数据的结构 ··· 146
　8.3　收集和发布数据的组织 ·· 148

| 8.4 | 主要的一手数据集 | 150 |
| 8.5 | 主要的二手数据集 | 157 |

总结 ········· 161
注释 ········· 161
进一步阅读的建议 ········· 162
练习 ········· 163
附录8A：数据来源概览 ········· 164

第9章 整理数据集 ········· 166

9.1	提出发现数据的搜索策略	166
9.2	数据处理	171
9.3	构建研究的数据附录	183

总结 ········· 184
注释 ········· 184
进一步阅读的建议 ········· 185
练习 ········· 186
附录9A：什么是链型美元？ ········· 188
附录9B：数据附录的例子 ········· 189

第10章 经验检验初步：创建有效的研究设计 ········· 192

10.1	研究设计的关键问题	192
10.2	如何分析数据？	196
10.3	人类行为的随机性	199
10.4	统计方法	201
10.5	简单的统计假设检验	203
10.6	干扰变量	205
10.7	因果效度	207

总结 ········· 208
注释 ········· 209

进一步阅读的建议 ························· 210
　　练习 ································· 210
　　附录10A：t统计量临界值表 ················ 212

第11章　回归分析简介 ························· 213
　11.1　回归分析的步骤 ······················ 213
　　总结 ································· 235
　　注释 ································· 236
　　进一步阅读的建议 ························· 238
　　练习 ································· 238
　　附录11A：回归分析中的数据变换 ············· 240
　　附录11B：使用定性变量的估计 ··············· 242

第12章　交流研究项目的结果 ····················· 245
　12.1　撰写研究报告 ······················· 247
　12.2　口头陈述研究 ······················· 265
　　总结 ································· 274
　　注释 ································· 275
　　进一步阅读的建议 ························· 276
　　练习 ································· 276
　　附录12A：可用于研究论文评分的项目 ········· 278

词汇表 ··································· 279
参考文献 ································· 288
索引 ··································· 293
译后记 ··································· 314

第1章 什么是研究？

> 不闻不若闻之，闻之不若见之，见之不若知之，知之不若行之。学至于行而止矣。①
>
> ——孔子

学习经济学最好的方式不是去听别人讲，或者阅读它，而是做。"做经济学"（doing economics）意味着进行经济学研究。正如 Booth 等（1995，2）所指出的："做研究可以帮助你以其他方法无法比拟的方式来理解资料。"

教师们常常认为研究能力，如写作，是学生在早期教育中肯定已经学会或者他们自己能够掌握的，毕竟所有的本科生不是都要写学期论文吗？实际上，研究与写作领域的专家已经指出这是一种错误的理解。作为一位在批判性思维方面全国知名的学者，Bean（1996）指出多数本科生没有真正理解怎样撰写一篇特定学科的研究论文。

本书的目标就是要解决这一问题。本书的设计目的是指导学生度过从研究问题的构想到完成研究报告的整个过程。学生们经常发现研究是一个困难重重的过程。在努力完成项目的过程中，他们发现自己犯了某些错误。他们没有理解研究本身确实就是困难的。它不是一个明确的、机械的过程，而是一个充满模糊性和错误的过

---

① 这句话可能其实并不是孔子说的，应为孔子的弟子荀子在《儒效篇》中的名句。——译者注

程，还是一个可能有很多"无谓付出"的过程。研究过程的进展常常是断断续续的，而不是稳步前进的。它并不总是，甚至常常不是可以预测的。与学生们在接受教育过程中遇到的大多数作业相比，研究未必有一个完美定义的答案。每一位研究者，包括专家，都会在研究项目的某个点上感到困惑，甚至不知所措。差别就在于有经验的研究者，就像遇到"极点"的马拉松赛跑者一样，懂得这是正常的，并且知道只要坚持就能克服它。[1] 简而言之，设计本书的目的就是使经济学的本科生明确了解有经验的研究者已经掌握的关于研究过程的知识。

本书是经济学研究方法论（methodology）的一个简介。方法论不仅仅是方法（method）的一种流行语。研究方法是经济学研究的工具，如在线检索技能、批判性阅读与写作，以及统计方法；研究方法论则是关于如何把这些工具组合起来以形成有效且可信的研究的知识。

1.1 研究是知识的创造

关于研究，一种流行的观点是研究意味着"搜寻知识"。这种定义似乎把知识看作森林中一棵树上的果实，因此，研究过程中研究者全部必要的事情就是发现树木并收集知识，就像农民采摘果实那样。

关于知识的这种观点，是基于科学是完全客观的这一传统观点的，何处搜集数据，何时搜集数据，是"不言自明的"。换句话说，任何一位研究者对数据都会得出完全相同的结论。

这一观点没有能够区分知识（knowledge）和事实（facts）。知识被认为是关于某物的真理，是对于事物的正确理解。事实仅仅是数据。相反，知识是有含义的事实；也就是说，知识是专家对于事实最好的解释。比较化学实验的结果（即数据）与研究报告中研者对结果的讨论（即解释），你就能清楚这种差异。只有后者才是知识。

因此，研究不仅仅是搜寻事实。研究可以更完整地定义为（有效）知识的创造。[2]事实是被发现的；知识作为一种解释，是被创造的。[3]对研究的更好的比喻是探查性地搜集各种线索，然后基于这些线索或其他证据形成论据，而不是像农民采摘果实。学者通过构建论证来创造知识。在研究中，论证不是一种争吵或辩论，而是对于某个问题的观点或立场。更正式地说，论证是一种由原因或证据支持的主张或声明。[4]在任何学科，知识都可以被认为是学者在提出不同论证时的谈话或对话。学生们熟悉的一个宏观经济学的例子是货币主义和凯恩斯主义之间相互冲突的观点。通过这一对话，论证得到评价，较缺乏说服力的论证被淘汰，较富有说服力的论证得到精炼和改进。[5]因此，这一领域的知识随着时间而增进。

学生，甚至某些教师，都认为期望本科生能够进行原创性研究显然是不现实的。Cohen 和 Spencer（1993，222）引用了学生的意见，如"我怎么能够说出你所不知道的东西呢？"以及"你怎么能够期望一个本科生说出原创性的东西呢？"

这一意见背后的推理，部分源于研究仅仅包含那些颠覆性的、范式转移式的例子的认识，如进化论或相对论。这一认识存在两个问题。首先，大部分研究仅仅表现为对于我们知识的小小增进。这不是说这种进展不重要，而是它们表现为知识相对温和的进步。其次，即使重要的"突破"也是建立在过去研究基础上的。例如，Ethridge（1995）指出我们归功于名人，如阿尔弗雷德·马歇尔与约翰·梅纳德·凯恩斯的"发现"，都可以追溯到那些不太知名的学者的早期研究。

事实上，本科生是可以完成重要的、规范的研究项目的。这可以通过越来越多的本科生经济学专业要求毕业研究项目以及越来越多的期刊发表本科生的研究得到证实。[6]Booth 等（1995，7）指出："可以毫不夸张地说，做好你的'研究'将改变明天的世界。"

Ethridge（1995）区分了两种类型的研究：发现型研究，就是"提出、发现和创造新的知识或信息"，以及验证型研究，就是"辨识知识或信息的有效性或可信性"。可能大部分本科生研究都是验证型研究，比如对以前建立的理论进行新的检验。这种检验把以前的理论应用于新的数据或情境，如果成功了，就扩展了理论的适用范围，从而增加了我们的知识，因而也被看作"新"的研究。

1.2　怎样评价一个论证？

前面我们把研究定义为有效知识的创造，还把知识描述为相互对立的论证之间的对话。论证通过其有效性相互"竞争"。什么使知识有效呢？每个学科都有自己的方法以及交流的语言，但是它们都可以归结为运用逻辑和证据来支持结论。[7]

让我们来深入探讨这一问题，发现怎样评价及（暂时性地）接受还是拒绝一个论证。

一年级的大学生倾向于"二元性"地思考问题。[8]也就是说，他们认为（几乎）每个问题都有唯一的正确答案，就像一个数学问题那样，如 2 + 2 = 4。尽管我们实际上生活在一个灰色的世界里，但学生还是以一种黑白分明的方式来思考。这一观念不是他们的错误，因为他们接受了至少 12 年这种思维方式的训练。

当他们成为二年级或三年级的学生时，他们的思考方式发展为"多元性"的，也就是说，问题有多于一个的正确答案。例如，在宏观经济学中，学生不仅了解到"大萧条是由不适当的货币政策所引发的"，还了解到"大萧条是由私人部门的不稳定所引发的"。许多学生因此就得出结论：由于多种论证并存，因此知识和真理本质上是主观的！尽管与二元性思维相比，多元性思维是一种更高级的形式，但是得出知识和真理是主观的这一结论是不正确的。实际上，关于一个议题或问题有不同观点的事实并不能说明所有的论证都是正确的或等价的。(我常对我的学生说:"这个问题存在多个正确的答案,也存在无数个不正确的答案。")假如你是刑事审判的陪审员,控辩双方都带来了观点相互对立的专家。这里存在两种观点,但是仅有一个是正确的:被告人有罪或者无罪。你怎样做出决策呢?

为了做出正确的决策,你需要对证据进行批判性思维。[9]批判性思维是大学生熟悉却常常难以言表的概念(如通才教育)之一。Missimer(1995)把批判性思维定义为以证据为基础的不同论证的评价。因此,它涉及认识和评价论证及其组成部分——包括假定(assumption)、逻辑和证据——的能力。第4章将详细讨论这些内容。当前,我们可以说,当学者评价不同论证时,他们会问如下的问题:

这个论证背后的理由是什么?[10]

这个论证合理吗?为什么合理或者为什么不合理?

逻辑存在缺陷吗?

潜在的假定(明确的或隐含的)是什么?它们存在缺陷吗?

假定的重要性如何?也就是说,不同的假定会导致不同的结论吗?

经验证据是什么?它支持这个结论吗?

从提供的理由和证据来看,这一论证有说服力吗?如果有,结论就是有效的。[11]

让我们来思考这一筛选过程是如何进行的。评价论证就是判断它们是否经得起根据前面给出的标准进行的学术审查。如果发现了缺陷,论证被证伪,之后它们可能被修改或抛弃,然而目前不再考虑它们。如果没有发现缺陷,论证暂时被接受,而不是被证实。

论证能够被证伪,但却从不能被证实,这有时会让人难以理解。考虑一个体育方面的比喻。谁是世界上最好的网球运动员?运动员之间互相竞争,只要他们获胜,他们就会继续争夺这一头衔。当他们失败时,他们就会(至少暂时地)退出竞争的行列。但是没有运动员永远是最好的,仅仅暂时是最好的,直到有更好的运动员出现为止。对于论证也是这样。

把论证看作横跨大峡谷的粗绳，对于论证的每一个检验就像其中的一股线。没有任何一个检验足够承受你的体重。然而，随着时间的推移，当多重检验都证实了这一论证时，这股线就变成了绳子，绳子变成了粗绳，粗绳变成了粗缆绳。在某一时刻，你变得愿意相信它了。与此相反，如果对论证的某个检验失败了，线就被割断了。如果有足够多失败的检验，粗绳就会被削弱，并最终被割断。

简而言之，我们通过评价支持性证据来排除有缺陷的论证。如果剩下唯一的观点，我们就能得出结论：它是正确的。然而，常常会剩下多个论证。[12]那么我们该如何选择呢？当学者面对多个论证的时候，可以以学科规范——如效率与公平——为基础在它们之间做出选择。[13]例如，考虑下面两种观点：

> 因为自由贸易下国家会拥有更多产品和服务，也就是更高的国内生产总值（GDP），所以自由贸易比保护主义对国家更好。

> 由于经济的某些部门在自由贸易下不能承受国际性竞争，因此关税与配额对于保护工人和企业是必要的。

这两种观点都是有道理的：第一种是基于效率的考虑，而第二种是基于公平的考虑。

总　结

- 研究是有效知识的搜寻或创造。
- 知识是对事实的解释，而不是对事实的收集。
- 任何学科中的学术群体都代表相互竞争的论证之间的对话，论证是对事实的有效解释做出的判断。
- 不同论证之间如何竞争？什么使知识具有有效性呢？
- 有效的研究是那些对于该领域的其他学者可证实的且有说服

力的研究。
- 当研究根据设计系统进行、并且结论得到充分的理由和经验证据支持时,它就是有说服力的。

注　释

1. Booth 等(1995,23—25)提出了类似的观点。
2. Ethridge(1995)把研究定义为"获取新的可靠知识的系统方法"(p.16)。
3. 真理不是创造出来的,但是我们的理解与解释是创造出来的。
4. Missimer(1995)。
5. 关于经济学中知识是如何被创造出来的更详细讨论见附录1A。
6. 第2章提供了经济学中本科生研究选题的具体例子。
7. Ethridge(1995)把有效性定义为"对其他人来说,根据推理与证据是可证明的。"这是考虑有效性的有用方式。类似地,Remenyi 等(1998,24)也指出"研究者必须能够使读者相信其研究的价值和重要性……此外,学术研究人员需要解释为什么自己的研究应该被认为是重要的,还需要能够准确地指出发现了什么以及这一发现对社会有什么作用"。
8. 思维的这一观点,包括将其标识为"二元的"与"多元的",来源于 Nelson(1989)对 Perry(1970)研究的解释。
9. Ethridge(1995)指出批判性思维是研究的基本要素。
10. Missimer(1995)把没有得到推理支持的观点称为"松散的论证"。
11. Nelson(1989)把这一水平的批判性思维称为"情境的相对主义"。

12. 这看上去类似于帕累托最优的概念，例如，根据生产可能性边界，其中所有的点都是帕累托有效的，在它们之间的选择需要其他的评判标准。

13. Nelson（1989）把这一水平的思维称为"情境适切决策"。

进一步阅读的建议①

Bean（1996），尤其是第 12 章——向本科生传授研究、写作和批判性思维的有用指南。第 12 章是对如何将研究论文作为本科生教育有效工具的重新思考。Bean 强调了研究就是展开论证的观点。

Booth 等（1995）——关于大学层次研究的经典文献。高水平研究文稿与写作技巧无关，而是与研究设计与论证构建有关。主要关注人文学科的研究，但是也非常适用于社会科学的研究。

Blaug（1992）——著名的关于经济学家所使用方法论范畴的书籍长度的长篇综述。类似的但是比较短的综述见 Hausman（1989）。

Ethridge（1995）——研究生水平的经济学研究方法论的易读指南。Ethridge 讲授农业经济学，因此该书应用性很强，且是本科生能理解的。尤其可以参考关于经济研究方法论基础的第 1—4 章。

Friedman（1968）——关于经济学家所使用研究方法论的有深度的文章。与其观点稍微有点差异的类似文章可见 Machlup（1965）。

Hausman（1989）——经济学方法论的综述文章。更详细的综述见 Blaug（1992）。

Machlup（1965）——关于经济学家所使用的研究方法论的另

---

① Salkind, N. J. *Exploring Research*. Pearson Education, 2018. ——译者注（为方便国内读者阅读本书，我们在每章此部分提供一些额外的中英文参考文献，希望有所助益。）

一种观点。不同于 Friedman（1968）。

Nelson（1989）——广为使用的 Perry 关于批判性思维分类的总结。

Perry（1970）——关于美国本科生拥有的批判性思维水平的经典研究。

Remenyi 等（1998）——工商管理研究方法论的指南。是为硕士或博士水平的研究而设计的，却是一篇应用性的文章，能为本科生做研究提供许多帮助。

练 习

1. 经济学家给人的印象就是在各种问题上都不能达成一致。你可能听说过这个笑话，即使把所有的经济学家一个挨一个地排在一起，他们也不能形成一个一致的结论。这一印象部分是由创造经济学知识的方法所引起的。本章的参考文献列表包括了弗里茨·马克卢普与米尔顿·弗里德曼的文章，他们是关于这一问题的两位著名经济学家。请阅读 Machlup（1965）与 Friedman（1968）的文章。根据每位作者的观点，分析一下：经济学家存在分歧的主要原因是什么？关于如何创造经济学知识（即一致意见），你能从他们列出的这些理由得出什么结论呢？

附录 1A：经济学研究方法论的范畴

我们发现，任何学科的学者都会提出相互竞争的论证来解决问题。对研究经济学方法论的学者来说也是这样。本章提出的观点代表了大部分经济学家的一致观点，但是经济学方法论的讨论包括大量观点。

Hausman（1989）指出由于社会科学中现实世界的复杂性，如果研究者不能进行控制实验，就排除了存在任何令人信服的经验证据的机会。因此，学者应该使用归纳法建立经济学的基本心理或技术规律，如效用最大化或边际生产率递减。

之后，通过对这样的规律的具体应用，我们能够推导出一些经济含义。例如，假定消费者会最大化其效用，我们就可以推导出较高的价格会导致较低的购买量。

在方法论谱系的另一端是 Blaug（1992），他认为应该证伪，也就是科学家不仅应该以经验检验来判断假设，而且应该积极地尽力批驳自己的研究假设。他们应该拒绝被驳倒的假设，而不是诉诸反复的不断改进和检验。

本章提出的观点更接近 Blaug 而不是 Hausman。这一谱系之外的另一个观点是 McCloskey（1998）的观点。她指出经济学家不应该仅仅甚至主要依赖于证明的科学形式，如逻辑和经验证据，还应该依赖文学的研究方法，如内省、案例研究和共识。经济学家使用这些工具是很明显的事实，但他们能否不采用科学的证明形式就说服其他专家接受他们的观点就不明确了。

第 2 章 经济学研究过程概览

> 如果我们知道我们正在做的东西，它就不能被称为研究了，不是这样吗？
>
> ——阿尔伯特·爱因斯坦

在上一章，我们给出了研究的一般性定义。尽管我们使用的是经济学的例子，但它们几乎同样可以应用于任何学科，从人类学到动物学。现在我们更紧密地聚焦于经济学研究的过程。本章将提供这一过程的概览，同时重点强调这一过程的第一个阶段：提出有效（effective）的研究问题。下面几章将详细考察研究过程的其余步骤。在本章介绍完每一个步骤后，你可以参考本书后面的相应章节。

在目前的阶段，本章介绍的多数材料对你来说似乎就像古希腊那样神圣。尽管你可能已经接触过我们这里所讨论的一些内容，但是除非你完成了自己的经济学研究项目，否则，你是不可能真正掌握它们的。这不要紧，你所在课堂上的每一个人都与你处于一样的境地，而且每一个专业研究人员也都经历过这个过程。你可以确信，到了你的项目结束的时候，每一件事情都会更加容易理解。

2.1 科学学科与非科学学科的研究

学术知识可以被分为两类：科学学科和非科学学科。科学和其他学科的区别不仅在于它们所探讨的问题类型的差异，而且还在于它们所认为的有说服力的证明的不同。科学问题本质上是关于客观事实的问题：是什么引起地震或者催化剂如何起作用？非科学问题是那些关于情感领域的问题：生活的意义是什么或者日落使你感觉如何？科学学科是至少在理论上可以进行经验性检验的研究，而非科学学科的研究是不可以进行经验性检验的。这并不是说非科学学科不存在证明的标准，而仅仅是指该证明是规范的（normative）而不是基于经验事实的。

科学学科的学者采用科学方法进行研究。科学方法是得出有效、可靠和客观结论的过程的集合。这些过程包括以下步骤：

- 选择一个科学的难题或问题；
- 应用理论来推导关于这个难题或问题的假设；
- 通过比较该假设的预测结果与现实世界的证据来检验假设；
- 如果假设未通过检验，修改（并重新检验）它或者拒绝它；
- 如果假设通过了检验，暂时接受它；
- 在新的情境下检验假设。

科学方法并不是这些过程的任意集合。相反，为了使研究有效，研究必须系统地进行。Spector（1981，7）发现，"采用科学方法回答'研究'问题不是必需的。我们可能依赖直觉或凭知识及经验推测的观点"[1]。这难道不是多数人，特别是缺乏专业知识的人，回答问题的方式吗？这种非科学方法的问题在于它们受到个人偏见和其他主观因素的影响。心理学家提出了"自我验证谬误"，其中，人们倾向于"发现"证据中自己愿意或期望看到的东西。科学方法，尽管不是绝对可靠的，却是被设计出来以避免或者至少是最小化这些偏误，以形成客观结论的。

2.2 经济学研究过程的步骤

经济学是一种社会科学，其研究者采用某种形式的科学方法。

经济学的研究过程可以被分解为 6 个步骤,如表 2.1 所示。

表 2.1 经济学研究过程

1. 提出一个有效的研究问题
2. 检索该主题的文献
3. 分析课题或问题
4. 检验你的分析
5. 解释结果并得出结论
6. 交流研究项目中的发现

当我们讨论这 6 个步骤时,你会发现研究项目不是一个线性的过程;相反,这些步骤是重叠的和反复进行的。研究者常常发现在修正自己的研究思路时,回到研究过程的早期阶段是必要的,而不是依次完成每一个步骤直到结束。[2] 例如,尽管在研究过程中你需要尽早开始考虑研究问题(步骤1),然而当你回顾了该领域其他学者的研究后(步骤2),你可能需要修改你所研究的问题。与此类似,在决定怎样进行经验检验时(步骤4),你可能需要回顾以前的检验方法(步骤2)。此外,缺乏足够的检验数据(步骤4)可能需要你用可检验的方式来重新定义问题(步骤3)。最后,在开展研究的过程中,你对各个步骤印象新鲜而深刻,此时开始撰写研究报告(步骤6)而不是等到最后再写是有道理的。简而言之,把研究描述为一个循环的过程可能更为准确。实际上,Ethridge(1995)指出,"研究是一个创造性的过程……不存在完成或创作高质量经济学研究的'神奇魔法'。如果它如此简单,那么任何人都可以进行经济学研究了"。从这个意义上说,进行经济学研究不能被简化为按照菜谱做菜。尽管如此,以具体步骤来看待研究过程是有帮助的。

> **对新手研究者的提醒**
>
> **高质量研究项目的要求**
>
> 完成高质量的研究有很多必要的因素，包括：
> - 好的研究问题（第2章）
> - 可检验的假设（第7章）
> - 高质量的数据集（第8—9章）
> - 适当的检验假设的经验方法（第10—11章）
>
> （每一个因素都在括号内注明的章节中进行了详细的讨论。）
>
> 如果你的项目缺少这四项中的任何一项，你可以预期的研究的最好成绩就是中等。由于它们中的任何一个都可能使你犯错，那么至少在你项目的早期同时考虑这些因素而不是依次考虑它们是有道理的。例如，一旦你确定了研究的问题，你就应该开始搜集这一领域的数据，即使这意味着提前阅读本书的相应章节。
>
> 还应注意，对一个高质量的研究而言，这四个方面都是必要的，但却是不充分的。换句话说，它们并不能保证完成一个高质量的项目。此外，你需要正确解释你的经验结果，并说服你的读者相信你的结论。

2.2.1 步骤1：提出一个有效的研究问题

在研究过程的开始阶段，研究者必须定义研究项目的范畴。这至少要求探索性地回答三个问题：

1. 研究主题是什么？
2. 研究问题是什么？
3. 研究假设是什么？

我们来定义这些名词。**研究主题**（research topic）是研究项目涉及的一般领域。例如，主题可能是"美国的失业"。**研究问题**

(research question)是研究的具体焦点。例如,"不同的教育水平如何影响失业率?"**研究假设**(research hypothesis)是研究者提出的研究问题的答案或者是研究者关于研究主题的主要主张,这些答案或主张将得到研究的支持。[3]例如,"获得较高教育水平的个人有较低的失业水平"。你可能必须从一个探索性的假设开始,直到进行完进一步的研究。这是正常的。确定研究假设的过程将在下面的步骤 3 进行解释。

注意,从语法上讲,研究主题是一个话题,而研究问题必须是一个完整的句子。研究假设也是如此,它也必须是一个完整的句子。这不仅仅是语法的问题——话题可能仅仅表明研究的一个模糊的、一般的想法,而完整的句子表现为对于该想法较为深入的思考。

在计划阶段,这三个概念中最重要的是研究问题。好的研究问题可能使研究项目更容易并且更可能成功。不好的研究问题使项目变得更困难。好的研究问题具有表 2.2 列出的多个特征。下面我们来详细说明每一个特征。

表 2.2 好的经济研究问题的特征

- 问题导向的
- 分析性的(而不是描述性的)
- 有趣的和重要的
- 可以进行经济学分析的
- 在现有时间和资源条件下可行的

当研究问题根据需要解决的问题或者关注点构建时,它几乎总是比较好的。这往往以一种有用的方式聚焦问题,否则就不可能这样。[4]与问题导向密切相关的是第二个特征:好的研究问题应该是分析性的而不是事实性的。也就是说,研究的目的应该是解释问题的某个方面而不是去描述它。例如,我们并不是问像"什么是贫困?"这样的问题,而是应该问如"为什么儿童的贫困率比美国人的平均贫困率高如此之多?"等问题。Bean(1996)把描述性论文称为

"全面"（all about）的论文。换句话说，它们讨论了一个主题的"各个方面"，却根本没有一个明确的观点或主张。Booth 等（1995）指出，事实性问题往往问谁、什么、何时、何地，而分析性问题往往问为什么或如何。

对于描述性论文，读者的反应往往是问："那又怎样？"换句话说，他们没有发现这篇论文有趣或重要。接下来让我们转向这两个概念的讨论。

研究问题无论是对研究者还是对读者来说都应该是有趣的。对研究者而言它应该是有趣的，原因在于如果它不是有趣的，研究者就会发现很难完全投入该问题的研究。[5] Booth 等（1995，36）指出，"没有任何东西比你对研究价值的认识和对研究的承诺对研究质量有更大的影响"。你的兴趣将帮助你不断受到激励，直到完成项目。对一个长期的研究项目来说更是如此。

更重要的是，好的研究问题应该对读者来说是有趣的。为了理解这在研究中意味着什么，你需要理解研究群体（research community）的概念。Booth 等（1995，17—18）提供了一个非常有用的定义：研究群体是对同一主题进行研究的学者集合，他们是该领域的专家，讲授有关课程并出版该主题的书籍以及发表该主题的论文。[6] 这些学者可能在你所在的大学或世界各地的其他机构中。他们通过互相听取对方的研究报告及互相阅读对方出版的著作而互相了解。由于如果他们对研究问题不感兴趣，研究项目就不值得做，因此，研究问题必须使这些读者感兴趣。请记住，研究的关键是对学者们关于一个问题的讨论做出贡献。

到目前为止，学生研究者面临一个实际问题。他们实际上有两类读者：刚刚提及的理论上的读者以及由他们的同学、导师和如果论文发表后可能阅读它们的人构成的现实中的读者。我们后面会给出一些关于如何处理这个问题的建议，但是目前，简单地说，好的研究问题就是使读者感兴趣的问题。

> **对新手研究者的提醒**
>
> **本科生可以进行真正的研究吗？**
>
> 你的导师了解你不是一个专业的研究人员，因此他不会以如此高的标准来要求你。然而，本科生是可以进行真正的、原创性的研究的。简而言之，他们能够对学者关于一个主题的讨论做出贡献，因此，你不应该低估自己或者给自己设立太低的标准。

当我们谈论学者们对某个问题感兴趣时，我们的意思不仅是他们认为这个问题使自己高兴。在研究中，兴趣与重要性的概念紧密联系。这个问题是"热点主题"，即是研究群体当前感兴趣的领域吗？Booth 等（1995，18—19）指出，"如果你的问题在你的群体中已经是一个'受人关注的问题'，当你提出该问题时许多读者都会关注它……尤其是当他们认为自己已经清楚这个问题，而你能使他们相信自己没有完全理解该问题时，（实际上他们）就会特别感兴趣"。然而，如果你的研究主题不是一个"受人关注的问题"，你就必须主动使你的读者相信该问题是值得研究的。

Booth 等（1995）通过调查研究问题的严重程度来定义其重要性。也就是说，如果一个问题越严重，不解决它的代价就越高，因此从研究的角度来看，该问题就越重要。考虑三个例子。我们认为身体健全而不去工作的人的贫困不是一个重要的问题。我们可能认为不能为退休后的生活储备足够财产的老年人的贫困是一个重要的问题。儿童的贫困可能是一个非常重要的问题，他们不应该为贫困负责并且贫困还会继续影响他们以后的生活。Booth 等（1995）指出，重要性的最终检验是研究论文使读者转变他们认识的程度。

对新手研究者的提醒

好的研究问题的例子：父母的就业对儿童的认知发展存在何种程度的负面影响？

这是一个好的研究问题的例子。为了理解其中的原因，考虑如何应用表2.2的标准来判断：

- **问题导向**——在上一代，女性劳动力的就业率发生了显著的增长。因此，典型的美国家庭不再具有父母一方（通常是父亲）工作而另一方（通常是母亲）留在家中主要承担养育子女责任的特征。而且，父母同时工作而把孩子放在托儿所的情况越来越多。如果越来越多的儿童由父母以外的人照看，这会对孩子的认知发展产生负面影响吗？如果是这样，家庭可能需要重新考虑父母双方同时就业的问题。

- **分析性**——为了解决这一研究问题，我们可能需要研究儿童认知的发展过程，尤其是父母或托儿所的其他工作人员所起的作用。这需要采用分析性的方法。

- **有趣的和重要的**——过去的研究表明儿童认知发展受到缺乏父母投入的负面影响。然而，这些研究在影响的大小或持续时间上都没有达成一致。很明显，关于这个问题，研究者还有很多需要了解的，这将影响到许多美国家庭。

- **可以进行经济学分析**——非经济学家可能想了解经济学分析与儿童认知发展的相关性，该主题通常与教育心理学领域有更紧密的联系。然而，这个主题是劳动经济学和人力资本理论的一个简单应用。特别是，研究这一问题的经济学家应用了教育生产函数的理论，根据该函数，父母的关爱及其他投入，如食物、住房、卫生保健等，被组合到一起来"生产"受过良好教育的儿童。

- **在当前可能的时间和资源下可行**——可行性问题显然依赖于研究者和研究进行的环境。简单地说，是存在可以用于该研究的大量高质量的数据集的，包括 National Longitudinal Study of Youth 和 Panel Study of Income Dynamics-Child Development Survey。

什么问题可以成为**经济学**研究问题呢？从你的第一堂原理课就可以回忆起经济学被定义为一个内容领域（即涉及起源于稀缺性的一般条件的问题），但更重要的是被定义为一种思维方式。要研究分析的问题或难题可以进行经济学分析吗？或者说，经济学分析能够加深我们对这个问题的理解吗？例如，该问题是关于有约束条件下的选择问题吗？它包含需求或供给、需要、欲望、可得性吗？如果对这些问题的回答是肯定的，那么你就发现了一个经济学研究问题。

最后，研究者应该能够在合理的时间内，如一学期或一学年，完成研究问题的探究。这里考虑的主要是检验假设所需的充足数据的可得性。某些研究者足够幸运能获得丰富的数据开展研究项目。对他们的挑战是确定一个能够利用这些数据进行研究的有趣的且重要的问题。然而，多数研究者是从研究问题开始的，然后才去搜集合适的数据。关于获取数据的进一步信息可参见第8、9章。

撰写课程研究论文的学生常常发现选择一个研究问题是存在一点困难的——理由很充分：题目是人为的。在现实世界中，商业经济学家被告知："这里存在一个问题——请研究它！"与此类似，一个学术经济学家不会说："嘿，我必须做一个研究项目，所以让我来思考一个主题吧。"相反，作为某个（些）领域的专家，他了解研究前沿是什么，现状如何，该领域中什么问题或难题仍然没有得到满意的解释，那些可能就是他的选择。这提出了学生选择一个研究问题的战略问题：

1. 选择一个你感兴趣的一般主题领域，理想的选择是你有一些背景的领域（如你学习过的某门课程所属的领域）。

2. 开始阅读文献，不要仅仅关注已经做了什么，还应该找出什么问题需要回答或者什么难题需要解决。

3. 从你在文献中发现的问题里选择一个有前途的问题。例如，一个以前的有趣研究能够应用到不同的地方或时期吗？或者，关于某个问题存在相互矛盾的发现吗？如果有，你可以通过利用不同的数据集或不同的方法来重新检验该问题，试图解决存在的争议。研究总是以建议未来研究的问题结束，可能这些问题中的某一个是可行的。最后，文献综述可能揭示了研究文献中存在的空白。

近年来，本科生研究的好研究问题的例子包括：
- 什么因素决定了弗吉尼亚的弗雷德里克斯堡地区的血液需求？
- 按照职业分解后，工会会员从事的工作比非工会会员从事的工作系统性地支付了较高的工资了吗？
- 课堂出勤情况会影响学生宏观经济学原理课程的成绩吗？
- 消费者愿意为有机蔬菜额外支付多少？
- 消费者愿意为南加州埃诺里河流域清洁的河水支付多少？
- 被污染的河水影响附近房价了吗？

2.2.2 步骤2：文献检索

关于一个主题的**文献**（literature）指的是关于该主题已经完成的研究。当研究者综述或检索文献时，他正在问以下的问题：
- 目前哪些内容是已知的？
- 关于该主题到目前为止已经发现了什么？

因此，文献检索的目标是使研究者找出并熟悉关于该主题已经发表的研究。只有在进行完文献检索后，他才能最终确定研究问题。我们会在第3章对文献检索进行详细讨论。

2.2.3 步骤3：分析问题

研究项目的目标是解释一个重要课题或问题的某一个方面。目前这一步就是进行这种解释。它是课题或问题的概念性或理论性分析，在这里应该运用理论来清楚地阐述问题。

许多学生发现这是研究过程中最困难的部分，实际上某些学生明显跳过了研究项目的这一部分。由于"分析"是研究过程的核心部分，因此忽视这一部分是研究的重要缺陷。"把理论应用于某一课题或问题"意味着什么呢？理论化（theorizing）听起来抽象而且困难，但这一步并非一定如此。根据定义，理论是现实的简化，它使研究者能够更容易地分析课题或问题。作为研究者，你需要问自己：组成研究问题的核心概念是什么？（非核心概念可以被忽略。）这些核心概念有什么联系？这些联系有什么含义？分析或概念化过程的结果就是研究假设。

你研究成功唯一最重要的决定因素可能就是你的研究假设。请记住，假设是对研究问题给出尝试性的答案。这建议了一种开始的方式。

如果研究问题是：

> 是什么引起美国消费支出在20世纪90年代以高于收入的速度增长？

尝试性的假设可能是：

> 20世纪90年代，美国消费支出以高于收入的速度增长是由于……

接下来该怎样填充这个省略号呢？我们怎样找到一个合理的假设呢？一种方法是根据理论推导假设，即可能从文献中得到的思想。哪个或哪些经济学理论适用于当前的问题呢？经济学中存在一个完善的消费支出理论。除了收入之外，这一消费理论还指出什么会影响消费支出呢？理论表明家庭财富和利率也会影响消费支出。这些因素在20世纪90年代发生了什么变化？利率在过去5年相当稳定，然而股票市场猛涨。一个或几个因素能解释消费支出的变化吗？如果能，下面就是你的假设：

> 20世纪90年代，美国消费支出以高于收入的速度增长是由于股票市场的繁荣而引起的家庭财富增加。

我们将在第7章更详细地讨论如何概念化（conceptualizing）模型。

2.2.4 步骤4：检验你的分析

对于研究方法论，科学学科和非科学学科之间有一个重要的区别。科学学科是可以进行经验验证的研究，至少在理论上是这样，而非科学学科的研究是不可以进行经验检验的。这并不是说哲学、文学或者其他人文学科不如生物学、化学或其他科学重要或者正确。所有这些只能说明人文学科是采用非经验的方法验证其学术观点的。[7]

经济学作为一门社会科学，在研究中采用科学的方法。[8]对理论进行经验检验的含义是什么呢？研究者会提出下面的问题：如果理论是正确的，那么现实世界应该存在关于它的什么证据呢？例如，如果供给理论是正确的，那么如果某种产品价格上升，生产者应该供给更多数量的产出。换句话说，检验理论意味着把理论的含义或预测与现实世界的有关证据进行比较，搜集并分析数据。如果理论失败了，那么它就被修改并重新检验或者被拒绝。如果理论没有失败，它就被暂时接受。

例如，考察在大萧条期间失业情况发生了什么变化。1933年时，失业率已经上升到25%。那么现有的理论是怎样解释的呢？劳动力市场的微观经济学理论预测，在面临需求下降时，失业会暂时增加①，直到实际工资下降为止。因为名义工资下降的同时价格水平也在下降，所以实际工资是否下降并不明确，但是直到1942年失业率都保持在10%以上！由于理论预测（失业是暂时的，实际工资下降后就会减少）与现实证据（持续10年的高失业率）相反，理论被证明是不完善的。

对于研究项目的这一步骤，存在许多基本的要素。第一个要素是确定你怎样评价假设的正确性。这是设计或计划研究的一个重要组成部分。研究设计包含两个部分。第一个部分是确定高质量的数

---

① 原文没有"增加"二字，为译者所添加。——译者注

据集，即庞大、丰富且准确的足以充分检验你的假设的数据集。我们前面已经指出，不能找到高质量的数据集将削弱你成功完成研究的能力。正因为如此，在计划阶段尽快开始搜寻数据是重要的。关于数据来源的详细解释将在第8章、第9章进行。

研究设计的第二个要素是选择充分检验假设的统计方法。一个关键问题是：如果你使用的统计方法得出了最好的可能结果，你能在何种程度上对自己的假设得到验证充满信心呢？换句话说，该检验充分区分了你的假设与备择假设了吗？如果没有，你应该考虑一个更有力的检验。然而缺乏充足的数据常常制约了你使用更强检验方法的能力。这就再次强调了发现高质量数据集的重要性。检验假设的统计方法将在第10章进行讨论。

一旦你搜集了数据并选择了适当的统计检验，下一步就是进行评估。这一般仅仅需要运行计算机程序。

2.2.5 步骤5：解释结果并得出结论

这一步与上一步紧密联系，但是非常有必要专门进行强调。Ethridge（1995，29）认为，这一步"是学生开始研究过程时常常忽视或低估的步骤之一。他们经常把计算机得出的经验性结果当作研究过程的最终结果。实际上，对这些结果的解释可能比获得数据的过程更具挑战性和重要性。"

对研究假设进行经验检验的结果是什么？它们与理论的预测一致吗？检验程序存在为了得到有效结果而需要修正的问题吗？制约或削弱结果的检验方法的缺陷是什么？基于对这些问题的回答，从结果能得出什么结论？结果在多大程度上支持假设？它们与之前的研究相比结果如何？更一般地说，从你的分析及研究问题能够更广泛地得出什么结论？

当然，在解释统计结果时还有大量其他细节需要考虑。这些细节将在第11章讨论。

我们最后需要对你说的一点，也是常常被误解的一点，即什么是高质量的研究？高质量的研究是遵循科学方法的研究，无论产生了什么结果，即使结果拒绝了假设。记住，研究是有效知识的搜寻。Ethridge（1995）注意到诚信的研究是开诚布公的，寻找先入为主的结论不是诚信的研究。拒绝假设的研究项目不是一个失败的项目，因为它通过排除作为问题解释的一个假设而增加了我们的知识。[9]

2.2.6 步骤6：交流研究项目中的发现

研究过程的最后一步，在许多方面也是最重要的一步，是交流结果。这是知识进展的方式。交流开始于研究者撰写的研究报告。这就是研究者基于研究的逻辑和经验证据来证明其假设有效性的时候。在某种程度上，研究论文实际上就是研究者在解释研究过程每一步骤中的发现。然而，重要的是记住研究不是摆在这里的，换句话说，证据不是不言自明的。研究报告的目的是以一种能说服本领域其他研究者的方式提供所研究问题的有说服力的答案。

同样，正如研究过程的其他步骤一样，研究报告的撰写也有许多阶段。一般需要撰写草稿。研究者让同事们评阅草稿并提出改进建议。

研究者可能在专业会议上以口头形式陈述论文，并再次得到其他专家的点评。例如，经济学专业的学生有大量在现场陈述其研究的机会，包括弗吉尼亚社会科学协会年会（Virginia Social Science Association）、美国东部经济学会年会（the Eastern Economic Association）及美国本科生研究全国会议（the National Conference on Undergraduate Research）。在完成这些阶段后，研究者对论文进行修改，加入从得到的反馈中学到的内容。

最后，论文被提交给期刊发表。例如，有许多发表本科生经济学研究的期刊，包括 *Issues in Political Economy* 和 *University Avenue Undergraduate Journal of Economics*。一般来说，在研究者的论文发表前，期刊编辑仍会要求进行更多的修改。

总 结

经济学研究过程包括 6 个主要步骤：
1. 提出一个有效的研究问题
2. 文献检索
3. 分析问题
4. 检验你的分析
5. 解释结果并得出结论
6. 交流研究项目中的发现

注 释

1. Ethridge（1995）在观察了获取知识的 6 种方式后，提出了同样的观点：可以通过感觉、经验、直觉、启示、测量与推理获取知识。其中，仅有最后两种才是可靠数据的来源。

2. 本书也是根据这种方式设计的。尽管是按顺序安排的，但它还是包括了许多向后或向前的参考。

3. 注意，你的假设将成为研究论文的论点。

4. 注意，研究问题不一定是一个现实世界的社会问题或其他问题。对于这一观点的详细讨论，见 Booth 等（1995），尤其是第 4 章。Bean（1996，30）描述了学者们怎样找出所要研究的问题："专家（们）感到一种不确定、怀疑一个理论、发现一组不能被解释的数据、对观察到的现象感到困惑、遇到好像错误的观点，或者是明确表述问题或难题。"

5. 对于像荣誉学位或硕士的论文或者博士论文这样的项目，关键是选择对你的主题领域感兴趣的研究导师；否则，他们会发现很难给你所需要的指导。

6. 某一研究领域群体的成员可以通过已发表的文献来识别。

7. Missimer（1995）把这些方法称为"思辨"（speculation）。这一词汇并不意味着轻视，仅仅意味着一种类似于出现在理论科学中的概念化思考方式，其有效性是基于逻辑与规范的标准，而不是基于经验证据。

8. 我们将在第 10 章讨论社会科学和物理学中经验方法的差异。

9. 这与 Blaug（1992）的证伪主义（doctrine of falsification）也是一致的。

10. 本科生可以理解的另一种比喻是你为满足学位要求而制定的计划。

11. 在课堂上，读者由你的同学或老师组成；在专业环境下，读者可能由基金机构组成。

进一步阅读的建议[①]

Booth 等（1995），第 2—4 章——关于如何形成好的研究问题的出色讨论。

Ethridge（1995）——经济学研究方法论的易读指南。尤其可

---

① Salkind, N. J. *Exploring Research*. Pearson Education, 2018.
Thomas. G. *How to Do Your Research Project: A Guide for Students* (3rd Edition). SAGE Publications, 2017.
White, P. *Developing Research Questions*. Palgrave Macmillan, 2009.
Alvesson, M., Sandberg, J. *Constructing Research Questions: Doing Interesting Research*. SAGE Publications, 2013.
Alvesson, M., Sandberg, J. Generating Research Questions Through Problematization. *Academy of Management Review*, 2011, 36 (2): 247-271.
克拉斯沃尔, 史密斯. 怎样做开题报告：给教育、社会与行为科学专业学生的建议. 上海：上海教育出版社, 2014.

参考第 5—9 章关于研究项目设计与实施的内容。

Ramanathan（1995），第 14 章——完成经验研究项目主要步骤的很好总结，从选择主题到撰写报告。

Siegfried 等（1991），以"经济学专业的目标"为题的部分，第 199—202 页——关于经济学家研究方法论的简明而全面的论述，他们称为"经济学的思维方式"。

Wyrick（1994）——本科生经济学研究的指南。这本书恰好在互联网革命之前出版，但是许多内容都很有用。尤其可以参考第 9—12 章。

练　习

1. 考虑下面研究问题的例子。采用本章讨论的好的研究问题的标准确定哪一个是好的研究问题而哪一个是不好的研究问题。解释一下你的理由。

　　a. 为什么某些地区的医院供给少，这将会如何影响这一地区医院、医生的质量和价格？

　　b. 尽管存在健康风险，为什么消费者还购买被宣传能够减肥的非处方保健品，影响因素是什么？

　　c. 大萧条的原因是什么？

　　d. 外商直接投资对一个国家经济增长的影响是什么？

2. 设计一个好的研究问题。解释它如何满足好的研究问题的标准。

3. 按照附录 2A 描述的模板撰写一份完整的研究计划书。你可能必须提前阅读本书后面的内容来完成一份好的研究计划书。

附录 2A：撰写研究计划书

成功的研究项目需要制订计划。尤其是对没有经验的研究者，他们常常发现制订项目计划是困难的。这一困难更说明了花费时间和精力制订研究计划的必要性。

你的研究计划应该是灵活的。你不能期望严格按计划进行研究，但是没有计划就难以知道什么时候结束。可以把计划看作你正在建造房屋的图纸。[10]不是你不可以或者不会在项目进行中予以修改，而是没有计划你可能就不想开始这个项目。为了制订计划，学者必须考虑研究的过程。

研究计划以研究计划书的形式呈现。研究计划书是一个有关说服的练习，你努力说服读者相信你能够在选择的主题上完成一个有意义且重要的研究。[11]在研究计划书中，你具体地勾勒出你计划怎样进行研究。因此，研究计划书描述了研究计划。Ethridge（1995, 85, 89）指出，"研究计划书越详尽越完全，计划就越清晰越完善"，而且"计划书是项目思考质量的证据，整个研究计划……可以通过项目计划书的质量来判定"。

研究计划书应该由 5 个部分构成：

1. **问题本质的陈述**：本研究解决的问题或难题是什么？它为什么是有趣的、重要的并且可以进行经济学分析的？

2. **研究问题**：研究的焦点问题是什么？

3. **文献综述**：列出文献中关于该研究问题的主要研究。明确解释它们与你的研究问题有什么关系。（撰写文献综述的更详细讨论见第 12 章。）

4. **研究设计**：模型的分析框架是什么？例如，"本研究将应用需求理论研究消费者对于呼啦圈的支出"。注意，研究假设应该来源于这一概念性分析。

在理想的情况下，检验你的假设需要什么数据？例如呼啦圈的销售量、价格、个人可支配收入、呼啦圈对消费者吸引力的某种度量。

你找到了什么数据来检验你的分析，数据来源是什么？例如，"我计划使用呼啦圈销售量和价格以及由'国民收入与产出账户'和'个人消费支出'调查得到的可支配收入数据检验这个假设。我无法找出呼啦圈吸引力程度的某种度量"。

你将如何经验性地检验你的分析？例如，"本研究将对1972—1999年的数据进行回归研究"。解释为什么这一设计能够得到可靠且有效的结果。

（这些主题的详细解释分别可参见第7、8、9、10、11章。）

5. **参考文献**（reference）：列出目前你已经阅读的及计划使用的所有参考文献。不要列出你没有阅读的参考文献或者虽然能够提供背景信息却与你的研究问题没有明确关系的参考文献。采用适当的引文格式。

总之，计划书应该回答四个问题。你的研究探讨的问题或难题是什么？你在努力回答什么具体问题？你计划怎样去回答它？你有充足的数据来完成这项工作吗？如果计划书并没有使读者相信你已经充分回答了这四个问题，它就不是合格的计划书。

如果你有一份高质量的研究计划书，完成项目就是一件简单的事——你仅仅需要按计划行事。即使计划发生了变化、有一些小问题，项目应该还是可以实施的。如果你有一份不完全的或者差的计划书，这就是项目将会难以或者不可能成功完成的信号。

附录 2B：评审研究计划书时需要关注的问题

前面我们发现，研究计划书的关键目的是使读者相信研究者能够扎实地完成一个关于重要主题的研究。当你评审一份研究计划书时，你应该考虑下面的问题与议题：

- 计划书充分解释了问题与议题以使它令人感兴趣并且值得读者花时间阅读吗？为什么解释了或者为什么没有解释？计划书的引言部分还应该有更详细的解释吗？
- 你理解研究问题了吗？换句话说，你能解释本研究要研究什么或证明什么吗？计划书对这些问题进行清晰的描述了吗？如果描述了，请标示出来；如果没有，请说清楚。
- 作者找到关于这个主题以前进行的主要研究了吗？他找出了这些研究的贡献和缺陷了吗？（计划的研究应该做出贡献和/或修正一个或多个缺陷。）
- 你清晰准确地理解作者为了完成这一研究需要做的事情了吗？缺少某些细节的描述吗？如果是，缺少了什么？作者找到用于检验假设的合理数据集了吗？他充分解释自己的检验方法了吗？
- 作者有足够的资源来撰写令人信服的论文吗？
- 总的来说，你认为计划书的优点是什么，缺点是什么？

你的评述应该包含关于计划书是否可接受的明确表述。如果不可接受，你应该提供为了使计划书可接受需要做什么的具体指导意见。再次重申，你的反馈应该是能够给予支持和帮助的，但也应该是真诚的。

第3章 经济学主题文献检索

如果我看得更远，那是因为我站在巨人的肩膀上。

——艾萨克·牛顿爵士

我们前面已指出，当学者们试图增加人类关于一个主题的知识时，他们就参与了不同观点之间的一种谈话或对话。这一对话的表现就是已发表的研究，它们被称为关于该主题的"文献"。当你检索一个主题的文献时，就表明你正在试图找出当前已发表的主要研究。但更重要的是，你在努力理解这些研究的观点以及它们之间的相互联系。我们将在第6章解释怎样阅读和理解学术出版物。本章中我们将解释研究者为什么以及如何把文献检索作为研究过程的关键组成部分。第12章中，我们将解释怎样撰写作为研究论文组成部分的文献综述。

3.1 为什么文献检索是必要的？

Ethridge（1995，115）发现，在你能"改进知识的现状"之前，你需要先了解知识的现状。因此在进行文献检索时，你在努力建立自己对关于特定主题了解什么及不了解什么的感觉。由于多方面的原因，这是重要的。在研究过程的早期阶段，你可以获得关于自己研究的可能视角。在研究过程的后期，你可以表明你的研究是如何融入关于该主题的更广泛的对话并为之做出贡献的。通过向读者表明你对该领域知识的了解,你可以建立作为研究者的声誉。

还存在进行文献检索的许多其他原因。其中一个原因是避免已经掌握知识的重复发现。在这一方面,你可以将他人以前的研究用作自己研究的垫脚石。例如,Ethridge(1995)指出,由于文献表明了以前的研究如何成功或不成功,因而有助于你设计自己的研究。与此类似,以前的研究还可以启发你找到解决问题的方法。

有时,那些刚刚开始做研究的人关注的文献过于狭窄。文献检索不应该被限制在搜寻关于你的主题的现存研究上,还应该分析那些采用有可能适用于你的研究主题的概念框架或检验方法的其他主题的研究。例如,在一个关于血液需求的研究项目中,分析相关产品需求的研究,如器官移植甚至其他商品,是有帮助的。

3.2 何处检索:大众文献与学术文献

在两类出版物上可以发现关于一个主题的信息:大众出版物与学术出版物。学术出版物指的是科学的或专业的出版物。大众出版物与学术出版物之间的区别是什么呢?大众出版物是面向一般读者的,而学术出版物是面向特定读者,即该领域专家的。学术出版物常常是一手信息来源,而大众出版物几乎都是二手信息来源。一手信息来源是研究的初始出版物,是由专家撰写并且面向该领域其他学者的。一个例子就是《美国经济评论》(*American Economic Review*, *AER*)上的一篇论文,该文阐述了文章作者进行的关于学前教育对贫困率影响的最新研究。二手信息来源是基于一手信息来源的报告,一般是面向更一般读者的。《时代周刊》(*Time*)上一篇总结了《美国经济评论》中的论文的文章就是大众出版物中二手信息来源的例子。

有时会被本科生误以为是学术期刊的一本大众出版物是《经济学人》(*Economist*)。这本杂志有一个名为"*Economics Focus*"的栏目，该栏目以受过教育的大众能够理解的语言很好地总结了最近的研究。此外，与许多大众出版物不同，《经济学人》常常提供对已经发表的学术文章的引用信息。但无论如何，《经济学人》都是一种大众出版物而不是学术期刊。

在开始文献检索前，由于大众信息资料能提供关于某一主题的广为人知的信息，因此翻阅大众信息资料是有道理的。而且由于它们是面向一般读者的，因此大众信息资料容易阅读和理解。大众信息来源包括《百科全书》（*Encyclopedias*）；新闻杂志，如《时代周刊》、《新闻周刊》（*Newsweek*）与《商业周刊》（*Business Week*）；报纸，如《华尔街时报》（*Wall Street Journal*）或《纽约时报》（*New York Times*）。注意，这些大众出版物正逐渐可以在线阅读，而且常常是免费的。例如，最近两周的《华盛顿邮报》（*Washington Post*）可以在 www.washingtonpost.com 上获得。

互联网资源，如主题目录（directory）与搜索引擎，也是一般信息的常见来源。多数本科生都熟悉这些工具，因此我们在这里仅做简要介绍。主题目录是关于各种主题分层组织的分类目录。大家熟悉的例子包括 http://www.galaxy.com、http://www.looksmart.com 与 http://www.yahoo.com。虚拟图书馆是一种由图书管理员或其他专家编制的主题目录。因此，它们往往包含比普通主题目录更好的文献来源。例子包括 WWW Virtual Library（http://www.vlib.org）与 Internet Public Library（http://www.ipl.org）。这些资源都有关于经济学的部分，它们可以提供有用的背景信息。

另一个互联网工具是搜索引擎。搜索引擎是一种计算机程序，它能够根据主题对网站进行分类并创建相关的数据库。使用者可以通过对这些数据库进行关键词检索来从网站上获取自己感兴趣主题的信息。常用的搜索引擎包括 http://www.google.com、http://www.excite.com 与 http://www.altavista.com。一个特别有用的搜索引擎是 http://www.go2net.com 上的 MetaCrawler。除了检索自身的数据库之外，MetaCrawler 还可以检索许多主要搜索引擎的结果，包括 Google、Yahoo、Ask Jeeves、About、LookSmart，等等。

最广受关注的主题目录和搜索引擎的缺点是它们包含大量对学术研究无用的信息。这对新手研究者来说尤其是个问题，因为他们难以区分权威的与非权威的信息来源。我们会在本章下面的部分讨论有效利用这些工具的方法。

尽管通过查阅大众信息来源开始检索文献是合理的，但意识到创造知识的某领域专家之间的对话仅仅出现在学术文献中是重要的。这些专业出版物在出版前经过了匿名审阅或评审。这些评审至少表明这些研究存在某种程度的有效性。科学出版物包括专业期刊的论文、学术书籍、专著、工作论文以及一些政府文件。专著是关于单一学术主题的较薄的书籍，一般不超过一百页。工作论文是最终发表前仍在修改的学术论文。表 3.1 给出了一些美国出版的学术性经济学期刊的例子。[1]

表 3.1　学术性经济学期刊的例子

国家期刊	American Economic Review
	Journal of Political Economy
	Quarterly Journal of Economics
	Econometrica
	Review of Economics and Statistics
	Review of Economic Studies
区域期刊	Economic Inquiry
	Southern Economic Journal
	Eastern Economic Journal
专题期刊	Journal of Urban Economics
	Journal of Money, Credit and Banking
	Journal of Industrial Economics

就如我们前面所提到的，许多专业期刊对于本科生来说是难以理解的，第 6 章会解释怎样解读它们。你应该了解某些期刊比其他期刊更容易读懂。[2]例如，每个地区的联邦储备银行都发布 *Economic Review*。国会预算办公室的出版物也很不错。此外，不同的智库，

如 Brookings Institution、the American Enterprise Institute、the Economic Policy Institute 与 Cato Institute 的出版物更容易理解。然而，重要的是牢记智库是推销他们观点的商业机构。因此，相比于更客观的信息来源，我们应该更慎重地、批判性地阅读他们的出版物。

3.3 怎样检索：设计有效率的检索策略

为了有效率地确定信息来源，你需要使用检索策略。本部分利用一个研究问题的例子解释怎样设计检索策略："美国 2001 年的经济下滑在多大程度上是由股票市场下跌引起的？"

存在两种确定信息来源的通用方法。Ackermann 和 Hartman (1998) 将其称为浏览检索①与关键词检索。你可以认为它们分别强调人力资本（或思考）与物质资本（或蛮力）。没有一种方法对所有检索都优于另一种方法，设计检索策略的关键任务是对既定检索确定这两种方法的最优组合。

3.3.1 浏览检索

浏览检索意味着手动检查文档（如印刷的文献目录或在线主题目录）以获取有用信息或有用信息的引用。有效地浏览要求你深入并逻辑清晰地考虑一个学科的信息是如何组织的。美国经济学会（American Economic Association，AEA）利用层级系统来对经济学中各主题的信息进行分类，该分类的概览如表 3.2 所示。[3]这些总标题中的每一个都可以进一步进行扩展，表 3.3 展示了"A—经济学总论和经济学教学"的分类。完整的分类系统可以在 http://www.aeaweb.org/journal/elclasjn.html 上找到。通过了解这个分类系统，你能够更容易地发现关于某个研究主题的有用信息。[4]

---

① 英文原文为 browsing，也可理解为分类检索。——译者注

表 3.2　AEA/JEL/EconLit 分类系统

A—经济学总论和教学（General Economics and Teaching）
B—经济学思想史和方法论学派（Schools of Economic Thought and Methodology）
C—数理和数量方法（Mathematical and Quantitative Methods）
D—微观经济学（Microeconomics）
E—宏观经济学和货币经济学（Macroeconomics and Monetary Economics）
F—国际经济学（International Economics）
G—金融经济学（Financial Economics）
H—公共经济学（Public Economics）
I—卫生、教育和福利（Health，Education and Welfare）
J—劳动和人口经济学（Labour and Demographic Economics）
K—法律和经济学（Law and Economics）
L—产业组织（Industrial Organization）
M—企业管理和商业（Business Administration and Business）
N—经济史（Economic History）
O—经济发展、技术变迁和增长（Economic Development，Technological Change，and Growth）
P—经济系统（Economic Systems）
Q—农业和自然资源经济学（Agricultural and Natural Resource Economics）
R—城市、农村和区域经济学（Urban，Rural and Regional Economics）
Z—其他专题（Other Special Topics）

表 3.3　AEA 分类系统的扩展：A—经济学总论和经济学教学

A00—总论
　　A1—经济学总论
　　　　A10—总论
　　　　A11—经济学的作用；经济学家的作用
　　　　A12—经济学与其他学科的关系
　　　　A13—经济学与社会价值观的关系
　　　　A14—经济学的社会学
　　　　A19—其他
　　A2—经济学教学
　　　　A20—总论
　　　　A21—大学前
　　　　A22—本科生
　　　　A23—研究生
　　　　A29—其他

在开始进行研究时有两本期刊需要特别关注。*Journal of Economic Perspectives*（*JEP*）是为满足经济学家的一般兴趣而创办的。因此，它发表的大部分文章都是经济学家对特定主题当前研究的总结。与此相似，*Journal of Economic Literature*（*JEL*）主要发表经济学中特定主题文献的综述性文章。美国经济学会同时出版这两种期刊，它们过去几年的目录都可以在美国经济学会的网站（http://www.aeaweb.org/jep/contents 与 http://www.aeaweb.org/journal/contents）上找到。[5] 如果你在这些期刊的任何一本中发现了关于你研究主题的一篇文章，那么你已经占据了一定的优势，因为它几乎肯定找出并讨论了该文章发表日期之前的有关主要研究。当然，你仍然需要检索最近的研究。

更一般地讲，当你确定了一篇有用的期刊文章时，你还应该考虑把它引用的参考文献作为你评述的重要对象。然而要记住的是，由于该文章作者与你研究的可能不是同一个问题，因此他的参考文献应该是你自己文献检索的补充而不是替代。总之，浏览检索比简单地进行关键词检索更可能给出有用的信息，但是你的结果依赖于你所浏览文献的作者或编辑的判断。

> 浏览检索的例子
> 假如你正在研究"美国 2001 年的经济下滑在多大程度上是由股票市场下跌引起的"这一问题。你了解到消费理论的生命周期模型表明家庭财富是消费支出的重要决定因素。浏览 *Journal of Economic Perspectives* 的目录时你发现了 2000 年春季刊中 James Poterba 名为 "Stock Market Wealth and Consumption" 的文章。该文章包含两页参考文献，可以追溯到 Ando 与 Modigliani 1963 年关于生命周期模型的经典论文。

3.3.2 关键词检索

确定信息来源的另一种方式是进行关键词检索。关键词检索使用互联网或专门数据库中的搜索引擎进行检索。后者包括文献目录数据库，比如 EconLit（正式的说法是 Economics Literature Index），它仅包括引文和摘要，以及全文数据库，如 Dow Jones Interactive，它包含完整的文档。专门数据库的入口由一些商业供应商提供，如 OCLC First-Search 或者 DIALOG。研究者可以通过所在大学的图书馆或计算机网络进入许多数据库。

即使你熟悉浏览检索，关键词检索还是比浏览检索能使你查阅到更多的文档。主要的网络搜索引擎宣称对网上全部的文档进行了索引，而电子数据库搜索引擎对数据库中的全部文档进行了索引。[6] 例如，当前 EconLit 收录了超过 600 种经济学期刊、超过 1 700 种新书以及每年超过 900 篇新的学位论文——1969 年以来几乎全部英文经济学出版物的完整记录。因此，在进行经济学研究时，EconLit 应该是你开始检索的首选之一。

关键词检索的一个出色工具是社会科学引文索引（Social Science Citation Index，SSCI）。SSCI 允许你在时间上后向与前向检索引文。在前面浏览检索的讨论中，我们指出，当你发现一种有用的出版物，如 DeLoach（2001）时，查阅它引用的更早研究是可行的。由于 SSCI 对它归类的每一篇期刊文章或每一本书籍，也对其引文进行了索引，所以 SSCI 能够以电子的方式帮助你完成这项工作。尽管以电子的方式完成检索能够比阅读研究文献目录快一些，但是 SSCI 的真正优势在于前向检索。也就是说，SSCI 数据库也收录了所有在其参考文献列表中引用了 DeLoach（2001）的出版物。因此，非常容易得到关于一个主题的主要研究的完整清单。

对新手研究者的提醒

不要把你的检索限制在全文数据库！

本科生有时会把文献检索仅仅看作完成研究项目道路上的一个障碍（这是不正确的——实际上，就像我们所努力说明的，发现本领域其他研究者完成的研究在完成你自己研究的过程中可能是一种重要帮助)。因此,这些学生可能会把自己的检索限制在全文数据库。归根结底,他们的理由是,即使你在文献目录数据库中发现了某些文献,它们仍然可能是难以获得或者不可获得的。这是一个错误的观点!文献检索的目标是发现一个关于该主题最重要的研究,而不仅仅是最容易获得的研究。换句话说,如果有一个没有在全文数据库中列出的重要研究你没有发现,那么你的研究就存在一个重大缺陷。[7]几乎所有大学的图书馆都订阅了主要的经济学期刊。这意味着这些期刊的文章在你的图书馆中能够以印刷版、胶片或影像的形式获取。即使你的图书馆没有订阅你需要的期刊,你的某位老师也可能订阅了,你可以毫不犹豫地去询问。把自己限制在全文数据库实际上也排除了把任何书籍作为资料来源。最后,很难想象存在通过馆际互借不能获得的文献。简而言之,不要把你的检索限制在全文数据库!它是谬误经济——最终你付出的代价将超过它的价值。

SSCI 的另一个优势是它是跨学科的:它覆盖了社会科学的各个领域。这意味着你不太可能错过经济学以外其他领域关于你研究主题的研究,就像你仅检索 EconLit 时的情况一样。SSCI 的劣势是它十分昂贵,因此许多学院和大学都不订阅它。如果你所在的机构订阅了,你就应该利用它。

尽管你的学术文献检索应该集中于使用专门数据库发现文献,但网络搜索引擎也会很有帮助。最好的可用于学术用途的网络搜索引擎可能是谷歌(http://www.google.com)。对基于网络研究的批评是,大部分网络上的信息本质上不是学术性的。谷歌的一个优势是除了索引网页外还收录了大量其他类型的文件,包括 Adobe(.pdf)文件、Word 和 WordPerfect 文件、Excel 和 Lotus 123 电子表格、PowerPoint 演示文稿,等等。因此,研究者可以使用谷歌在研究者的个人网页上发现学术性的工作论文或数据集,即使它们还没有被发表。

关键词检索的主要劣势是在使用专门主题目录或网络搜索引擎时，会产生很多"被命中结果"，但仅有少量是有用的。假设使用词组"股票市场"（stock market）进行电子检索。基于你的数据库，你可能会得到数百甚至数千条记录。即使其中存在许多有关的记录，你也需要大量的时间和精力来分清良莠。考虑商业捕鱼者使用的拖网方法。拖网捞起了方圆几英里之内水中所有的东西。那么即使捕鱼者只想要鳕鱼，他也需要检查并扔掉捕获到的其他东西。

解决这一困境的措施是利用布尔（Booleam）检索与词组检索的组合进行更高级的关键词检索。布尔检索允许我们以最可能获取有用结果的方式聚焦检索。存在三种布尔运算符：AND、OR与NOT。

AND用于缩小检索范围。例如，对于关键词 Keynesian AND Post 的检索将会仅仅找到包括全部关键词的那些条目，如"Post Keynesian"。

OR用于扩大检索范围。对于关键词 Monetarist OR Keynesian 的检索将找到包含任何一个关键词的那些条目。

NOT意味着排除。它包含了排除包括NOT之后的关键词的所有条目。例如，对于关键词 Keynesian NOT Post 的检索将识别所有包含"Keynesian"且排除了那些包括"Post Keynesian"的条目。

你也可以使用嵌套的布尔逻辑调整你的检索。例如，对于关键词 Monetarist OR（Keynesian NOT Post）的检索将找到包括"Monetarist"或者包括"Keynesian"的，但是排除了那些包含"Post Keynesian"的所有条目。

词组检索搜寻引文中精确包含你设定词组的条目。例如，对于关键词"Post Keynesian"的检索将精确找到那些包含完全相同词组的条目，但是排除了分别包含两个关键词的条目。通配符可以通过截取检索词组使你的检索更有效率。如果搜索引擎的通配符是 *，对于关键词 Keynes * 的检索将找到那些包含"Keynes"或

"Keynesian"或者"Keynesians"的条目。与此类似,对于关键词 wom∗n 的检索将发现包含"woman"或"women"的所有条目。

3.3.3 一种基本的检索策略

Ackerman 和 Hartman（1998）提出了一种基本的检索策略,如表3.4所示（稍有修改）。尽管该表给了我们这是一个直线过程的印象,但实践中还存在大量的不确定性。首先,在过程的开始阶段研究者可能无法准确掌握检索什么。在研究者面临不熟悉的主题时尤其如此。其次,该过程是不断反复的。你从不会通过单独一次的检索就发现所有的东西！相反,你需要使用一个数据库尝试一个初始关键词的集合。一旦你发现一些好的信息来源,就阅读它们。当你对文献更熟悉以后,关于关键词的其他想法就会在心中产生,然后你就可以利用它们继续检索。如果一个数据库不成功,试试另外一个。如果一个学科没有发现足够的结果,试试另一个领域。关键词检索是一种艺术,某些研究者比其他人更擅长这个方面。幸运的是,每个人都可以在实践中变得更好。

表 3.4 一种基本的检索策略

1. 从陈述你的研究主题或问题起步；
2. 找出与你的主题相关的重要概念；
3. 采用头脑风暴来创建描述这些概念的关键词列表；
4. 确定这些关键词的所有同义词；
5. 选择一个学科,即确定哪一个学科或哪些学科可能存在关于你研究主题的文献,例如经济学、法学、公共政策、商业、社会学、教育；
6. 确定使用哪种检索格式,例如布尔运算、通配符；
7. 选择一个适合检索给定主题的数据库,例如 EconLit；
8. 阅读数据库的检索指南；
9. 使用合适的语法（syntax）建立检索表达式；
10. 查看结果；
11. 如果有必要,修改检索（返回第2步）；
12. 使用另一个数据库尝试同样的检索（返回第6步）。

3.3.4 关键词检索的例子

下面我们采取表 3.4 列出的检索策略对我们研究主题的例子进行关键词检索：

1. 回忆一下该研究主题是"美国 2001 年的经济下滑在多大程度上是由股票市场下跌引起的（the extent to which the 2001 economic slowdown was caused by a decline in the stock market）"。

2. 研究主题表明了初始的重要概念。它们包括 stock market decline 与 economic slowdown。

3. 关于这两个概念间可能联系的简单头脑风暴给出了其他的检索关键词：household wealth、consumer spending 与 life-cycle model。还应该注意的是，在选择关键词时，你可以在 *Journal of Economic Literature* 主题分类中选择一个主题。在这种情况下，我们选择 G100 "广义金融市场" 或者 E200 "宏观经济学：消费、储蓄、生产、就业、投资、总论"。

4. （stock market）decline 的同义词是 crash 或 correction 或者 bear market。（economic）slowdown 的同义词是 recession。wealth 的同义词是 savings 或 saving。consumer spending 的同义词是 consumer expenditure 或 consumption。

5. 研究主题表明经济与商业这两个领域的文献可能是有用的。

6. 对于多个词汇的表达式，我们需要使用词组搜索，例如，"consumer spending"。对于同义词我们需要使用布尔运算符，例如，"consumer spending" OR "consumer expenditure" OR "consumption"。对于它们之间的关系我们需要使用布尔运算符 AND，例如，"consumption AND wealth"。

7. 当进行经济学检索时，好的起始数据库是 EconLit。对于其他领域，下面的内容可能是有帮助的：

- Expanded Academic ASAP——商业学术期刊；
- Wilson Business Abstracts——商业学术期刊；

- Business & Company & Resource Center——公司层面的商业信息；
- ERIC——教育；
- PAIS——公共事务与国际研究；
- Dow Jones Interactive——学术文献中当前不存在的主题，也包括商业学术期刊；
- SSCI——任何社会科学。

必须注意，检索结果的用户界面和格式可能因数据库入口提供商的不同而不同。

8. EconLit 的检索指南可以在 http：//www.econlit.org/econlit/hints.html 上找到。[8]

9. 使用表达式 "consumption AND wealth" 进行初始关键词搜索。

10. 这一搜索命中 1 422 条记录，这太多了以至于不能深入阅读。

11. 使用表达式 "consumption AND stock market" 改进的检索共命中 97 条记录，包括 Shirvani 和 Wilbratte（2000）的重要文章，"Does Consumption Respond More Strongly to Stock Market Declines than to Increases?" 接下来使用表达式 "consumer spending（OR "consumption"）AND recession" 的检索共命中 78 条记录，包括另一篇高质量文章：Blanchard（1993）的 "Consumption and the Recession of 1990 – 1991"。使用表达式 "stock market AND recession" 的另一个检索共命中 13 条记录，其中有 3 条看上去是有用的。

12. 我们再试着检索其他数据库：Expanded Academic ASAP。使用表达式 "consumer spending（OR "consumption"）AND recession" 的检索共命中 22 条记录，其中许多都是我们感兴趣的。其中之一是我们前面发现的 Blanchard（1993）的研究。

你应该对每一个检索的数据库都试着采用所有得到好结果（即命中记录不太多，其中许多是有用的）的检索表达式进行检索。有时，你可能会发现相同的来源，就像 Blanchard（1993）。这是你的有效检索接近结束的信号。注意,我们的关键词检索没有发现前面通过浏览发现的 Poterba(2000)的论文。这就是两种类型的检索都有必要的原因。完成浏览检索和关键词检索并查阅找到研究所引用的文献后,我们就可以得出结论:我们发现了到目前为止关于我们的研究问题已发表的主要研究。

3.4 获取资源

一旦你发现了潜在的文献来源,你就需要获取这些文献。互联网使获取研究资料的方式发生了革命性的变化,尤其对仅有有限馆藏的较小机构的研究者来说。越来越多的资源可以在线获取,其中就包括书籍和期刊论文的全文。

超过 100 种经济学期刊可以免费获取全文。这些期刊的一个列表可以在 http://rfe.org 的 Resources for Economists 网页获得。另一个列表由伍斯特学院(the College of Wooster)维护(http://www.wooster.edu/economics/archive/journals.html)。

还存在大量全文期刊的专有门户网站。例如,美国经济学会主办了一个门户网站(http://www.aeaweb.org),该网站包括它过去三年出版的期刊(*AER*、*JEL* 与 *JEP*)的全文入口。期刊目录和摘要的入口对所有人都是开放的,但是全文入口只对美国经济学会的会员开放。该网站还包括比尔·高菲(Bill Goffe)的 Resources for Economists on the Internet,这将在第 9 章详细讨论。JSTOR 是一个全文学术期刊的数据库,其中包括 24 种顶级经济学期刊(截至本书写作时),这些期刊列在了表 3.5 中。[9]许多学院和大学都订阅了 JSTOR。美国经济学会的会员可以通过支付一定的年费(10 美元)接入 JSTOR。还有许多其他提供全文形式期刊文章的在线数据库。其中之一是 Expanded Academic ASAP,它包括许多 JSTOR 没有包含的经济学期刊的全文。

表 3.5　通过 JSTOR 可以获取的经济学期刊

American Economic Review	Journal of Economic Perspectives
Brookings Papers on Economic Activity	Journal of Finance
Canadian Journal of Economics	Journal of Human Resources
Econometrica	Journal of Industrial Economics
Economica	Journal of Money, Credit and Banking
Economic History Review	Journal of Political Economy
Economic Journal	Oxford Economic Papers
International Economic Review	Quarterly Journal of Economics
Journal of Applied Econometrics	Rand Journal of Economics
Journal of Economic History	Review of Economics and Statistics
Journal of Economic Literature	Review of Economic Studies

在线获取期刊论文除了更为快捷方便之外，在不久的将来我们将可能能够直接链接这些论文引用的文献（后向连接）。甚至可能链接引用这些文章的文章（前向连接）。

在网络上，政府文件也变得越来越容易获取。过去十年美国政府付出了极大的努力使几乎所有打印文件都可在线免费获取。检索政府出版物的一个好的起点是 www.firstgov.gov。

查阅书籍的首选地点还是你所在学院或大学的图书馆。当前，书籍的在线可得性落后于期刊论文和政府文件。然而，一个非常好的电子书籍的来源是 NetLibrary（www.netlibrary.com）——On-line Computer Library Center（OCLC）的一个分支机构。NetLibrary 以图书馆会员费为支撑向会员提供电子文件。在本书写作时，NetLibrary 在各学科，包括经济学，有超过 54 000 部书籍。就像检索印刷版图书一样，你可以利用学院或大学图书馆的搜索引擎查找在线文件。实际上，直到发现具体条目前，你都不知道该书是印刷版的还是电子版的。一旦检索到电子版，你就可以像印刷版一样"借阅"。除非你所在学院或大学的图书馆订阅了不止一本该电子书，否则在你归还前，你所在机构的其他人是无法获取这本书的。另一个好处是你可以在不进入图书馆的情况下 24 小时获取文本。

前面我们指出较小机构的图书馆仅有有限的馆藏。存在多种解决这一问题的方法，如利用馆际互借服务或访问附近研究型大学的图书馆。例如，在访问图书馆前远程检索图书馆书目以确保它们的馆藏有你所查找的文献正日益成为可能。

实际上，在美国国家经济研究局（www.nber.org）、社会科学研究网（http：//papers.ssrn.com）、圣路易斯华盛顿大学的工作论文档案（http：//econwpa.wustl.edu）及NetEc（http：//netec.wustl.edu/NetEc.html）还存在数以万计的可在线获取的经济学工作论文。

总　结

- 为了进行原创性研究，我们需要确定关于一个主题目前已经了解了什么。因此，在任何研究项目开始时，研究者都需要检索"文献"。
- 一个主题的信息来源主要有两种：大众的与学术的。仅有后者被认为可以是文献的组成部分。
- 有效的检索策略包括以下步骤：
  ☆ 从一般主题领域的二手来源开始。
  ☆ 检索关于该主题的综述文章，例如，在 *JEP* 或 *JEL* 中。
  ☆ 转向一手来源：如EconLit或Social Science Citation Index。
  ☆ 使用关键词检索和浏览检索的组合，对你发现的有用来源的参考文献列表进行检索。

注　释

1. Wyrick（1994）的附录10提供了按照主题分组的经济学期刊的详细列表。

2. 还应注意，工作论文可能比发表的论文更易读懂，因为它们常常包括论证的更多细节——在论文编辑过程中被删除的细节。

3. 这里指的也是EconLit或 *Journal of Economic Literature Classi-*

fication System。

4. 例如，你可以利用这些分类作为关键词进行在线检索。

5. 美国经济学会网站列出了 1994 年 12 月以来 *Journal of Economic Literature* 与 1998 年年初以来 *Journal of Economic Perspectives* 的目录。读者可以使用期刊名称作为"来源"关键词来搜索 EconLit 以获取更早卷期的目录。

6. 还应注意，你应该总是使用多个搜索引擎，因为它们使用不同的搜索标准和数据库，尽管结果存在重合，却不完全相同。

7. 在我的课堂上，这一缺陷至少会使期末论文的成绩降一个等级。

8. 像 EconLit 这样的数据库可以通过多个界面进入。例如，在我的机构，可以通过 OCLC First-Search——一个提供包含各学科的 44 个数据库接口的数据库服务提供商进入。

9. 然而需要注意的是，这些文章在最初出版 5 年之内是不能通过 JSTOR 获取的。

10. 注意，Turabian 的第 8 章出版在 1999 年 MLA 决定推荐使用括号引用之前。

进一步阅读的建议[①]

Ackermann 和 Hartman（1998）——将在线搜索与互联网作为研究工具的优秀的、易于使用的指南。

Turabian（1996）——研究论文或学位论文写作与引用格式的权威指南。参见附录 3A。

[①] 杜拉宾. 芝加哥大学论文写作指南（第 8 版）. 北京：新华出版社，2015.
美国心理学会. APA 格式：国际社会科学学术写作规范手册. 重庆：重庆大学出版社，2011.
内维尔. 学术引注规范指南（第二版）. 上海：上海教育出版社，2013.

练 习

1. 选择一个研究问题，最好是你实际正在研究的问题。写出该研究问题。查阅 *Journal of Economic Perspectives* 与 *Journal of Economic Literature*（在 http：//www.aeaweb.org/jep/contents 与 http：//www.aeaweb.org/journal/contents 上能够找到）的目录。浏览这些目录，检索一篇或多篇与你研究问题相关的综述类文章。（你应该至少找到一篇与你的研究相关的文章。）采用你导师喜欢的引文格式（引文格式的信息见附录3A），写下你找到的综述文章的完整文献引用信息。

2. 选择一个研究问题，最好是你实际正在研究的问题。写出该研究问题。利用表3.4展示的基本检索策略在 EconLit 中进行关键词检索。列出与你的研究问题有关的"重要概念"。选择并记录适当的关键词。建立检索表达式并进行检索。必要时修改检索表达式来为你的研究找到至少5条记录。采用你导师喜欢的引文格式，写出你找到研究的完整文献引用信息。

3. 选择一个研究问题，最好是你实际正在研究的问题。写出该研究问题。利用表3.4展示的基本检索策略在 EconLit 之外的其他数据库中进行关键词检索。列出与你的研究问题有关的"重要概念"。选择并记录适当的关键词。建立检索表达式并进行检索。必要时修改检索表达式来为你的研究找到至少5条记录。采用你导师喜欢的引文格式，写出你找到研究的完整文献引用信息。

4. 选择一个研究问题，最好是你实际正在研究的问题。写出该研究问题。利用表3.4展示的基本检索策略使用网络搜索引擎，如谷歌，进行关键词检索。列出与你的研究问题有关的"重要概念"。选择并记录适当的关键词。建立检索表达式并进行检索。必要时修改检索表达式来为你的研究找到至少5条记录。采用你导师喜欢的引文格式，写出你找到研究的完整文献引用信息。

附录 3A：学术性参考文献与引文格式

文献综述的一个重要组成部分就是仔细记录你使用的每一篇学术文献。引文格式的目的是提供标准化的、简洁的记录方式。参考文献之所以重要的原因有两个：第一，对以前作者的思想和知识产权给予认可；第二，帮助读者详细地追踪这些思想。我们将在第 5 章和第 6 章对这些原因展开讨论。这里我们仅介绍引文格式。

存在三种常用的引文和参考文献格式：它们是 MLA、芝加哥格式和 APA。每一种格式都解释了编写文中学术性注释（如脚注或尾注）以及文后学术性参考文献的首选方式。目前三种格式都推荐使用括号形式引用——例如，"Turabian（1996）"——而不是在文本中通过脚注或尾注引用文献。当然，对于文字进行详细阐述的学术性注释，使用脚注或尾注仍然是恰当的。

MLA 与芝加哥格式非常好的指南是 Kate Turabian 的 *A Manual for Writers of Term Papers, Theses and Dissertations*, Sixth Edition（1996）。Turabian 女士是芝加哥大学的研究生秘书，她负责接收向该机构提交的全部学位论文，因此是公认的芝加哥格式专家。因此，她的书本质上是《芝加哥格式手册》（*Chicago Manual of Style*）的精华版。特别有用的两章是第 11 章——展示了两种格式的比较，以及第 14 章——用大量的注释与参考文献的例子展示了两种格式。需要注意的是，这一版基于《芝加哥格式手册》的第 14 版，而不是最新的第 15 版。新版本的变化主要与在线资源有关，这在第 14 版中没有涉及，但 Turabian 仍然是有用的。令人期待的是，Turabian 的新版本有望很快出版。① 下面的段落介绍了这三种格式，并向

---

① 该书最新中文版本为 2013 年出版的第 8 版，基于《芝加哥格式手册》的第 16 版。目前国内参考文献的格式主要采用 GB/T 7714 - 2015《信息与文献参考文献著录规则》。——译者注

你推荐了每一种格式的不同指南。

MLA 是 Modern Language Association 的首字母缩写，是人文学科学者喜欢的一种格式。这一格式在 Turabian（1996）的第 8 章（关于脚注）与第 9 章（关于文献目录）进行了详细的说明。[10] MLA 格式的其他指南可以在威斯康星大学写作中心（http://www.wisc.edu/writing/Handbook/DocMLA.html）以及伊利诺伊大学的写作工作坊获取（http://www.english.uiuc.edu/cws/wworkshop/MLA/bibliographymla.htm）。

APA 是 American Psychological Association 的首字母缩写，是心理学和其他社会科学的学者，也包括一些经济学家喜欢的格式。有帮助的 APA 指南可以在普渡大学的在线写作实验室（http://owl.English.purdue.edu/handouts/research/r_apa.html）、威斯康星大学写作中心（http://www.wisc.edu/writing/Handbook/Doc-APA.html）以及伊利诺伊大学的写作工作坊获取（http://www.english.uiuc.edu/cws/wworkshop/bibliography_style_handbo-okapa.htm）。

芝加哥格式是自然科学和许多社会科学，也包括经济学的选择。芝加哥格式在《芝加哥格式手册》第 15 版（2003）中正式地被称为作者－日期系统。在这种格式中，参考文献以参考文献列表（而不是文献目录）① 的形式列在作品的结尾。这种格式在 Turabian（1996）的第 10 章进行了解释。芝加哥格式的另一个指南可以在长岛大学图书馆获取：http://www.liu.edu/cwis/cwp/library/workshop/citchi.htm。

现在多数文献检索是在线进行的，你应该意识到在线引用格式可能在刚刚提到的指南里没有进行充分描述。在线文档引用格式信息的好的来源是 Andrew Harnock 和 Eugene Kleppinger 的 *Online*：*A*

---

① 此处"参考文献列表"英文原文为 reference list，一般指包含了论文中所有直接引用资料来源（包括书籍、期刊和网站等）的完整列表，这意味着与文内引用一一对应；"文献目录"英文原文为 bibliography，一般包含了为构思和写作该论文所使用的所有资料来源，无论文内是否直接引用。仅供参考。——译者注

Reference Guide to Using Internet Sources，能够在 http：//www.bedfordstmartins.com/online 上获得。

注意，在线检索得到的期刊文章（或书籍）仍然是期刊文章（或书籍），应该相应地进行引用。也就是说，在线引用格式应该仅仅用于那些不存在印刷版本的文档。例如，你从 JSTOR 在线获取的《美国经济评论》的文章应该作为期刊文章而不是在线文档来引用。

第 4 章　写作是经济学研究的工具

> 科学中重要的事情与其说是获取新的事实，不如说是发现关于它们的新的思维方式。
>
> ——威廉·布拉格爵士

由第 1 章我们知道了学者们通过构建相互竞争的论证来创造知识。他们利用四种工具来构建论证：

思维过程——思考论证；

口头讨论——用语言描述论证；

数学——推导方程以获得一定的含义；

写作。

尽管可以使用所有这些工具形成论证，但本章我们重点关注其中一种重要的工具——写作。之前 McCloskey（2000）在她的 *Economical Writing* 一书中提出了这一观点，她认为经济学的训练更依赖于写作，而不是数学或统计学，或者其他常见的与经济学有关的工具！

经济学家写作有两个目的，其中第二个可能是你没有想到的：

第一，写作是一种成果，一种交流研究结果的沟通方式；

第二，写作是获得研究结果的过程。

本章我们重点关注第二个目的，而第一个目的是第 5 章的主题。

4.1 通过写作来学习

写作不仅是一种成果，也是创造知识的过程或工具。有时学生会说："我懂，但我就是没办法解释它。"但是如果你没办法解释一种经济学思想，那么你就仅仅是在表面上懂它。写作迫使你去具体地思考，准确地弄明白你的想法。相反，当你只是思考时，你的想法常常是模糊不清的，会有所遗漏。而当你写作时，逻辑上的漏洞就会变得相当明显。在这种意义上，写作是一种发现的工具，一种处理你未充分理解的思想的方法。[1] 换句话说，写作是一种正和博弈。当你写作时，你不仅写下了你已经掌握的知识，而且最终还会掌握更多的知识。

4.2 构思是一个创造性的过程

我们来探讨一下这个想法。写作的过程被称为构思（composition）。这意味着什么呢？构思包括分析（analysis，抽取出某种东西去理解它）和整合（synthesis，把各部分组合成一个整体）。考虑一下作为学生的你怎样根据写在索引卡上的笔记整合出一篇学期论文。你必须整理这些信息，对其进行分类，并确定哪些是相关的，哪些是不相关的。你一再布局，以找到一种结构，一种展示索引卡上信息的最佳表现形式，直到一种思想准确且不言自明地表现出来。换句话说，构思包括寻找事实和思想之间的关系，这些事实和思想组成了你研究的原材料。构思时，你选择并布局这些事实和思想；你尽力使它们按照最有意义的顺序排列。导演制作一部电影也是如此。电影从来不会是一次拍成的。而是拍摄不同的胶片、不断地剪辑、以不同的方式合成，直到形成好的故事。

学生们常常在充分展现其思想之前就过早地结束了这种构思过程。Bean（1996，7）指出，"具有批判性思维的教师们的一个关键发现是，学生……往往过于迅速地结束构思的过程。他们从不怀疑判断、质疑假定、设想其他答案、对数据做新颖的处理（play with data）、思考对立观点的思想，而仅仅是在一些疑问中徘徊"。如果你仅仅把写作看作一个成果，这个问题就可以理解了。Bean（1996，15）用一个比喻来说明这一错误观点的特征："写作就像一个已经包装好的盒子，我们只是把已经形成的思想放入其中。"

事实上，构思就像一瓶好酒，需要时间来酝酿并使其口味更丰富醇厚。这就解释了为什么尽快开始任务、撰写初稿，然后从写作中抽出更多时间来思考你正在做的事情是重要的。Bean 把这称为"沉思"（incubation）。如果你是一位熟练的作者，那么你需要付出特别的努力使你对自己的主题保持开放的心态，并且不要让自己过快地得出结论。

在这种意义上，你应该以超越编辑和修正的观点来看待对论文的修改。它意味着重新审阅信息、再次考虑信息的组织方式、重新构建论证、探索新的含义。这意味着是在问："我对事实有最好的解释或者存在另一种更好的解释吗？"这是一项艰难的工作。你必须提出一个想法，并尽你所能来为它构建一个论证。之后，一旦你确定了某一论证，就需要退回来诚实地仔细审查你所写的东西。这种修改的方式就是导师强调一篇论文要多次修改从而往往写出多份草稿的原因之一：这样你就思考和探索了关于该主题的多种思维方式。我们将在第5章中更详细地讨论多次修改论文的问题。

关于写作的这一创新性观点意味着：你总是得抛弃某些你写的东西，虽然这很难。即使有经验的作者也会有一种感觉，如果他们抛弃文章的一部分，特别是花费了很大精力的部分，他们就像是在扔掉自身的某种东西。这种困难可能部分来源于下面这种错误的理解：学期论文必须包含你研究初期发现（并写在索引卡上）的所有事实。根本不是这样的！一篇写得很好的论文是被构建来建立一个论证的。回想一下理论或模型的本质。模型是对现实的简化，这种简化通过关注问题最重要的方面而放弃不重要的方面，来提供对所研究问题的深入认识。在这个方面，论证和模型一样，它提供了解释事实的最佳结构或故事，但是可能没有全部解释或解决它们。这就是为什么抛弃你文章中经过审阅所发现的对论证没有显著作用的内容是构思过程的必要部分。

4.3 论证的结构

学术写作的目的是形成对本领域专家有说服力的论证。学者利用前一部分描述的构思过程来发现和改进他们的论证。经过构思后，学术论文具有逻辑清晰、层次分明的结构，其中论题由一系列相互嵌套的论证支持，这些论证逻辑清晰地推出作为结论的论题。我们将这以程式化的方式展示在图 4.1 中，它表明了推理严密的学术论证的金字塔结构。你应该注意，实际的论证不是机械地构建的，它们在特征上更具个性化。

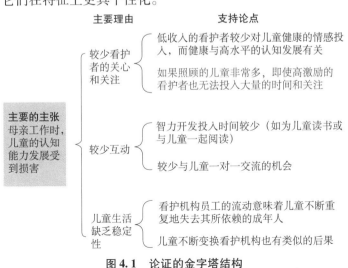

图 4.1　论证的金字塔结构

> **对新手研究者的提醒**
>
> **利用你的 Word 处理器的"大纲"功能来构思**
>
> 文字处理软件的"大纲"功能在撰写和修改论文的过程中是一个非常有用的工具。例如，在 Microsoft Word 中，"大纲"功能允许你把论文草稿转换为论文中提出的主要观点的大纲。每一部分的文字都可以隐藏在标题下面（或展开显示完整的文字）。一旦论文成为这种形式，不用剪切和粘贴就很容易重新组织。此外，"大纲"功能还允许创建你计划提出的主要观点组成的论文提纲，然后充实这些主要观点来撰写完整的论文。要想在 Word 中使用"大纲"功能，可以打开你的文档，然后在工具栏弹出的菜单中选择"视图"，并选择"大纲"。尽管"大纲"功能需要花一小段时间来掌握，但它确实值得学习。实际上，我就是使用"大纲"功能来组织和撰写这一章的。

论题（thesis）或主要的主张（assertion）在顶层，主要观点在论题的下面，支持的解释或证据列在每个主要观点之下。什么都不是随意加入的。任何无法直接或间接引出论题的观点（或初步研究中发现的无关事实）都应该从论证中删掉。

我们通过论证的本质来更详细地分析这种结构。在第 1 章中，我们把论证定义为由推理或证据支持的主张。主张是一个声明或观点。例如，本章开始提到的 McCloskey 的陈述就是一个主张。在非正式的对话中，人们常常只基于主张进行讨论 ［Missimer（1995）称之为"松散的论证"］。类似地，在专业或学术写作中，作者可能引用 McCloskey 的"论证"：对于经济学家的研究而言，写作比技术性技能更重要。但在最严格的意义上，论证不仅指的是主张还包括支持性的推理。[2]

4.3.1 "结论是由证据得出的"意味着什么？

为了使论证有说服力，支持它的理由必须是正确的，而且结论必须是由这些理由得出的。说结论是由证据得出的意味着什么呢？推断（inference）是对事实或关系进行逻辑推理后得出的推论。如果我们把论证定义为由证据支持的观点，那么推断就像反向的论证。换句话说，给定事实或假定，给定事实之间的关系，如果我们能够推理出我们的结论，也就是说，如果证据能逻辑性地使我们得到推论以作为结论，那么我们就说结论是由证据"得出的"。如果结论是由证据得出的，那么我们就得到了 Missimer 所称的"有正当论据的推断"。

例如，考虑去年由于失业率上升而导致消费支出增加的论证。为了评估这一论证，我们需要问两个问题。首先，理由是成立的吗？去年失业增加了吗？假如答案是肯定的，那么第二个问题是：结论是由上述前提（premise）得出的吗？换句话说，得出失业率上升会引起个人支出更多的结论是合理或符合逻辑的吗？可能不是！失业率上升降低收入，至少对失业者是这样的。低收入会带来更低的支出而不是更多的支出。因此，我们说结论不是由上述证据得出的，论证不能使人信服。相反，如果论证表明是由于失业率的下降使消费支出增加，同时失业率确实下降了，推断就是得到事实证明的，那么结论就是由论据得出的。

逻辑谬误（logical fallacy）是一种由于结论实际上不是由陈述的原因得出的而有瑕疵的论证，即使这种论证是以一种使人认为它是由证据得出的方式陈述的。逻辑谬误常常出现在公共讨论中。附录 4A 列出了许多你需要识别和避免的逻辑谬误。

4.4 分析论证

我们来分析罗伯特·萨缪尔森（Samuelson，2002）的论证，它被复制在下面的方框中。

| 萨缪尔森的主要声明：可能进行的伊拉克战争带来许多未知因素，但是"我们负担得起吗?"不是其中的一个问题。 主要证据：我们可以通过战争支出占GDP的份额来衡量战争对一个国家带来的财政负担。在第二次世界大战期间，战争支出达到GDP的近40%。 论断核心：第二次世界大战以来，战争变得更局部化且更不昂贵，而经济出现了显著增长。 支持点：朝鲜战争的讨论（更局部化并比第二次世界大战花费更少） | **我们负担得起的战争** 罗伯特·J. 萨缪尔森 2002年9月18日，星期三；A29页   进行伊拉克战争可能带来许多未知因素，但是"我们负担得起吗？"并不是其中的一个问题。民众不可避免地会问起这个问题，他们忘了美国已经变得如此富裕，可以用口袋里的零钱来支付战争。伊拉克战争的花费可能少于国民收入（GDP）的1%。美国人已经越来越习惯与经济的不稳定和牺牲进行斗争。   美国上一次真正卷入冲突是第二次世界大战。大约1 600万美国人在军队中服役，根据布朗大学历史学家詹姆斯·帕特森（James Patterson）的报告，这占了全部18—34岁男性人口的2/3。成本是巨大的。1944年，联邦支出占了GDP的44%，其中军队支出了GDP的38%。在国内，美国人需要配给券来购买肉类、汽油和其他主食。   此后，两件事情改变了战争经济学：美国经济变得更强大而战争的规模变得更小。以生产的产品衡量——并经过通货膨胀调整——美国经济已经比1945年的5倍还大。同时，美国的战争变得更加局部化，消耗了美国人更少的财富。   在朝鲜战争中，国防预算达到1953年GDP的14%，但是大部分支出用于欧洲军力的扩张。"每有一辆坦克进入朝鲜，就会有两辆坦克进入欧洲"，Industrial College of the Armed Forces的历史学家艾伦·葛鲁曼（Alan Gropman）说，"我们制造的B-52s与朝鲜战争无关"。1949年8月，苏联出人意料地爆炸了第一颗原子弹，导致美国总统哈里·杜鲁门命令国家安全委员会对美国的战略进行重新评估。形成的文件（称为NSC 68）设想一旦苏联拥有核武器，为了应对苏联的攻击，美国军队就应该大规模进入欧洲，这看上去是令人信服的。 |

支持点：越南战争的讨论（更局部化并且花费更少）	尽管冷战的花费仍然巨大，但是越南战争的支出仅占 1968 年 GDP 的 9.4%。即使这样，林登·约翰逊早期提出的在不增税情况下为战争提供资金——以便同时提供大炮和黄油——的想法还是提高了通货膨胀。越南战争后，国防支出（仍然用占 GDP 的份额表示）开始下降，冷战结束后更是显著下降。 目前每年的军费约为 3 500 亿美元。这是一笔巨款，但是对于一个年产值在 10 万亿美元以上的经济体来说，并不是太大的负担，仅比 GDP 的 3% 多一点。伊拉克战争的花费是猜测的。它可能极大地超过了阿富汗战争的总额，该费用据国会预算办公室估计在 2002 财年约为 100 亿美元。海湾战争花费了 610 亿美元。即使一场新的战争会花费 1 000 亿美元，也大约仅相当于 GDP 的 1%。 这显然是负担得起的。但我们是否应该负担是另一回事。战争对经济的影响也是如此，它可能有正面影响也可能有负面影响。额外的支出可能刺激经济。迅速的胜利可能促进信心。战争可能通过恐怖主义或政局动荡危及沙特阿拉伯或其他地区的石油供给。持续的战争也可能损害信心、消费与股票市场。 "经济在增长，但几乎是可以忽略的"，Economy.com 的马克·赞迪说，"从复苏退回到衰退——或接近衰退，用不了多长时间"。 油价是最大的弱点。1990 年，萨达姆·侯赛因入侵科威特后，油价翻番，从 5 月的每桶大约 18 美元涨到 10 月的每桶 36 美元。这使衰弱的美国经济陷入衰退——尽管油价在 1991 年迅速回落。除非发生灾难，否则许多美国经济学家都最小化了这种情况再次发生的概率。 如果伊拉克的原油出口"停止，这不是个大问题"，石油产业研究基金会的约翰·利希特布劳这样说道。伊拉克目前每天出口大约 70 万桶原油，而全世

> 界每天的需求几乎为 7 700 万桶。他还说,沙特人可以填补任何缺口。此外,美国经济已经变得不那么依赖能源了,因此对高油价不再那么敏感。预测公司 DRIWEFA 的经济学家 Nariman Behravesh 说,经济正在以 2% 到 2.5% 的速度增长。他说,战争恐惧已经把油价推高到大约 30 美元一桶,但是即使油价上升到 40 美元一桶,GDP 的增长可能仅仅会下降 0.5 个百分点。
>
> 因为战争是意外发生的,所以谁知道什么时候会发生呢?但是重要的问题更难以回答了。战争是公正的吗?美国应该单方面发动战争吗?如果我们不发动战争又会怎么样呢?发动战争又如何呢?相反,经济问题是次要的问题——并且应该是这样。如果战争是必要的,那么我们负担得起。
>
> 资料来源:Copyright © 2002,*Newsweek*. Reprinted with permission.

总结萨缪尔森的论证:

假设我们用战争支出占 GDP 的份额来衡量战争对国家的财政负担,那么第二次世界大战以来,美国的 GDP 得到了显著的增长。同时,战争变得更局部化,因此花费更少;因此,我们可以得出结论:美国可能比第二次世界大战时更有能力负担伊拉克战争。

萨缪尔森的结论是由证据得出的。

4.5 推理的三种类型:演绎、归纳与论据推理

每一个论证都是由主张和证据构成的。或者反过来看,每一个论证都是由前提(或者假定)与结论(或推断)构成的。我们来

仔细考察学者推理的方法。存在三种不同的推理方法：演绎推理、归纳推理与论据推理。一个论证可能包括三种类型的推理，但是为了简单起见，我们逐一来考察它们。

演绎推理（deductive reasoning）从一个或多个一般原理出发，并由此得出具体的预测。这些预测就是大侦探福尔摩斯称为"结论"（deductions）的东西。原理不需要多么高深，你可以把它们看作前提或假定。它们在实践中是"给定的"。**有效的演绎**（valid deduction）是指那些结论必须是由前提得出的演绎。换句话说，如果推理开始时根据的前提是成立的，那么结论也必然是成立的。在一定程度上，演绎是一种逻辑证明。考虑一个简单的例子：开始的前提是，所有的货币主义者都相信某种形式的货币数量论；如果米尔顿·弗里德曼是一个货币主义者，那么他一定相信货币数量论；结论是弗里德曼相信货币数量论。在我们前面分析的文章中，萨缪尔森的论证是演绎推理的另一个例子。

注意，严格地说，即使前提是不成立的，只要结论是从前提得出的，推理就被认为是有效的。为了具有说服力，我们实际想要的是一个合理的论证（sound argument），也就是，所有的前提都正确的有效演绎。

当学者"理论化"时，通常使用演绎推理。例如，考虑需求定律的起源。假定个人通过消费产品或服务来获得满足或效用，但是他们的消费受到个人预算的约束。因此，每个人在所有商品购买上的支出总和不能超过个人收入。进一步假定个人从消费中获得的效用服从某些基本原理：增加任何产品或服务的消费都带来更多的效用，但是以递减的速率增加的。因此，消费者受到边际效用递减规律的约束。最后，假定消费者希望把自己的收入花费在最大化自己（总）效用的产品或服务的组合上。通过分析这些假定可以发现，如果产品或服务的价格上升，个人购买的产品或服务的数量就将下降。当然，这就是需求定理。理论化的过程将在第 7 章更详细地解释。

归纳论证（inductive argument）是一种与演绎推理方向相反的

推理。在某些具体条件或情况下推理，我们能对潜在的一般规则做出什么推断呢？归纳推理过程遵循与演绎推理相同的步骤：从一个或多个前提得出结论来推理。差异在于前提或结论是一般原理还是具体例子。归纳推理从演绎的角度来看不是一种证明。相反，归纳是一种概率性推断。如果前提的真实性增加了结论正确的可能性，那么我们就进行了归纳推理。然而，尽管这些具体例子使我们相信规律是正确的，但仍然存在规律是错误的可能性。

当学者使用统计证据作为假设的证明时，他们就是在使用归纳的逻辑。假如研究者认为产品价格影响公司选择的产量。研究者收集样本数据，进行适当的统计检验，从样本数据发现产品价格的上升相应地引起公司供给量的增加。我们把这种一般规律称为供给定理，根据具体的样本数据，这一规律在本例中是有效的。简而言之，根据具体数据得出了一般规律，这就是归纳。检验假设的经验方法的使用将在第10章、第11章详细讨论。

Missimer（1995）指出，我们可以通过关注论证的逻辑而不是把推理标记为归纳或演绎来了解更多。这个建议特别正确，因为复杂的论证可能包括这两种类型的推理，也可能包含第三种类型的推理：论据推理。

论据推理（warrant-based reasoning）常常用在学术作品中。论据（warrants）是支持论证的未说明的或潜在的假定。论据通常是不可检验的更高一级的假定或公理。例如，在前面演绎需求定理的例子中，我们假设消费者会最大化其效用。这是经济学中广为接受的假定，但是如果你分析它，该怎样检验它呢？我们如何能确信消费者尽力最大化自己的效用而不是追求90%的可能效用呢？（我们怎么能确定学生在学校努力最大化自己的GPA，而不是追求某些其他的目标呢？）实际上，我们不能确定。

论据的目的是建立支持某种观点的证据的相关性。考虑下面的观点：

> 啤酒消费税的提高将减少未成年饮酒者的啤酒消费。

税收和喝啤酒之间的联系是什么呢？是什么把理由和主张连接在一起？是什么使理由成为可接受的证据？这里的论据就是需求定理——每一个经济学家都熟悉的东西——增加税收实际上将提高啤酒的价格，因此降低啤酒消费的数量。

当学者写文章给他们的同行时，常常没有明确地表明自己的论据。这是因为研究群体部分是由他们共同认定的论据来定义的，因此，没必要把论据彻底表述出来。此外，这一惯例允许学者以更简洁的形式写出自己的论证。作为一个新手研究者，直到你熟悉研究群体中的论据为止，你都应该明确陈述论证中所有的论据。

复杂的论证，正如那些可以在学术论文和书籍中发现的，可能包括所有三种类型的推理。例如，理论分析可能把演绎推理和论据推理组合在一起，而经验分析一般是归纳推理。

4.6 什么使论证有说服力？

那么，我们应该怎么做呢？前面已经指出，为了使论证有说服力，支持它的理由必须是有效的，结论必须是从理由得出来的。然而，最有力的论证的证据还存在许多其他补充性特征。[3]尤其是证据必须是准确的、权威的、精确的、能被清晰解释的、完全的以及有代表性的。我们来逐一分析这些特征。

如果支持的理由必须是正确的，那么事实证据需要是准确的。如果你的论证依赖于失业率上升，那么你需要确定失业率确实上升了。如果你没有验证它确实上升了，一些读者将会验证并且可能发现它没有上升。类似地，分析数据是经验研究的关键部分，当你分析数据时，你需要确认数据是正确的。像数据录入错误这样的小问题都可能完全改变统计分析的结果。

证据应该是权威的。如果你使用数据，它是否来自可信的来源呢？有一次，我的一个学生研究豆豆娃玩具的需求。她得出结论：作为一种收藏品，豆豆娃的需求应该除了受到当前价格、消费者当前收入以及其他需求函数中可能想到的因素的影响之外，还受到消费者对豆豆娃未来价格预期的影响。她获得了对未来价格预期的数据，这是她的统计分析表明的豆豆娃需求最重要的决定因素。然而，她是从制造商那里获取数据的。由于如果该产品被看作一种好的投资的话，制造商将从中明显获益，因此这不是一个客观的数据来源。

与此类似，如果你利用引文来支持你的观点，那么引文是出自权威的来源吗？如果你引用了一个论证，那么它是来自可信赖的出版物吗？在第3章中，我们讨论了学术出版物是如何评审的，这使它们具有权威性。互联网提供了大量使用缺少权威性证据的例子。实际上，由于任何人都能在互联网上发布任何内容，因此你需要对根据互联网上发现的证据得出的结论特别谨慎。Booth 等（1995，102）指出，如果你不是这个领域的专家，那么就"不要相信任何来源是权威性的，直到你了解该领域的研究为止"。

此外，证据必须是精确的。由于福利改革损害了许多人的利益所以主张它不是一个好政策，与因为370万人遭受损失所以主张福利改革不是一个好政策相比，是一个较弱的证据。不精确或非常模糊将弱化读者对证据的认知，就像错误或粗心一样。假设分别使用Nerf球板和木制球板打棒球。Nerf球板分散了你摆动的力量，因此无论使用多大的力量击球都很困难。同样，模糊的理由是缺乏说服力的。（然而，需要注意的是还存在过度精确的问题，例如，报告回归结果时精确到小数点后11位。）

证据很少是不言自明的。人们几乎肯定需要解释它。统计结果尤其如此。本科生研究者有时认为仅仅展示统计结果就一定有说服力了。但是正如我们将在第12章所解释的，必须为读者解释统计结果。如果没有对证据进行清晰的解释，读者可能不理解是如何推理得出结论的。如果推理对读者而言是不清晰的，就将无助于说服他相信论证是正确的。事实上，可能会适得其反。Booth 等（1995）强调问下面的问题常常是有所帮助的：读者会和你一样看待证据吗？你拥有建立证据相关性的其他信息吗？如果有，你可能需要提供它们。

为了构建可能最有说服力的例子，证据需要是完全的，即它应该有深度和广度。你可能有一个合理的、符合逻辑的论证，但如果你没能考虑到所有的相关证据（正反两方面）或者不能深入解释它们，那么你的论证仍然是缺乏说服力的。

深入的推理要求你深入地思考原因和结果。为什么失业可能增加？学生可能回应，"可能是因为企业正在减少产出，因此，它们需要更少的工人"。除了不够深入之外，这种推理没有任何错误。如果从对一个考试问题的回答程度来看，他可能被称为"论证浅薄"，是缺乏深度的答案。较好的答案将继续询问，为什么企业会减少产出？答案可能是"因为销售在减少"。那么为什么销售在减少呢？可能是由于股票市场下滑，这使消费者感到不如以前富裕并且使企业对未来预期感到悲观。当你进行深入的推理后，你尽自己所能地遵循了原因和结果的链条。

同样，有广度的推理要求你广泛地思考原因和结果。不能满足于支持观点的一两个原因，而是应该尽可能地识别所有可能的原因。Booth 等（1995）建议你尽可能地预测深思熟虑的读者可能对论证持有的所有疑问，然后在论证中解决这些问题。

你的论证中提供的证据也应该是关于你的观点的有代表性的思想。例如，有时学生认为他们应该仅仅报告支持自己观点的证据。没有什么比这更远离真相的了！除了学术方面的不诚实，这还会使你的论证暴露于正确的批评——那些你没有考虑到的对立的观点。[4] 不能提供反面的证据将会导致知识丰富的读者认为你从最好的方面说是无知，从最差的方面讲是欺骗。你不是在努力赢得争论，而是在确定问题的最佳答案。此外，正如 Booth 等（1995）所指出的，你实际上可以通过承认局限性与相反证据的存在提升你论证的力度。在统计学情境中，也存在同样的问题：为了使你的推断所依赖的样本是有效的，你的样本数据就应该对背后的总体具有代表性。这一重要的问题以后会在第 10 章中进行详细讨论。

例：评价一个使用非代表性证据的论证

假如大学毕业生的平均 GPA 为 B。这表明分数发生膨胀了吗？毕竟，如果不存在分数膨胀，平均成绩不应该为 C 吗？至少存在两个这可能不是有正当论据推断原因。第一个涉及 GPA 的毕业要求。多数学校要求毕业班学生的平均成绩至少为 C 才能毕业。因此，即使毕业班的平均 GPA 为 C，由于 GPA 较低的毕业班学生根据定义已经被排除在毕业生之外，故毕业生的 GPA 必然较高。换句话说，本论证使用的样本（即已毕业的毕业班学生）对于学生总体不具有代表性。

本论证中的结论不成立的第二个理由涉及学生本科期间参加的课程。许多学生可能选择自己擅长的科目和专业，或者至少是比平均水平要好的科目。这表明毕业生的 GPA 的"平均值"几乎肯定高于 C。进一步说，使用的样本数据可能同样不具有代表性。较好的测量可能是检查他们在每一个学生都必须参加的通识教育课程中得到的成绩，特别是在大学一、二年级参加课程的成绩。

例：评价一个具有广度与深度推理的论证

如何解释美国人在 20 世纪 90 年代越野车购买量的增加呢？一种答案可能是这个时期个人收入增加了。但是，这是唯一可能的原因吗？毕竟，实际上个人可支配收入仅仅上升了 28%，而越野车的销售量大约是原来的三倍。需求定理表明了价格和需求量之间的反向关系。如果越野车的价格下降了，也许能够解释这种趋势。但事实上越野车的价格上升了，因此这个理由是不成立的。根据需求理论还可能找到什么其他理由呢？可能是互补品汽油价格的下降吗？替代品小型货车的价格发生了什么变化吗？当你广泛地推理时，你会尽可能地考虑你所能想到的所有原因。经验不太丰富的具有批判性思维的人在得出结论前，为保证自己不错过一个或多个可能的有关原因，需要特别努力地去广撒网。

你必须多么广泛和深入地思考呢？一个简单的规则是考虑你正在论证的基本主张的重要性。一个具有丰富含义的有争议的观点比一个更普通的观点要求更广泛和更深入的解释。考虑最近关于信息时代从根本上改变了美国经济的运行，从而导致美国的生产力增长显著加速的观点。如果这一观点成立，它将会对美国人的生活标准产生重要的影响，同时也会对宏观经济政策产生重要的影响。尽管大量的证据支持这一观点，但它含义的重要性意味着对很多分析者来说，这一观点仍然是个开放的问题。

例：构造一个简单的论证

考虑下面的主张："在联邦公开市场委员会的下次会议上，美联储几乎肯定会决定再次降息。"

支持这一主张的理由有哪些呢？是什么使美联储追求更具扩张性的货币政策呢？

- 失业率在过去四年以来最高的。
- 消费者信心在下降。
- 企业投资支出较低。
- 通货膨胀是可忽略的。

一些支持这些较大理由的潜在理由可能是什么呢？例如，什么能够解释高失业率或者消费者信心的下降？低通货膨胀意味着什么？

- 随着过去一年股票市场的下滑，美国的产出显著下降。
- 家庭担心未来。
- 因为美国的产出减少，产能利用率在下降。
- 低通货膨胀比其他情况允许联邦追求更宽松的货币政策。

注意主要主张与主要及次要理由如何构成了图4.1所示的论证

的金字塔结构。假设主张来源于理由并且理由是正确的，那么推理越完整，金字塔的塔基就越牢固，论证就越可靠。

还应该注意，当你开始构建一个论证时，你可能不知道你将在哪里结束论证。相反，你应该从研究问题开始。然后，考虑所有正反两方面可能的答案。之后，思考这些答案所有的理由。最后，评价证据并做出判断。这一判断成了主张，它得到你的推理——也就是你对于怎样评估证据及为什么形成这个决定的解释——的支持。

重要提示

即使结论是由证据得出的，证据是正确的，观点仍然可能是错误的。换句话说，一个论证的内部一致性只是一个必要但非充分的条件，另一个结论可能可以更好地并且更正确地解释证据。在现实世界中，学者们很少拥有所有的相关证据。相反，他们基于自己认为最相关的证据样本来构建自己的论证。他们肯定有可能错过某些关键证据（一个假定、一组数据、各部分证据之间的一种关系）。因此，他们的观点将是不正确的。

最小化这种可能性的方法是确保你的论证具有前面部分列出的特征，包括广泛而深入的思考。但是你永远无法确定它是正确的。因此，在展示学术论证时，即使是一个好的论证，总还是需要一点谦恭的。

总　结

- 写作是建立论证的工具。
- 当你提出一个论证时，你需要深入而广泛地思考你的推理。
- 每一个结论都应该是从它的前提得出的。
- 任何观点都能够通过更详尽而变得更有说服力吗？

- 还有其他支持这个结论的理由吗？
- 其他解释看上去更合理吗？

注 释

1. Knoblach 和 Brannon（1983）。Zinsser（1988）——"写作就是学习概念"的奠基人之一，认为"我们通过写作来找到我们了解的东西"。McCloskey（2000）类似地表明，"写作就是思考"。
2. Booth 等（1995）把论证定义为包括观点（或主张）、支持主张的证据、论据（或者解释为什么你认为你的证据是相关的一般原理）与限制条件（或观点的局限性）。最后三个要素是我们在论证的定义中所指出的"支持性推理"。
3. 这一部分大量引用了 Booth 等（1995）。
4. 这被称为诡辩（the fallacy of special pleading）。见附录4A。
5. Robert Weissman,"Why we protest", *Washington Post*, September 10, 2001, p. A21.

进一步阅读的建议[①]

Booth 等（1995）——关于大学水平研究的经典教材。第 7 章至第 10 章详细解释了如何构建学术论证，但是是在一个本科生非常易于接受的水平上讨论的。

Graff（2003）——关于什么是教育明确而深入思考的学术评

---

① Vallis, G. L. *Reason to Write*: *Applying Critical Thinking to Academic Writing*. Kona Publishing and Media Group, 2010.
Leyden Dennis-Patrick. *Critical Thinking in Economics*. Kona Publishing and Media Group, 2011.
芭芭拉·明托. 金字塔原理：思考、表达和解决问题的逻辑. 海口：南海出版公司, 2013.

论：教育是能够理解他人的论证及构建自己的论证。尤其可以参考第 4 章、第 5 章。

Epstein 和 Kernberger（2005）——高水平的但是可读性很强的经济分析逻辑的指南。例子取自经典的经济学文献或当前的教材。

McCloskey（2000）——关于经济学写作的原创性指南；第一版出版于 1987 年。非常好，但也非常固执己见。并非 McCloskey 关于写作的每一个观点都被写作指导者认为是规则。

Missimer（1995）——关于批判性思维与如何构建论证的出色介绍。

Trelogan（2001）——面向本科生的对逻辑的有用的介绍。

练 习

1. 考虑下面来自《华盛顿邮报》的摘录[5]：

 国际货币基金组织与世界银行必须取消那些无力偿还债务国家欠他们的债务。贫穷国家，包括那些通过了这些机构的债务减免计划的国家，更多的日常支出资金用于支付外国债务而不是用于健康和教育。联合国秘书长科菲·安南呼吁富裕国家每年提供 100 亿美元来帮助艾滋病、肺结核和疟疾肆虐的贫穷国家。这些国家的人民基于什么逻辑应该被迫把资金转移到富裕国家呢？国际货币基金组织与世界银行的资金池里拥有足够的基金和资产，可以在不增加美国纳税人负担的情况下进行债务减免。

这里的主要观点是什么？给出的理由是什么？潜在的假定是什么？这些理由合理吗？结论是由理由推理出来的吗？你认为这个观点有说服力吗？为什么有或者为什么没有？

2. 构建一个论证来支持下面的观点：下个季度的 GDP 增长数据将会表明美国开始了经济复苏。找出支持这个观点的几个主要理由，以及支持你的主要理由的至少一个小理由。以好的论证的金字塔结构形式写出你的答案（如页面顶端是主要观点，下面是主要理由，每一个主要理由下有小理由）。

3. 把班级分成两个小组：每个小组构建一个关于需要减税的论证，一个小组支持，另一个小组反对。每个小组应该充分预计另一方的证据并且在自己的论证中包含/驳斥该证据。把两个论证小组叫到一起做一个辩论（meta-argument），并让班级里的同学决定他们支持哪个小组。

附录 4A：逻辑谬误

即使一种论证使你认为结论是由理由推理出的，并且推理是有吸引力的，但是由于结论并不是真正由所陈述的理由推理出来的，因此这还是逻辑谬误，一种有瑕疵的论证。由于逻辑谬误对许多人是有说服力的，所以它们常常在公共论证中出现。下面是一些经常遇到的逻辑谬误的清单。

● 稻草人——由于遗漏了最强有力的推理，这种论证常常是以一种没人同意的夸张方式误导人们的方向的。因此，论证者并没有对实际的论证做出解释。例如，"由于担心美国政府可能破产，艾伦·格林斯潘反对预算赤字"。

（格林斯潘一直反对预算赤字，理由是赤字会使实际利率上升，这又会减少资本投资并最终减少人均 GDP。减少的程度是理性的经济学家们还在争论的经验问题。）

● 诡辩（special pleading）——选择性地使用可得的证据；仅使用支持自己观点的证据；忽略任何反面的证据。例如，"由于预算赤字能刺激经济，因此我们应该利用预算赤字"。

（是的，预算赤字短期内确实可以刺激经济，但是长期来看它可能会对经济产生相反的影响。）

● 回避问题的实质（begging the question）——提出一个给出的理由实际上不支持结论的论证，即一个并非由前提得出的结论。这常常以循环论证的形式出现，其中的"理由"仅仅是观点的重新陈述。例如，"由于需求定理，价格较高时消费者购买得少"。

（需求定理描述了价格和需求量之间的反向关系。因此，论述没有解释为什么消费者购买得少。）

- 肯定后项（affirming the consequent）——基于未经检验的前提得出结论。例如，"政府对于总需求良好的调节能够稳定宏观经济"。

   （理论上是这样，但是政府有能力进行良好调节的这一假定是许多宏观经济学家质疑的假设。）

- 针对个人（ad hominem）——通过攻击个人而不是他的论证来拒绝一个论证；拒绝一个观点是由于提出的人而不是由于证据。例如，"因为他是一个自由主义者，所以他关于预算赤字的论证肯定是错误的""由于她是一个保守主义者，因此她关于减税的论证肯定是错误的"。

   （应该根据逻辑来评价论证。注意，这种逻辑谬误与迷信权威者的观点在某些方面恰恰相反。）

- 诉诸权威——因为一个专家赞同而接受一个论证。（下一次在你的导师提出一个观点时，思考一下这种谬误！）这之所以是一种逻辑谬误是因为"专家"可能在这个问题上没有特殊的专业知识，此外，这可能是不同专家存在争议的一个问题。论证可能是正确的，但是不审查逻辑和证据就接受它是一种谬误。例如，"由于总统布什不担心预算赤字，因此预算赤字不需要被关注"。

   （布什可能不担心预算赤字，但是他是一个政治领导人而不是一个经济学家！一些经济学家对赤字有不同的观点。）

- 诉诸公众/诉诸多数——接受（或拒绝）一个观点是因为许多其他人都这样，而不是审查论证。例如，教材销售商常常告诉教师，"因为许多学校都使用这本教材，所以你也应该在课堂上使用这本教材"。

   （我的课程与其他学校的课程根本不一样；我的学生与其他学校的学生也根本不一样。）

- 后此谬误（post hoc, ergo propter hoc）（字面意思为"发生在这之后，因此是由这种原因引起的"）——先出现的就是原因。

尽管直觉上认为先出现的会引起后出现的（如大学学历带来好的事业），但这不一定是正确的。事实上，原因可能在结果后出现。例如，玩具在前三季度的存货增加"引起"了圣诞节吗？这是相关关系不一定是因果关系这一重要格言的另一种说法。例如，在一篇借用这一谬误作为标题的精妙的研究中，詹姆斯·托宾问道："是美联储引起圣诞节吗？"

（尽管每年第四季度货币供给都可能增加，但这是由于对圣诞节的预期而不是圣诞节的原因。）

● 合成谬误/分解谬误——微观水平正确的在宏观水平上必然也正确，反之亦然。例如，古典经济学家认为解决大萧条期间大量失业的方法是降低实际工资。

（凯恩斯指出，如果所有工人都面对低工资，他们就将减少自己的消费，进一步降低对产品的需求，并因此减少对劳动力的需求。）

● 诉诸同情——利用对一个问题的同情心来判断另一个问题。例如，"我的研究论文应该得到高分，因为我这学期已经修了18个学分"。

（你本学期已经修了许多课程是令人印象深刻的，但是你的研究论文得多少分应该基于你论文的质量。）

● 错误类比——在两种情况存在足够显著的差异从而可以质疑类比的情况下，得出两种情况的相似之处。例如，"阿根廷平衡政府预算的方法是提高所得税税率"。

（尽管这个政策在人们依法纳税的发达国家是有效的，但是在像阿根廷这样的发展中国家存在大量的避税措施，因此仅仅提高税率可能不会起作用。实际上，拉弗曲线的效应可能带来相反的作用。）

关于逻辑谬误的全面讨论可以在 Stephen Downes 的 *Stephen's Guide to the Logical Fallacies* 中找到，http://www.datanation.com/fallacies。

第 5 章　写作是经济学分析的成果

> 计划写作不是写作。列提纲……进行研究……与别人讨论你在进行的研究,这些都不是写作。写作就是写作。
> ——E. L. 多克托罗

在第 4 章,我们解释了怎样把写作过程作为提出论证的工具。本章我们讨论写作作为思维过程成果的作用。

作为成果的写作在许多方面不同于作为过程的写作。作为过程的写作是一种工具,作者用它来确定其对一个问题是如何思考的,因此,格式、风格和语法问题很大程度上是无关紧要的,因为你是在为自己写作。作为成果的写作是这种分析的报告,因此,读者是其他人,而不是作者。前面我们注意到,学术写作具体体现为一种尽力说服本领域专家的论证,因此写作需要更加明晰和正式。这意味着任何东西都需要明确并且足够详尽地书写出来以表达你的观点。此外,你必须遵循正确的标点与语法标准。

5.1　什么是经济学写作?

学生们常常告诉我他们不知道如何写作经济学论文,或者不知道经济学论文的特征是什么。Palmini(1996)至少区分了经济学家撰写的四种不同类型的文章:研究报告(包括毕业论文、学位论文、期刊论文、专著与学术书籍)、社会评论(包括专栏文章与面向受教育阶层读者的书籍)、政策分析（包括立法或监管建议的技术性评论与其他政府报告）以及商业分析（预测、市场分析、成本分析及类似分析）。

尽管写作的许多特征在所有学科都是共有的，但某些方面却是不同学科特有的。Petr（1998，229—230）指出："好的学术作品……依赖于独特的词汇、概念、方法、先例与历史的组合，代表该学科的特征并展现其思维模式（和比喻方式，如果你会用到的话）"。写出某一学科的好的文章不仅仅需要从该领域的词汇表中对词汇进行剪切与粘贴的能力，而且还要求一种更高级的认知：理解使用这些词汇的适当的学科环境。Bean（1996）发现每一个学科都提出了某种类型的问题并有自己的分析方式。每个学科都有自身适用的论证、证据与经验根据的类型。[1]

区分经济学与其他学科写作的重要因素以及所有类型的经济学写作的共同点都在于运用经济学分析。我们在第 2 章中讨论经济学研究问题构成时介绍了经济学分析的概念。换句话说，所有的经济学文章都应该用经济学理论来推导关于问题或难题的看法并解释其答案。经济学家使用的理论论证与经验证据的类型将在第 7 章、第 10 章与第 11 章中进行介绍。

5.2　写作步骤

写作专家给出了完成一篇论文需要的四个步骤：
1. **构思**或**探究**
2. **撰写初稿**
3. **修改**
4. **编辑**

第一个步骤是上一章的主题。其余的三个步骤是本章的主题。

尽管我们把这一过程描述为四个步骤，但更一般地来说，写作就像研究，通常不是一个直线的过程。相反，它是一个反复的过程：许多作者都要在这些步骤上循环多次。因此，你可以预计到，在后面关于"修改"的部分会多次读到与下一部分"撰写初稿"同样的议题。

> **对新手研究者的提醒**
>
> **在写作步骤之间分配你的时间**
>
> 缺乏经验的作者在草稿上花费了自己大部分的时间和精力，而把相对较少的时间和精力花费在构思以及修改和编辑上。有经验的作者把这些比例反了过来。他们把大部分时间花费在构思与修改上，在撰写草稿上花费最少的时间。你应该确保自己遵循有经验作者的做法。

5.3 撰写初稿

完成一篇论文最困难的步骤之一就是撰写初稿，即使专业的作者也是如此。怎样开始这一步骤呢？你可以通过将写作贯穿在整个研究过程中来为撰写初稿做准备：研究你的主题时做笔记，写评论，草拟你自己的想法（Booth 等，1995，149）。

初稿实际上开始于构思或探究阶段。正是在这个阶段，作者发现并形成了论文中提出的论证。就像第 4 章所描述的，这些是通过综述或尝试组织你的研究材料来完成的。

在开始写作之前，你需要解决一个关键性的问题：谁是你论文的读者？我们在本章开头就已指出，作为过程的写作与作为成果的写作之间的一个显著差异是读者的不同。我们还提到这不是一个小问题，因为研究论文实际上有两类读者：你研究主题的学术群体，以及可能阅读你论文的导师和同学。一个好主意是向你的导师咨询谁是你的读者。我鼓励学生写给与他们同等水平的经济学专业人士。在任何情况下，这一问题都是你不应该忽略的。正如 McCloskey（2000）所发现的，如果你不能确定你的读者，你的论文几乎肯定会迷失方向。

5.3.1 高质量经济学论文的特征

一旦你的论证被勾勒出来，你就已经为写作做好准备了。你的目标是什么？一篇质量很高的论文看上去是什么样子的呢？

高质量的经济学论文具有许多特征。这些特征按照重要程度展示在表 5.1 中。第一，高质量的论文应该是聚焦的，而不是含糊不清的。在论文的开始，你应该使读者清晰准确地了解这篇论文是关于什么内容的。你可以通过插入一个描述论文主要观点的命题句使读者了解你论文的内容。专家们对这个句子应该采用什么结构也有不同的看法。Wyrick（1994）建议采用这样的结构："本文的目的是……"，McClosky（2000）却认为这是一种拙劣的形式。这可能是一种拙劣的形式，但是我对作者的建议是首先清晰地表达出来，然后再考虑风格。如果你需要采用 Wyrick 的结构来表达自己的观点，也是可以的。当你成为一个较有经验的作者时，你就不会再用这种结构了。

表 5.1　高质量经济学论文的特征

1. 高质量的论文应该聚焦的，而不是含糊不清；
2. 高质量的论文应该是条理清晰的；
3. 高质量的论文应该是论证严密的；
4. 高质量的论文应该是清晰、简洁和准确的；
5. 高质量的论文应该是没有语法错误的。

表 5.2 包含了两个摘自本科生论文的段落。阅读每一个段落，看看你能否说出哪一个更聚焦。

这两个段落的主要差别是什么？你能够找出前一个段落的命题

句吗？你能够找出后一个段落的命题句吗？

多数读者的结论是后一个段落更聚焦，主要是因为其段落结尾明确的命题句。

表 5.2　聚焦的例子

在后殖民主义时期，许多新生非洲国家的政府开展了经济发展思想的试验。1963 年独立后，坦桑尼亚开始公开建立地区领导权。1967 年的《阿鲁沙宣言》正式规定了国家对于乌贾马的理想主义倾向，乌贾马是国家授权垄断的集体主义（国家所有与中央控制）所有权形式（Bagachwa，1990）。这一宣言尽管从政治上和情感上是值得称赞的，但是对增加该国的生产能力贡献很小。由于迅速老化的基础设施、民族主义的发展政策、地区政治与投资的高风险、数不清的投资带来的问题与资本外逃，坦桑尼亚的历史为世界上的欠发达国家（less developed countries, LDCs）留下了一些微观层面的经济发展教训（Bagachwa，1990）。

对日益增加的青少年犯罪越来越多的关注激发了对导致青少年从事非法活动的社会经济与心理因素的深入研究。在过去的 40 年中，已处理的青少年法律案件的数量不止翻了一番。青少年在辍学、少女怀孕、吸毒等消极行为上的增加以及青少年犯罪的显著增加是十分明显的。过去几十年来，人们倾向于把这种犯罪倾向的增长与美国家庭的破裂联系在一起。根据美国国家卫生统计中心 1988 年的调查，单亲家庭的儿童——其中许多是离婚带来的——存在感情或行为问题的可能性是双亲家庭儿童的两到三倍。本文致力于确定离婚和青少年犯罪之间的相关关系。

高质量经济学论文的第二个特征是它应该是条理清晰的。这远远不止是格式（如引言、主体、结论）的问题，而是说学术论文应该遵循一个有逻辑的、分层次的结构，其中命题是由一系列嵌套的、有逻辑的论证支持的，并且这些论证能够从逻辑上证明命题就是结论。这是第 4 章的主题。还记得图 4.1 展示的充分展开的论证的金字塔结构吗？一个论证的结构可能是金字塔形的，但是书面文档具有线性结构的性质。我们能够在表 5.3 中看到这些，它把论证从图 4.1 转换为论文的线性组织方式。

为了确定你的论文是否条理清晰，你应该问许多问题：为了有逻辑地推理出你的结论（即证明你的命题），你希望提出的主要观点是什么？这些观点将是支持你论证的主要证据。论文中这些观点的最优顺序是什么？逻辑上存在薄弱的或遗漏的环节吗？如果有，修复它们。存在不必要的观点吗（即不能推出结论的观点）？如果有，删掉它们！

表5.3　书面论文的结构

支持论点	命题	支持论点
低收入的看护者较少对儿童健康的情感投入，而健康与高水平的认知能力的发展有关 花在智力开发上的时间较少（如为儿童读书/与儿童一起阅读） 看护机构员工的流动意味着儿童不断重复地失去其所依赖的成年人	母亲工作时儿童认知能力的发展受到损害 **主要理由** 较少看护者关心或关注 较少互动 儿童的生活缺乏稳定性 **结论** 母亲工作时儿童认知能力的发展受到损害	如果照顾的儿童的数量非常多，即使高激励的看护者也不能投入大量的时间和关注 较少与儿童一对一交流的机会 儿童不断变换看护机构也有类似的后果

无论文章的长度如何，关于论证的这些指导都是正确的。在一篇100个词的短文中，命题句可能在开头，也可能在结尾，其余的句子用来提供理由。在一篇有多页的文章中，每一段都应该有一个命题句，该段的其他句子是用来解释和支持该命题的。每个段落的命题句都提供了支持论文总体命题的观点。

在一篇由多个部分构成的文章或者包含多个章节的书中，组织结构也遵循同样的层次模式。

高质量经济学论文的第三个特征是它应该是论证严密的。一旦你确定了自己的主要观点，就需要详细解释每一个观点并使用证据支持它们。换句话说，组织整篇论文的层次结构同样也应该体现在微观水平上：一篇论文的每一个部分都应该有用一个句子陈述的主要观点，该部分的其他内容应该解释该观点的理由。如表5.3所示,其中每一个主要观点都由次级观点支持。

由于高质量经济学论文的其余两个特征对于撰写论文初稿不是关键的要素,因此我们将在本章后面关于修改和编辑论文的部分对其进行解释。

5.3.2 把想法落在纸上

当你开始撰写初稿时,不用担心语法和技术性细节,不用担心要确认细节的正确或纠正其错误。实际上,关心这些会使你陷入泥潭。相反,仅仅应该关注如何把你的想法落在纸面上。实际上,最好能够一次完成(或者对于一篇长论文,可以一次完成一个完整的部分)。McCloskey(2000)建议,如果你不能一次完成论文草稿,那么在结束工作前记录一下你完成了什么以及下一步要做什么是有帮助的。

这么做是为了防止你陷入"写作障碍"。所有作者都在某个时间点上经历过写作障碍。但是如果你能够把它推迟到修改阶段,那么你将处于一个有利的位置(克服写作障碍的某些实用建议可见表5.4)。

许多作者发现建立自己要表达内容的提纲是有用的。这不是一个像你在高中时学到的使用罗马数字的那样正式的主题提纲。相反,Booth 等(1995)指出,由于更能够展示论证,因此按照一系列观点或主张组织的基于观点的提纲可能更有用处。你还可能注意到这一步骤与前面关于构建论证的步骤有些重合。

有时,你写完自己想法的初稿后再提炼出提纲也是合理的。例如,我常常发现对初稿进行头脑风暴,写下想法,然后再建立一个提纲把它们组织起来是比较容易的。写作是一个因人而异的过程,没有一种正确的方式。我们在第 4 章指出,无论你采用什么格式的大纲,你的文字处理软件的"大纲"功能都是一种有帮助的处理方式。

Booth 等(1995)提出了许多应该避免的组织论文的拙劣模式。

第一种是重复任务：仅仅按任务要求的顺序精确地提供其所要求的内容。第二种是仅仅总结资料来源。一定要牢记，高质量的论文应该分析而不仅仅是报告其他人关于一个主题说了什么。第三种是解释写作过程的步骤。一篇研究论文应该解释你发现了什么，而不是你做了什么。

5.3.3　尊重知识产权

所有作者都知道要避免抄袭。但他们可能不太明确的是，抄袭的确切含义是什么。抄袭是指窃取其他人的表述或思想应得的荣誉，即使是无意的。这是一种学术不端的形式。

存在两种类型的抄袭。第一种抄袭是将其他人的表述当作自己的表述。也就是说，它意味着直接重复别人论文中的表述而不进行引用标注。如果某人直接复制其他人的论文或者提交一篇从网络或其他来源获得的完整的论文，那么这就是抄袭。当你整合研究材料但没有仔细进行记录，而把一个引文错误地当作自己的解释时，抄袭也可能会发生。即使你提及了原始来源，这也是抄袭。

对新手研究者的提醒

关于引文的提醒

你应该谨慎地使用引文，仅当你无法在不失去原意或效果的情况下才可以使用引文表达。引文的过度使用向读者表明你无法足够深入地理解原始文献，所以必须依赖作者的陈述。正如 McCloskey（2000，45）所指出的，"没有大学（或高质量的）论文可以通过把其他作者的段落串联在一起而完成"。简而言之，适当地使用引文就像使用调味品，可以提味但不能盖过你的菜本身的味道。

第二种抄袭是使用其他人的独特思想而没有归功于他们。我所

指的独特，是那些不是学科常识的东西。这里的关键问题是，什么是学科已广泛知道的知识。即使在你研究之前某些知识是你所不知道的，但如果它是该领域的专家知道的，它也应该被看作是常识。你不需要为了避免抄袭而引用它。一个简单的规则是，出现在三个不同作者已出版作品中的想法就被认为是常识。然而，需要注意的是，在文献综述中，由于表明你对某个领域重要研究的了解可以建立你的信誉，因此你可能会希望引用重要的研究，即使它们是广为人知的。Booth 等（1995，167）指出："当你使用与研究资料非常相近的表述时，也是抄袭。你应该明白，没有眼前的来源你就没办法把它写出来。"这是一个严格的标准，但是，Booth 等也提供了一些具体操作中有益的建议。

例如，当你使用其他人的研究时，应尽早在你的讨论中说明，而不是在本部分结尾的脚注中说明。实践中常见的方法是，在每部分首句结尾处使用脚注进行说明，如"本部分大量引自 Booth 等（1995）"。

避免抄袭的关键是仔细记录你的资料来源表述了什么以及你从这些来源中可以解释出什么，并在需要表示尊重的地方适当地给予认可。当你准备引用学术研究中的一种想法时，应该以注释的形式简要地引用，然后在文章结尾的参考文献列表或文献目录中更详细地注明。附录 3A 列出了学术上使用的主要引用格式。你应该从导师那里了解到他希望你使用什么格式，然后严格地遵循这种格式。

5.4 修改论文

没有人能够一次就写出完美的论文，即使诺贝尔奖获得者也做不到。每一份初稿都可以通过修改得到改进。实际上，Booth 等（1995，171）注意到：

可能有经验的作者和初学者最大的差别就在于他们对待初稿态度的不同。有经验的作者把它作为一种挑战：我有了初稿，现在就要开始发现怎样才能完成这项困难但又令人兴奋的工作了。初学者视初稿为最后的胜利：终于写完了！我要换个用词、插入逗号、检查拼写，然后就是打印了！初稿确实是一次胜利，但是也要抵制这样一种简单的想法。

我们通常会对初稿和终稿进行区分。实践中，好的作者对于他们的论文会修改至少两个版本，通常还会更多。每一稿可能是多次修改或微调的结果。例如，考虑你写的第一份草稿与你希望给朋友阅读的多次润色后的"初稿"。这类似于软件发布的版本：WordPerfect 5 到 WordPerfect 6 被认为是主要的修改，而 WordPerfect 6.1 到 WordPerfect 6.2 则是微调。同样，区分论文的不同主要草稿与主要草稿的不同修正版本是合理的。

作为经济学学生，我们应该理解修改的边际收益是正的，但却是递减的。第二稿通常好于初稿。第三稿肯定比第二稿还好，尽管改进不会同样大。如果你仅写了一稿，你就放弃了那些进行重大改进的机会。我对学生的终稿论文给出的最失望的评语是"这是一篇很好的初稿"。换句话说，它有巨大的潜力，但是潜力并没有实现。当然，为了实现这种潜力，你需要在远早于最终期限前就开始撰写初稿从而保证有时间进行多次修改。你是知道这些的！但是有些东西你可能没有深入思考过：你的导师给你一个月的时间来完成写作作业，不是因为他希望你过三周再开始，而是因为一个月是通过多稿写作和多次修改来高质量地完成作业所需要的时间长度。你会故意考试迟到并导致由于时间不够而有一半问题没有回答吗？当然不会，但这恰恰就是当你等到最后一分钟才开始写论文时做的事情。好好考虑一下吧。

5.4.1 命题明确吗？

修改的目的是精心打造你的论文，以使它更好地按照重要性的顺序依次体现出表 5.1 中列出的高质量论文的特征。从聚焦开始。如果论文没有聚焦，那么其他的问题就不用考虑了。论文的命题或主要观点明确吗？你可以在论文引言中找出命题句吗？如果不能，你能做的改进论文的最重要的事情就是修正它。你能在论文结论部分找到相应的句子吗？如果不能，读者会认为你的论文缺少结尾，没有完成要做的事。Booth 等（1995）指出，这两个命题句应该相互呼应，或者至少互不冲突。如果第一个句子是一个疑问句的形式，那么第二个句子应该回答这个问题。如果它们不相互呼应或者第二个句子没有回答第一个句子提出的问题，那么就需要重新进行表述。例如，一篇论文引言中的命题表达如下：

　　本研究试图确定影响钻石首饰零售需求的主要因素。

论文结论中相应的句子可能是：

　　本文发现钻石首饰的需求对价格高度敏感，而对收入高度不敏感。

注意，由于撰写引言时可能无法确切地知道论文将怎样结束，因此作者进行这种修正是很常见的。但重要的是保证引言和结论的命题句在论文完成时是相互呼应的。

5.4.2　文章条理清晰吗？

下一步是检查你论文的组织结构，这是思考论文论证的另一种方式。无论你是在修改一篇不过几页的相对较短的论文还是较长的论文，原理都是相同的。检查论文组织结构的一种方法是建立段落提纲。一个段落应该是一个单独的想法、思想或主题的说明。每一个段落都应该有一个命题句，一般是第一个句子。如果一个段落讨论了两个或多个主题，就应该把它分成两个或多个段落。找出每一个段落的命题句，把它们全部按顺序复制到一个新文档中。现在阅读这些句子，检查它们的顺序是否合理并且是否能够有逻辑性地得出命题句中的结论。如果不能，就重新组织句子的顺序，直到它们能做到为止。不管哪个句子，如果对论证没有作用，就删掉它。当你的段落提纲合理时，就重新组织你的论文以与段落提纲保持一致。

让我们用一个例子来试一试。假如我们从一篇论文的某一稿提取了如下的段落提纲。

1. 感染 HIV/AIDS 会减弱人们发病时的劳动能力。

2. HIV/AIDS 引起的死亡减少了一个国家的人力资本，因为不仅劳动力减少了，而且在这些工人身上投入的人力资本也失去了。

3. 移民正在进入许多发展中国家，而这些国家有较高的 HIV/AIDS 感染率。

4. 一个国家的劳动力供给依赖于出生率、移民率、劳动力市场参与率、健康支出、预期寿命和教育投资。

5. HIV/AIDS 的高感染率往往会减少劳动力供给。

6. HIV/AIDS 患者对用于治疗 HIV/AIDS 的资源有一定需求，否则这些资源就可以用于疾病的预防。

本文的主要观点就是句子 5。我们该怎样组织这些句子来支持这个命题呢？尽管存在很多方式，但下面的方式是一种有效的组织模式。

1. HIV/AIDS 的高感染率往往会减少劳动力供给。

（命题句）

2. 一个国家的劳动力供给依赖于出生率、移民率、劳动力市场参与率、健康支出、预期寿命和教育投资。

（既然劳动力供给是关键问题，那么什么会影响劳动力供给？）

3. 感染 HIV/AIDS 会减弱人们发病时的劳动能力。

（减少劳动力参与）

4. HIV/AIDS 患者对用于治疗 HIV/AIDS 的资源有一定需求，否则这些资源就可以用于疾病的预防。

（减少患其他疾病的工人的劳动力参与）

5. HIV/AIDS 引起的死亡减少了一个国家的人力资本，因为不仅劳动力减少了，而且在这些工人身上投入的人力资本也失去了。

6.（因此），HIV/AIDS 的高感染率往往会减少劳动力供给。（重新陈述命题作为结论）

注意，初始提纲中句子 3 对命题没有作用，因此我们把它删掉了。

5.4.3 你的观点得到证据的支持了吗？

第三步是检查你论文中每一个重要观点的形成。每一个观点自身就是一个需要证据支持的观点。如果段落的第一个句子给出了段落的主要观点，其余的句子就应该充实与支持该主要观点。主要观点需要进行更详细的解释吗？你能提供主要观点所说明问题的例子吗？你认为主要观点正确的依据是什么？你能提供什么证据使读者得出你的结论？任何对这一任务没有贡献的句子都应该被删除或者移到合适的段落中。

以修改后的段落提纲的第二个句子为例：

> 一个国家的劳动力供给依赖于出生率、移民率、劳动力市场参与率、健康支出、预期寿命和教育投资。

这应该被充实如下：

> 劳动力供给依赖于人口，而人口是出生率、移民率和死亡率的函数。劳动力供给还依赖于就业人口的比例。这种劳动力参与率依赖于文化因素以及帮助人们预防疾病的健康支出。健康支出还影响预期寿命，预期寿命则影响死亡率。尽管这些因素决定了劳动力的数量，但有效的劳动供给还依赖于劳动者获得教育的数量。

在我们转向写作风格问题的讨论前需要解决最后一个问题。写作障碍是可能在某个时点困扰所有作者的问题。表 5.4 列出了在完成需要修改的初稿后，克服写作障碍的一些实用建议。

表 5.4　克服写作障碍的实用建议

1. 将你发现的论文中困扰自己的部分复制到一个独立的文档中。使用任何合理的方式编辑这个文档，甚至进行彻底的修改。这种与原文档不再相同的事实将会允许你考虑彻底的修改。修改这部分直到你完全满意为止。然后把它粘贴回原论文中，替换之前的部分。

2. 打印你的论文（双倍行距），重新检查。从阅读电子版改为打印版有助于你产生改进的想法。

3. 把论文放在一边几天或一周。利用自己的潜意识去研究它。当你的思路重新回到论文上来时，你几乎总是能够获得有效的进展。

4. 为论文构建一个段落提纲。使用一个命题句总结每个段落。必要时修改命题句列表，增加一些内容或者把它们分成不同的思想。检查你修改后的命题句列表的顺序以及是否存在冗余、缺乏联系与存在死角。用你所学过的知识修改初稿。

5.5　写作风格

一旦你的论文有了一个良好定义的焦点与组织结构，你就可以考虑高质量论文的其余特征了：清晰、简洁和准确。这是你润色论证使它更有说服力的时候。好的写作风格使读者在不用钻研的情况下就能够理解你的文章。

5.5.1　追求清晰

好的论文风格最重要的特征是清晰。假设你正在收听一个不能准确调节频率的广播电台。正如 McCuen 等（1993，2）所指出的："你仔细听了一会儿，但还是不断错过一些单词，使你不能充分理解（播音员所努力表达的）。"不清晰的写作恰恰与此类似。

为了清晰地写作，你应该遵循一些简单的规则。一个句子由一个主语和一个动词构成。写下每一个句子，使主语是故事的主要行动者，而动词是主要的行动。此外，在任何可能的地方，都尽可能选择强动词而不是弱动词。你可能认为这是很显然的，但有时候却并非如此。这里有一个选自研究论文的例子：

> 显著的差异存在于 CPI 的负系数。

注意，当主语——显著的差异，与客体——CPI的负系数倒过来后，句子读起来是多么清晰：

> CPI 的负系数是存在显著差异的。

由于句子中主要的行动者是"负系数"，但是最初它被放到了句子的末尾，所以这一修改起到了改进的作用。这个句子还使用了弱动词：是（is）。新手研究者总是过多地使用是（to be），这仅仅增加了句子长度，但并没有增加任何其他东西。像是（to be）这样的动词相比于较强的动词传递的信息更少。假如我们用更强的动词不同于（differs）替换是（is），句子就变为：

> CPI 的负系数差异显著。
> 主语："负系数"
> 动词："差异"
> 怎样："显著地"

大多数读者认为这个版本比初始版本清晰了许多。

学术文章通常被认为是晦涩难懂的。尽管学术作品使用专门的词汇与专门形式的论证和证据，但它不应该，也不需要遵循我们在学术文章中通常看到的夸张的学术风格。这种风格有许多标签，却没有一个是褒奖的。McCloskey（2000）把它描述为作者假装是"科学家"或"学者"。Lanham（1992）把它称为"官僚风格"。Harvey（2000）把这种风格描述为"使用令人困惑的、名词化的、被动语态的、（并且）冗长段落的表述，这使人难以明白谁在做什么事情"。例如，考虑下面一段摘自研究论文的文字：

> 尽管数字表现出持续的增长，许多学者的观点仍然是相互冲突的。

这句话的含义是什么？我不知道。

研究者这样写的原因有很多。第一，他们以为别人认为他们应该这样做。他们以为这看上去比平庸的散文更正式或更科学。他们以为这使他们看上去对自己的领域更了解。新手研究者尤其是这样。

第二，他们可能在试图表达自己没有充分理解的复杂思想。McCloskey（2000）把这种情况称为"素材如此复杂以至于我无法弄清楚"的写法。尽管解决这个问题的措施不一定容易，但却是明确的。你必须透彻地思考这些思想，直到你足以充分地理解并清晰地解释它们。你可能需要进行更多的研究来了解其他的作者是如何解释这些思想的。你可能还需要与同事或导师讨论这些思想。简而言之，解决措施就是对项目投入更多的精力。

第三，正如 Harvey（2000）所指出的，研究者可能试图避免为自己的文字负责。就像我们在第 4 章所指出的，写作是一种冒险。作者担心自己所说的可能是错误的。如果他们使用自己读过的学术文章中的词汇和短语（如理性预期、一阶条件、统计显著），以一种含糊的、不可理解的风格来写作，那么读者就不能批评他不理解了。这就像无法确定怎样拼写单词的学生为防止损失两面下注，在一篇短文中用多种方式拼写。事实上，唯一能确定的就是学生将拼错这个单词。不清晰的写作不会因为说的内容而会因为什么也没说而受到批评。实际上，Harvey（2000）注意到："没有清晰性，你就不是在交流，而仅仅是在走过场"。

不要把你的精力浪费在这种方式的写作上。如果你专注于保持清晰、简洁和准确，你的写作风格自然就会变好。

5.5.2 使用主动语态

学术作品的作者常常使用被动语态。Booth 等（1995）指出，他们这样做是因为他们认为这会使自己的文章看上去更客观。被动语态出现在作者把行动的接受者而不是执行者作为主语的时候

（Harvey，2002）。这通常是通过使用动词的被动形式（to be）来代替主动动词。考虑下面的例子。

下面，数据将被分析。
价格可以被预期会随着个人可支配收入的增加而上升。
……被认为……

解决办法就是使用主动语态重新表述句子，其中主语执行行动：

我分析了数据。
我们预期价格会随着个人可支配收入的增加而上升。
我们认为……

你会发现主动语态比被动语态在含义上更准确。使用被动语态时，读者需要分析是谁在分析数据，是谁在预期价格上升，是谁在认为。为了更准确地写作你必须改进自己的思维。例如，你为什么预期价格会上升？一个可能的原因是经济学理论预测价格会上升。如果是这样，你应该明确地把这些说出来，但是我们的作者却没有。考虑第三个例子：谁或什么正在认为……？是研究者吗？是分析的结果吗？同样，你在改进思维时通过考虑主语和动词，也改进了自己的写作。

被动语态本质上是没有错误的，但是它通过隐藏句子的主语，使读者很难发现你确切是在说谁。由于这个原因，你应该尽可能避免使用被动语态，直到你成为一个有经验的作者为止。

对新手研究者的提醒

使用第一人称

研究者通常在自己的文章中不愿意使用第一人称。结果就是他们频繁地使用被动语态。事实上，使用第一人称没有任何错误，尤其是在你描述你的理由和结论的时候。如果使用第一人称能使你的文章清晰，那就用它吧。

5.5.3 使用动词描述行动

学术作品的作者还倾向于名词化,也就是把动词转化为名词。同样,他们的动机看上去好像是使文章显得更加学术化。实际上,这仅仅使文章看上去更加矫揉造作且晦涩难懂。这里是一些这样的例子。

> 存在结果验证假设的失败。
> 因技术带来的增长使经济增长有些波动。
> 然后,数据得到了分析。

名词化倾向于在不增加含义的情况下向句子中添加词汇。因此,句子更难而不是更容易被读懂了。此外,与被动语态一样,名词化模糊了句子的主语。

解决名词化的办法是用动词描述行动。

> 结果未能验证假设。
> 由于技术带来了增长,经济增长发生了波动。
> 然后,我分析了数据。

总之,为了清晰地写作,需要在句子中选择强动词来描述行动,同时将主要的行动者作为句子的主语。

5.5.4 准确与简洁

我们关于风格的大部分讨论集中在清晰性上,这是风格方面的最重要的特征。下面,我们来讨论准确和简洁。讨论复杂的问题常常要求细节。缜密思考的作者理解不同的词汇选择是会产生不同影响的,一些同义词是存在细微差别的。如果你希望读者理解你,就要选择准确表达你希望表达的意思的词汇。就像"清晰""准确"向读者表明了你明白自己正在谈论的内容。"含糊"则传递了相反的印象。考虑下面的句子。

> 强化反歧视行动的某些地区正在帮助处于不利地位的人抵制歧视。

考虑这个句子。它以一个含糊的主语作为开始：某些地区。你无法轻易地判断这指的是法学领域、文化领域还是人口学领域。句子中的动词（正在帮助）是弱动词。下一个短语（处于不利地位的人）没有为读者增加任何信息。比较一下初始版本与下面修改后的版本：

> 强化反歧视行动的州帮助个人抵制歧视。

好的写作风格的另一个特征是简洁。尽你可能简洁地表达每一个观点，避免没有为读者提供信息的空话。永远不要说没必要的话。

奥卡姆剃刀是科学方法的一个广为人知的推论。它建议当在备择理论中进行选择时，你应该选择能够解释你所研究的现象且复杂程度最小的理论。这个规则对于写作也是成立的。只要解释是完整的，少就是多。

在现实世界中，导师从不会要求你写一篇至少 20 页的报告。时间是稀缺的，只要能表达清楚，人们就会更喜欢简明扼要。学术作品的读者也是这样。

不要担心论文的长度。绝对不要添加"填充物"。如果完成了这里描述的写作过程，你就会充满信心地说你对自己的作业感到满意。当然，这需要假定你在撰写和修改的步骤中仔细并完整地思考了你的主题。如果没有，填充物也没有帮助。

如果你希望自己的论文是有说服力的，你就应该避免富有感情色彩的词汇。好的写作是一项艰苦的工作。如果你不严肃地看待自己的文章，读者为什么会严肃地看待它呢？

5.6 写作技巧

完成一篇论文的最后一步是编辑。现在是考虑修正语法、技术性细节以及拼写和排版错误的时候了。

5.6.1 使用完整的句子

严肃的作者会使用完整的句子。完整的句子表明了完整的思想，而句子的片段表明的是零散的或不完全的想法。就像我们前面提到的，完整的句子由一个主语与一个动词构成。句子片段是一个没有动词的主语或者没有主语的动词。我们很少有人单独写"一位经济学家"或者"检验了假设"。然而，句子片段在新手研究者中是普遍存在的。

新手研究者常常把一个短语作为一个句子使用，但这在语法上不是一个句子。例如下面的例子：

> 决定你是否有统计显著结果的关键问题。

在这个短语中，关键问题是一个名词，决定听上去像一个动词，但在语法上它不是。比较下面的句子与这个短语：

> 决定你是否有统计显著结果的关键问题是你估计的 t 统计量的值是否超过了 t 的临界值。

你能够看出，初始的短语仅仅是完整句子的主语，即使它有名词与一个像动词的单词。由于初始短语包含一个主语但是没有动词，因此它不是一个完整的句子。

此外，一个陈述可能包含一个主语与一个动词，但是由于另一个单词的存在，它们只是一个从句。在"尽管估计的系数是负的"这个陈述中，"估计的系数"是一个名词，"是负的"是一个动词，因此"估计的系数是负的"是一个完整的句子，但是由于它们前面的"尽管"一词，因此你其实建立了一个条件从句。由于需要其他的词汇来完善含义，所以它不是一个完整的句子。比较初始的句子与下面的句子：

> 尽管估计的系数是负的，但是它在统计上与零没有差异。

你应该可以看出，从句是一个不完整的想法，因此，这是一个不完整的句子。

最后一种类型的句子片段发生在一个短语既包括名词也包括动词，但是动词不能正确地与名词结合的情况下："统计软件包生成了统计结果。"统计软件包是名词，生成是动词，但是整个表述不是一个完整的句子。为了确定你是否有一个完整的句子，问问自己该表述本身是不是一个完整的想法。如果是，你就有了一个完整的句子。如果不是，你就需要修正它。

5.6.2 不要使用无标点句

无标点句指的是没有正确地用标点符号分开的两个或多个独立的分句。在无标点句中，许多完整的思想拥挤在一起，使读者很难确定一个句子在何处结束而另一个句子在何处开始：

> 种子价格上升引起玉米价格上升玉米价格上升引起需求量减少。

无标点句可以采用多种方法予以修正。两个分句可以用分号进行连接：

> 种子价格上升引起玉米价格上升；玉米价格上升引起需求量减少。

它们还可以通过连接词进行连接，如而且：

> 种子价格上升引起玉米价格上升，而且玉米价格上升引起需求量减少。

此外，两个分句可以被分成两个完整的句子：

> 种子价格上升引起玉米价格上升。玉米价格上升又引起需求量减少。

即使存在大量检查拼写的软件，论文中也不可避免存在拼写错误的词汇。McCloskey（2000，27）指出，拼写与打字错误使你"看上去像一个粗心的笨蛋"。在最好的情况下，读者会认为你是粗心的。在最坏的情况下，他们会质疑你的整篇论文。然而，需要注意的是拼写检查软件不能发现全部的打字错误。例如，它不会发现遗漏的单词。对于这种错误你需要仔细地重新检查文档。另外，让其他人阅读你的最终文稿是一个好主意。由于你（太）熟悉你的文章了，因此朋友能比你更容易发现错误。

论文的内容比技巧更重要是对的，但是实践中，不能写好，也就是不能使用适当的风格和技巧，会限制你的交流能力。这不仅仅是语法的问题，还是修辞与论证的问题——使用词汇进行说服的艺术问题。如果你不能交流，你就不能说服读者你的论证是正确的。

总　结

- 经济学写作是应用经济学分析来得出关于一个问题或难题见解的写作。
- 即使对于专家来说，写作初稿也是困难的。关键是坐下来，组织你的研究材料，并进行写作。
- 写得好的论文是聚焦的、结构清晰的、解释充分的、经过润色的与简洁的。此外，它们不应该有语法与打字错误。
- 抄袭意味着窃取别人对于表述或思想的荣誉，即使是无意的。
- 没人能够初稿就写出完美的文章。好的作者会写许多草稿，修改再修改，直到满意为止。

注　释

1. 注意，由于人文学科是非科学学科，因此它不使用经验证据。

进一步阅读的建议[①]

Booth 等（1995）——第 11 章至第 15 章实际上介绍了撰写大学水平研究论文的每一个方面，从写作前的准备到结构和风格的修改。

Harvey（2000）——出色的写作指南，非常容易读懂，甚至非常有趣。Harvey 还给出了大量很好的例子。

McCloskey（2000）——面向经济学学者的关于写作的经典专著。一次就可以读懂。最早出版于 1987 年，题目为 *Economical Writing*。

McCloskey（1999）——McCloskey（1987）的四页摘要。这总比什么都没有好，但还是应该尽可能阅读原著。

McCuen 等（1993）——针对工程师与其他科学家的技术性写作与演讲的出色指南。

Thomson（2001）——针对年轻博士或其他进行理论经济学写作者的有用指南。技术性非常强，但是其他研究者也能够发现它的价值。

练 习

1. 查找一位经济学家（如米尔顿·弗里德曼、保罗·克鲁格

---

① Ramage, J. D., Bean, J. C., Johnson, J. *Writing Arguments: A Rhetoric with Readings*. Pearson Education, 2016.

Wyrick, J. *Steps to Writing Well Steps to Writing Well with Additional Readings*. Cengage Learning, 2011.

Evans, K. *Pathways Through Writing Blocks in the Academic Environment*. Sense Publishers, 2013.

Hall, G. M. *How to Write a Paper*. John Wiley & Sons, 2013.

Joireman J., Lange P. V. *How to Publish High-quality Research*. American Psychological Association, 2015.

柯林·内维尔. 学术引注规范指南（第二版）. 上海：上海教育出版社，2013.

曼、罗伯特·海尔布隆纳）写的"社会评论"的例子。查找一个相同作者写的研究报告。这两种类型的文章在哪些方面是类似的？在哪些方面是不同的？

2. 利用目前你能找到的有关你研究主题的资料，撰写一篇长度不超过两页的文献综述。综述的焦点应该是总结关于你的研究主题形成的一致观点。简要总结对这一一致观点做出贡献的主要研究。确保你的文献综述展现出好的经济学文章的前三个特征：焦点聚焦、有结构、主要观点稳步展开。

3. 为你的研究论文写一个清晰的命题。这个命题目前可能只是探讨性的。

4. 找到一篇你为另一门课程写的论文。用下划线标出论文的命题句。命题清晰吗？如果不清晰，修改它，使它更清晰。构建这篇论文的段落提纲。评估提纲。提纲是以最好的方式组织并能符合逻辑地形成作为结论的命题吗？如果不是，重新组织提纲。存在不相关的观点吗？如果存在，删除它们。论文中所有的要点都得到充分和清晰解释了吗？如果没有，修正它们。

5. 打印一份练习2中你写的文献综述或另一篇短文。用红色墨水笔圈出每一处使用被动语态的地方。使用主动语态重写每一个这样的句子。把被动语态的版本与主动语态的版本进行比较。然后用蓝色墨水笔圈出每一个名词化的地方。用动词描述行动的方式重写每一个句子。打印一份修改后的论文并与最初的版本进行比较。你认为哪一篇更清晰？为什么？

第6章 批判性阅读或怎样理解已发表的研究

> 你在阅读中遇到的困难不一定反映了你的学术能力有问题。深入阅读本身就是一项艰苦的任务。
>
> ——苏珊·怀斯·鲍尔

任何学科的专业文章都是令人生畏地难以解读的。它就像你的第一节外语课一样。还记得开始时你感觉多失落吗？那种感觉是完全可以理解的。为了帮助学生解决这一问题，Schroeder等（1985）指出，"你通常面对的术语和分析技术，往好了说是你不熟悉的，往坏了说是你完全不了解的。你没有必要对这种状况感觉很沮丧，作为研究界的新手，你不可能期望自己从一开始就掌握了研究的所有阶段"。

研究论文总是以一种正式的风格来撰写，采用这种风格的目的是以尽可能简洁的方式提供清晰而准确的含义。然而，这也表明作者可能需要省略对研究过程中某些常见步骤的描述。这增加了新手研究者的困难，因为他们（还）不是特定研究群体的成员。

幸运的是，就像一门外语，一旦你学会了基本的词汇和语法，专业的经济学文章就开始变得可以理解了。换句话说，一旦你学会了"代码"，你就会发现解读已发表的研究是很容易的。

6.1 理解已发表的研究

考虑如何理解已发表的研究时,至少有两个方面需要考虑。我们把它们称为**格式**(format)和**论证**。让我们依次来分析它们。

6.1.1 理解格式

你为英语作文课写的关于暑假所做事情的短文与化学实验报告的区别是什么呢?答案是:特定的格式。各个学科的学术文章使用具有某些差异化的格式,物理学使用最结构化的格式(如实验报告),人文学科使用相对较缺乏结构化的格式,社会科学则介于二者之间。即使在社会科学内部,格式也是有所不同的,尽管这种差异相较于科学与人文学科之间的差异而言较小。

经济学研究论文往往遵循一种体现科学方法的通用格式。这种特定的格式使专家能够迅速浏览一篇论文以发现自己是否愿意花时间深入地阅读它。例如,Thomson(2001,2)指出:

> 如果一位读者发现你的中心论点有趣并想了解更多的内容,但是却只有很少的时间来阅读你的论文……那么他应该能够在没有实际读过你论文的情况下抓住你(研究)的创新方面。仅仅浏览一下一篇良好论证的文章的组织方式就可以从中学到很多。

在经济学中,存在三种类型的学术作品。第一种是对其他人研究的综述。你可以把它看作完整回顾关于一个主题的文献的文章,它的目标是总结关于一个主题目前为止所知的内容。不像其他两种类型,综述论文是二手文献。[1]我们在第 3 章中提到的 *Journal of Economic Literature* 致力于出版综述文章。例如,2002 年 3 月的 *Journal of Economic Literature* 中包括一篇名为 "Looking Inside the Labor Market: A Review Article" 的文章。经济学中第二种类型的学术作品是纯粹的理论研究。它建立或修正一个理论并讨论其含义,但是不包含经验检验。纯理论文章的一个例子是 Krugman（1979）关于政府有效地执行战略性贸易政策可能性的开创性文章。经济学中第三种类型的学术作品——也是我们所关注的——是经验研究。经济学中大多数研究项目都是经验研究。这种类型的研究具有一个特殊的优势（尤其对刚刚起步的研究者来说）：在你做经验研究的时候,无论你的经验检验验证了你的假设还是拒绝了它,你都有一个能够使自己满意地得出研究结论的结果。相反,当你进行一个纯理论项目时,如果你不能使你的理论发挥作用,研究就失败了。由于这个原因,纯理论研究最好留给有经验的研究人员。

让我们来分析典型的经验研究格式。经济学中的典型研究有四个基本组成部分：引言、问题分析、分析的经验检验与结论。实际的论文（或书籍）可能有更多正式的部分,但是为了使本领域的专家感到更可信,研究必须包含这四个主要组成部分。我们依次来分析这四个部分。

引言应该定义总体的主题和具体的研究问题,以及解释研究动机。引言还应该包括关于该主题以前研究者研究的综述,尤其是现存文献缺少的内容及本研究是怎样解决这些缺陷的。在一篇学位论文或书籍中,文献综述通常从引言中分离出来,单独放在一章。在一篇论文中,它更经常与其他介绍性内容结合在一起。

经济学研究报告的第二个部分是经济学研究的核心：应用经济学分析来考虑所研究的问题。它可能被称为"理论分析"或"理论模型"。（具体怎样应用经济学理论来分析一个问题是第 7 章的主题。）本部分提出研究使用的理论模型,推导模型可检验的内涵或假设。

第三个部分解释第二个部分提出的分析应该如何检验。（这是第 10 章和第 11 章的主题。）这一部分可以被称为"经验分析"或"经验模型"。它明确陈述什么结果将验证理论。它提供从检验过程获得的结果并解释它们。理论在多大程度上得到验证了呢？

经济学研究报告的结论部分解释了从研究得到的发现。经济学理论对研究问题给出了什么答案？答案得到经验证据的支持了吗？如果没有，为什么没有呢？

经济学研究也可能包括许多其他的部分，如摘要、参考文献和附录，但是这四个部分是文章的主要部分。

6.1.2 评价论证：批判性阅读

一旦你知道了研究报告是如何组成的，你就已经开始理解它了。为了实现全面的理解，你需要学会如何深入地与批判性地阅读。这就要求你理解文章的论证。

批判性阅读是有挑战性的。阅读学术文章的目的不仅仅是在阅读每一页的同时记录作者提供的事实。相反，其任务是更为复杂的，即找出与评价作者的论证。Mursell（1951，58）把这一过程描述如下：

> 当你正确地（也就是批判性地）阅读时，你不仅仅是在简单地吸收。你不是自动地把你通过眼睛在页面上看到的内容传递到你的头脑中。你在页面上看到的内容使你的头脑开始工作：整理、批判、解释、质疑、理解并比较。

出于这个目的，学者不仅阅读文字，还研究它们。首先，他们通过浏览一篇文章来看它对自己是不是有用，对某些部分给予特别的关注。例如，某些学者关注引言和结论；其他的学者关注引言和经验结果部分。如果他们认为这篇文章可能是有用的，就会更仔细地阅读它，通常要读几遍。学者们放慢速度仔细阅读，努力发现其含义。他们试图与文字互动，从本质上参与到与作者的对话中去。这些对话部分发生在读者的脑海中，部分是通过读者阅读时做的笔记（也就是在边栏所做的批注）体现的。（怎样有效地做研究笔记是本章最后一部分的主题。）

文字能够展现论证。读者通过问问题及尝试性地解读来做出回应："这是你的意思吗？""这又怎么样呢？""好了，我理解了前面的部分，但我不确定自己也充分理解了这一部分。"

在第 4 章中，我们解释了作者怎样通过构思的过程形成论证。读者以同样的方式分析文字，把想法写下来，重新排列、思考，问关于尝试性解读的问题。读了几遍之后，文章的含义就会变得清晰起来，但有时也会需要一个较长的时期。

Bean（1996，136）认为，读者在这一过程中扮演了两个对立的角色："屈服于文字力量的思想开放的信徒与在文字中发现缺陷的心存疑虑的怀疑者。"由于论证是一个主张而不是一个事实，同时由于"每一个作者都不可避免地会曲解其主题"，因此需要有正确的质疑（Bean，1996，140）。对于文字的仔细阅读要求你对两个角色都给予充分的关注。理解学术文章非常像剥洋葱：它有很多层。你不应该没有进行多次阅读就期望弄懂所有层次的含义。

对新手研究者的提醒

批判性阅读的多种重要区分

Ruggiero（1998）提出了对于批判性阅读的多种重要区分。第一种区分是说话的人与其表达的思想之间的区分。（这与我们第 4 章中提到的"针对个人"有关。）批判性阅读要求你公正地听取思想，即使你对作者印象不好。第二种区分是偏好问题（即纯粹观点）与判断问题。虽然没有理由批判前者，但是可能有很多理由批判后者。第三种区分是事实和解释的区分。通常，作者会把解释当作事实以赋予解释更多的重要性。细心的读者能够区分这两个方面。第四种区分是平实的与讽刺意味的陈述之间的区分。后者可能由于修辞原因而引起强烈的反应。幸运的是，在科学写作中你不大可能会陷入这种状态。最后一种区分是思想正确性与表达质量之间的区分。理论上，你应该不依赖于表达的好坏来评价思想的正确性。然而，在实践中，写作或口头表达的质量几乎肯定会影响你对思想正确性的印象。注意，就像第 1 章讨论的，这是 McCloskey（1998）提出的观点。

6.1.3 引导批判性阅读的问题

尽管阅读学术文章很少是轻松的,但成功阅读的能力确实可以随着练习而提高。批判性阅读是一种可以学会的技巧。

在前文中我们把论证定义为由逻辑或经验证据支持的主张。表6.1列出了一系列引导你阅读及帮助你识别作者论证的问题。注意,在一篇已发表的文章中,可能会存在多个对论证的解释。

表6.1 找出作者的论证

1. 作者在问什么问题?
2. 作者给出了什么答案(也就是,研究的主要主张是什么)?
3. 本研究在哪些方面改进了过去的研究?
4. 作者给出的答案与过去的研究相比如何?
5. 作者论证的主要逻辑或理论依据是什么?
6. 作者提供了什么经验证据?
7. 作者在推理中做出了什么假定?

对新手研究者的提醒

阅读学术期刊文章的小窍门

新手研究者可能会遇到妨碍他们阅读学术期刊文章能力的三种常见障碍。它们是:不熟悉的术语或行话、数学推理、计量经济学问题与方法。阅读期刊论文的困难可能足够使得面对这些障碍的读者被说服自己无法读懂这些文章。不要让这发生在你身上。

当你遇到不理解的术语或概念时,把它们写下来。Locke等(1998,69—70)指出,"对你来说这好像不太可能,但是我们发现很少会遇到因为一个不熟悉的技术词汇就使阅读完全无法进行的情况。仅仅需要记住,在阅读不是自己写的技术文章时,存在理解上的问题是不可避免的。你必须破解它们,如果失败,把它们记下来并继续阅读下去"。

作者有时会在文章的其他地方对术语进行解释。此外，你应该尽力查找这个术语。显然的查找资源是你的研究方法论或计量经济学书籍。另一个有用的资源是 Peter B. Meyers 的 "Online Glossary of Research Economics" 术语表，它可以在 http://www.econterms.com 上获得。如果其他方法都失败了，你应该毫不犹豫地向导师寻求帮助。

对数学或计量经济学不够熟悉应该不会阻碍你理解文章的要点。数学方法是用来推导结论的。你可以把它们看作"证明"。

数学推导向读者表明作者是如何得出这一结论的。但是你不需要理解证明过程就可以理解证明了什么。几乎可以肯定的是，如果论文得以发表，就已经有人检查了数学推导以确保证明是正确的，因此你也就没必要担心它了。你可能没有想到的是，许多读者，包括专业研究者，在前几次阅读一篇论文时都会略过数学细节。

同样的观点也适用于计量经济学问题。统计方法的目的是检验假设。无论你是否理解所采用的具体技术，你都应该能够确定结果验证还是拒绝了研究者的假设。Locke 等（1998，70）指出，"在很多不错的报告中，你会发现某些地方的分析用平易的语言描述了实际上重要的问题……在许多情况下，少量文字就能够使你继续学术阅读——即使没有理解研究者统计分析的优雅（或适用性）"。

我们来阅读一篇选自专业经济学期刊的学术文章。文章是戴维·罗默（David Romer）的"学生们上课吗？他们应该上课吗？(Do Students Go to Class? Should They?)"（1993），我们把它复制在了下一页。至少阅读一遍这篇文章。

现在，重新仔细阅读这篇文章。在你读的时候，思考表 6.1 中的问题，写下你想到的可能的答案。(我对每个问题提供的答案都来自文章的完全引用，以说明我在何处发现了答案。在你写下自己对这些问题的答案时，应该用自己的语言。这样做的原因，见本章后面的"做研究笔记与撰写摘要和批判性评述"部分。)

学生们上课吗？ 他们应该上课吗？

戴维·罗默
加州大学伯克利分校经济学教授

在几乎所有的本科生课程中，课堂讲授和其他课堂活动是获取知识的基本方式。但是几乎每一个讲授本科生课程的人都可能注意到了课堂出勤非常不好。然而，关于出勤率及其影响的系统证据却惊人的缺乏。这里存在三个自然的问题。缺勤的程度如何？如果真的有，缺勤对学习的影响有多大呢？应该对缺勤采取什么措施吗？

本文对前两个问题提供了定量的证据，对第三个问题提供了推测性的意见。首先，在三所名牌大学的经济学课程中，缺勤人数表明缺勤是十分严重的：通常有三分之一的学生没上课。其次，在大课堂讲授的课程中，出勤与成绩关系的回归估计表明，缺勤可能对学习有重要影响：仅考虑回答了所有问题的学生，并控制以前的平均绩点后，经常上课的学生与偶尔上课的学生的成绩差异大约为一个等级。根据这些结果，提高出勤率的措施（包括强制考勤）应该得到认真考虑。[①]

学生们上课吗？

出勤数由三所学校 1992 年春季学期某一"典型"周的经济学本科生每门课程中来上课的学生的数量构成。学校 A 为中等规模（6 000 名本科生）的私立大学，学校 B 为大型（20 000 名本科生）的公立大学，学校 C 为小规模（2 500 名本科生）的文理学院。这些学校能够代表美国学院与大学的较高层次。所有这三所学校都被 Barron's Profiles of American Colleges

---

① 我没能发现过去关于出勤程度的研究。存在一些关于出勤与成绩关系的研究（如 Schmidt, 1983；Park 和 Kerr, 1990）。这些研究普遍验证了这里的发现，即使在控制了各种学生特征后，出勤与成绩也是相关的。本研究与以前研究的不同之处在于，关注关系的数量大小以及这种关系所反映的出勤的真正影响的程度问题。

(1991版)评为"高度竞争力",这是六类中第二高的。①

出勤数在每所学校课程结束前的几周计算。这种选择避免了被认为出勤率异常低(如恰恰在考试后或假期前后)及出勤率异常高(如正好在考试前)的时间段。所有三所学校的学生都独立地表明学期结束前几周的出勤可能对平均出勤具有代表性。我们记录了样本周中每门课程的一次课堂出勤情况。当前的课程注册人数从系办公室获得。

表1报告了结果。第一行给出了每所学校的总体缺勤率。在学校A,34%的学生缺勤;在学校B,为40%;在学校C,为25%。②简而言之,在典型的一天,典型的美国名牌大学大约有三分之一的经济学课程的学生没上课。

表1 经济学课程缺勤率			(%)
	学校A	学校B	学校C
所有经济学课程	34.0	39.7	24.8
根据课程规模:			
小(最小的33%)	27.0	37.7	21.5
大(最大的33%)	38.8	42.9	30.4
根据数学内容:			
数学	10.0	17.6	16.7
非数学	34.3	41.5	25.5
根据课程类型:			
原理与中级理论	37.3	40.5	29.7
高级水平,仅要求原理	26.4	41.1	17.7
高级水平,要求额外能力	33.3	35.2	20.7

---

① 共有127所学校(注册675 000名本科生)被Barron分类为"最有竞争力"或"高度竞争力"。其中,24所学校(包括140 000名本科生)为有4 000—10 000名本科生的私立大学;14所学校(包括270 000名本科生)为超过10 000名本科生的公立大学;56所学校(包括100 000名本科生)为有最小研究生项目并少于3 500名本科生的大学;其他的学校为中小规模的公立大学(15所学校,包括70 000名本科生)、大型私立大学(5所学校,包括70 000名本科生)和小规模的私立大学(13所学校,包括30 000名本科生)。

② 出勤数在学校C的几个班级由于疏忽没有记录。这些班级没有呈现出与记录了出勤情况的班级的系统差异。

表中剩下的各行按照不同维度分解了总体数字。课程规模表现出对缺勤率的重要影响。所有的三所学校中，在规模最小的三分之一的班级，缺勤率比规模最大的三分之一的班级低得多。此外，学校 C 的平均班级规模最小，学校 B 最大，这与学校 C 的缺勤率最低、学校 B 最高的事实相一致。有明显数学特征［如计量经济学、中级理论的高级部分、理论的实地考察课（field courses in theory）］的课程的缺勤率较低。这一模式在所有三所学校都成立。① 与此类似，在所有三所学校，核心课程的缺勤率都比实地考察课高一些。

最后，毫不奇怪，当感到讲授质量较高时学生一般更经常上课。例如，在学校 B，常任教师教授的课程的缺勤率为 34%，其他教师的课程为 47%。为了更系统地分析这一问题，我们从第四所学校——学校 D——得到了所有本科生一个学期的经济学课程的课程评估数据。这所学校，和学校 B 一样，是一所公立大学。感兴趣的两个变量是学生对教师总体讲授效果的平均打分与注册课程并返回课程评价表的学生的比例（它是学期末最后一次课堂讨论出勤率的合理测量）。出席课程学生的比例对平均打分的简单回归的点估计表明，把平均打分从 25 分位数提高到 75 分位数会降低 10 个百分点的缺勤率；打分变量的 t 统计量为 3.4。因此，讲授质量（至少是学生对质量的感知）似乎对出勤有重要的影响。

从学校 D 得到的数据的其他特征更一般地证实了其他学校的发现。② 缺勤率高（所有课程为 45%），小规模课程的缺勤率与大规模课程相比较低（规模最小的三分之一课程为 31%，最大的三分之一为 54%）。同样，强调数学的课程的缺勤率较低（39%，其他课程为 47%），核心课程较高（52%，而仅要求原理的实地考察课程为 31%，高级实地考察课程为 37%）。

简单的回归分析证实了这些不同类型课程之间缺勤模式的差异。具体来说，使用全部四所学校的数据，我运行了一个以学生缺勤比例为被解释变量，一个常数、注册学生数的对数、数学内容虚拟变量、两种较

---

① 学校 A 有明显数学特征的课程的数据仅根据一门课程，因此这个数据应该被赋予较小的权重。

② 严格地说，学校 D 的数据与其他学校得到的数据不具有可比性，因为它们反映了学期末的课程讨论，而且有一些学生出席了但是没有返回评价表。不过这些差异似乎不可能对结果有任何重大的影响。

高水平课程虚拟变量、四所学校中三所学校虚拟变量为解释变量的（跨课程）回归。得到的估计表明，注册学生数加倍会导致缺勤率上升4%；数学内容会使缺勤率下降3%；从核心课程转向任何类型的实地考察课程会使缺勤下降5—7个百分点。注册学生数变量的系数在统计上高度显著；实地考察课程虚拟变量的系数在显著的边缘；数学内容与三所学校虚拟变量的系数不显著。

学生们应该上课吗？

这些发现提出了缺勤是否对学习有重大影响的问题。学生不上课可能是因为上课学到的较少——因为讲授是低质量的，或者因为他们已经掌握了这些内容，或者因为他们能以其他方式花费同样的时间更好地学会这些内容。此外，虽然缺勤可能对学习有严重的负面影响，但是许多学生无论怎样都会缺席——因为他们的时间实际上有更好的用途，或者因为他们错误地认为出勤对学习不重要，甚至因为他们认为学习相对不那么重要。

由于学生出勤不是外生的——学生选择是否上课，因此完全分离出勤对学习的影响是不可能的。但是本部分给出了某些启发性证据。在1990年秋季学期，我记录了我的大规模中级宏观经济学课程的6次讨论课出勤数据。得到的数据可以被用于分析出勤与成绩之间的关系。

和其他课程一样，总体缺勤率高（25%）。在记考勤的情况下，12%的学生缺席了4次以上的讨论；28%缺席了2次或3次；59%没有缺席或仅缺席1次。因此，缺勤率表现为一些学生缺席了大量课程与许多学生仅缺席了少量课程的混合。

学生成绩用课程中三次测验的综合得分衡量。为了易于解释，得分被转化为常见的4分得分标准：3.84分及以上为A；3.50—3.83分为A−；以此类推，1.50—1.83分为C−。由于没有D＋或D−的打分被赋值，因此1.17—1.49分为D，1.16分及以下为F。

---

① 这里有一个值得提及的计量经济学问题：由于不是每次课堂讨论都记录出勤，因此测量出的学生之间的某些出勤差异是测量误差而不是整个学期出勤的真实差异。如果记录出勤的课堂讨论是所有课堂讨论的随机样本——这是一个好的近似——估计测量误差的大小是简单的。这一过程表明，测量的38%的出勤差异代表了测量误差。这一估计可以用来修正由测量误差引起的回归系数、标准误差与 R^2 的偏误。表2中报告的所有结果都用这种方式进行了修正。

表 2 的第一列报告了成绩对课堂出勤比例简单回归的结果。①回归表明,出勤和成绩之间的关系在统计上显著且数值较大。出勤的 t 统计量为 6.2;点估计表明仅参加四分之一授课的学生平均得到 1.79 分(C-),而参加所有授课的学生平均得到 3.44 分(B+)。出勤单独解释了成绩变化的 31%。

表 2　出勤与成绩之间的关系

	(1)	(2)	(3)	(4)	(5)
样本	全部	有限	全部	全部	有限
常数	1.25	1.02	1.07	-0.67	-0.78
	(0.27)	(0.58)	(0.23)	(0.32)	(0.43)
课堂出勤的比例	2.19	2.47	1.74	1.52	1.38
	(0.35)	(0.70)	(0.46)	(0.32)	(0.58)
完成问题的比例			0.60		
			(0.32)		
以前的 GPA				0.78	0.86
				(0.12)	(0.14)
样本容量	195	116	195	195	116
R^2	0.31	0.26	0.33	0.47	0.48

注:括号内为标准误差。有限的样本由完成所有问题的学生构成。

对学习资料更感兴趣或者更有学术技能、更关注学术的学生一定会比那些对学习资料不感兴趣的、缺乏学术技能或者不关注学术的学生更经常上课(其他因素保持不变)。如果是这样,那么表 2 中第一列的结果在某种程度上反映了动机对成绩的真实影响而不是出勤的真正影响。

我试图以三种方式解决这一问题。第一,我把样本限定为完成所有 9 个问题的那 60% 的学生。似乎没有对这门课程做出重大投入的多数学生都没有完成问题集的所有问题。此外,问题集的最低得分在计算课程得分时被删除。因此,完成 9 个问题的学生可能是有强烈动机的。在所有情况下,这一受限制的样本在一般动机方面比整个班级可能更具同质性。但是,如表 2 的第二列所示,这一样本中出勤与成绩的关系实际上比整个班级还稍微强一些。

第二,对于回答问题集与上课出勤是动机的同样好的代理变量是有争议的。但是第三列表明,出勤与成绩之间的关系比回答问题集与成绩之间的关系强得多：当两个变量同时进入回归时，课堂出勤比例的系数几乎是完成问题集比例系数的三倍。因此，要么出勤与完成问题集相比是一个更好的动机的代理变量，要么出勤对成绩有其他大的影响。

第三，我们得到了课程开始时学生的 GPA 数据。在回归中将 GPA 涵盖进来作为控制变量可以控制学生在一般能力与动机上的某些差异。实际上，由于学生过去课程的学术成绩部分依赖于那些课程的出勤，以前 GPA 的系数将会包括出勤对于成绩的某些影响；因此，将 GPA 涵盖进来作为控制变量可能导致出勤的系数低估了出勤对于成绩的真实影响。

表 2 的第四列给出了回归中包括 GPA 后的影响。以前的 GPA 与成绩有极强的关系。但是包含 GPA 对出勤与成绩的关系有很小的影响。出勤的系数大约相当于第一列基本回归的三分之二，并且仍然高度显著。点估计表明，对于获得以前平均 GPA 的学生来说，如果他上了四分之一的课程，平均得到 2.13 分（C）；如果他上了所有的课程，平均会得到 3.27 分（B+）。

最后，第五列给出了回答全部 9 个问题的有限制的样本并控制了以前 GPA 后的结果。即使在这种情况下，出勤与成绩的关系仍然大而且显著。估计值表明，对于获得以前平均 GPA 的学生来说，如果他上了四分之一的课程，平均会得到 C+；如果全部上了，会得到 B+。

在试图解决出勤非外生问题的这三种方式中，任何一种都不是决定性的。无论如何，它们都给出了类似的结果：控制动机与其他遗漏因素的简单方式对出勤与成绩之间的关系只有中等程度的影响。因此，尽管这种关系可能反映了不可排除的遗漏因素的影响而不是真实的影响，这种关系的很大部分还可能确实反映了出勤的真正影响。

出勤应该被强制吗？

缺勤在主要美国大学的本科生经济学课程中是非常普遍的。此外，缺勤与成绩间存在非常强的统计关系，而且证据与这一关系有重要的因果成分的观点是一致的。

这些结果提出了是否应该采取措施来与缺勤进行斗争的问题。最起码，似乎应该呼吁对上课的劝诫，因为这些劝诫得到了数据的支持。但更强的措施可能是更好的。一代人以前，不论从理论上还是从实践上，课堂出勤都是别无选择的。今天，通常在理论上并几乎是所有实践中，这都是可选择的。对老系统的回归可能带来学习上的巨大改变。但是我们没有办法弄清楚是不是这样，只能去试。我认为，这里关于缺勤程度以及它与学习成绩的关系的结果充分表明了在某些本科生课程中进行强制课堂出勤尝试的必要性。

人们可以使用强制出勤来进行真正的控制实验，这将使我们分离出出勤对内容掌握程度的真正影响。具体来说，你可以随机地把一门课的学生分为两个小组：打分基于出勤的实验组，以及打分与出勤无关的控制组。通过比较两个小组的出勤与成绩，你就能够了解强制出勤对缺勤的影响以及出勤对成绩的影响。①除非强制出勤对缺勤的影响很大，或者班级规模很大，否则，对单独一个班执行这个实验的结果将使你无法非常准确地估计出勤对成绩的影响。但是从多个这样的实验得到的合并结果是可以的。

■ **我要感谢** Caroline Fohlin，Matthew Jones 与 Costas Tsatsaronis 的杰出的研究辅助工作，以及 Robert Cox，Roger Farmer，Steven Fazzari，Alan Krueger，Christina Romer，Paul Ruud，Joseph Stiglitz，Timothy Taylor 与 Robert Turner 的有益评阅。

参考文献

Park, Kang H., and Peter M. Kerr, "Determinants of Academic Performance: A Multinomial Logit Approach," *Journal of Economic Education*, Spring 1990, 21, 101—11.

Schmidt, Rohen M., "Who Maximizes What? A Study in Student Time Allocation," *American Economic Review*, May 1983, 73: 2, 23—28.

■ **选自** David Romer, "Do Students Go to Class? Should They?" *Journal of Economic Perspectives*, 7 (Summer), pp. 167—174. 经许可转载。

---

① 这种实验肯定要求适当的授权。学生应该被赋予通过选择（在班级被分为实验组和控制组前）自己成绩公式中赋予出勤一半权重的评分方式而退出实验组的权利。通过使用所有程序（实验、控制与退出）以及把学生分配到三个小组前使整个班级的平均得分在所有三种程序下相同来确保学生打分的公平。

在读完罗默的文章后，问一下自己，文章的每一部分在作者的论证中起到了什么作用。例如，作者的主要主张是什么？他用来支持这一主张的主要证据是什么？注意，就像在许多经济学文章中一样，罗默论文的各部分没有标记为"引言""理论""经验检验"和"结论"，但是这些部分无疑都存在于论文中。

1. **作者在问什么问题？** 这可能是表 6.1 中最重要的问题。如果你不能确定这个，你阅读这篇论文可能就是在浪费时间。研究问题应该在论文的引言部分找到。罗默的论文是由三个观点构成的复杂论证，其中每一个都合乎逻辑地引出了下一个。他开篇总结了自己的论证，其中关键问题是：

> 如果真的有，缺勤对学习的影响有多大呢？

2. **作者给出了什么答案？** 作者给出的答案，即他论证的主要观点，通常可以在论文引言中找到。罗默在第二段对它进行了陈述：

> 在大课堂讲授的课程中，出勤与成绩关系的回归估计表明，缺勤可能对学习有重要影响。

如果作者提出的答案不在引言中，它应该肯定在论文结论部分被明确陈述。在最后的部分，罗默总结道：

> 缺勤与成绩间存在非常强的统计关系，而且证据与这一关系有重要的因果成分的观点是一致的。

3. **本研究在哪些方面改进了过去的研究？** 论文引言应该表明当前研究如何改进了前人的研究。在本例中，作者在第一页（脚注中）表明：

> 本研究与以前研究的不同之处在于，关注关系的数量大小以及这种关系所反映的出勤的真正影响的程度问题。

当前研究的独特特征通常也会在论文结论部分提到，尽管在本例中不是这样。

4. 作者给出的答案与过去的研究相比如何？ 过去的研究给出的答案通常可以在论文引言的文献综述中找到，本例中它被限制在第一页的脚注中：

> 这些研究普遍验证了这里的发现，即使在控制了各种学生特征后，出勤与成绩也是相关的。

此外，结论通常会表明当前的结果与以前研究的结果是相似的还是不同的。

5. 作者论证的主要逻辑或理论依据是什么？ 作者的论证由主要观点（即作者对研究问题给出的答案）以及逻辑与理论推理、经验证据与潜在假定构成。理论推理可以在论文的分析部分找到。由于这篇论文是我们都熟悉的主题，因此罗默的理论论证很大程度上是隐含的：

> 在几乎所有的本科生课程中，课堂讲授与其他课堂活动是获取知识的基本方式。

这是论文的第一个句子。他隐含地表明出勤影响学习。

6. 作者提供了什么经验证据？ 经验证据可以在论文关于经验检验的部分找到。这包括总体的检验方法论、结果以及对它们的解释。罗默的经验论证的第一部分是估计缺勤发生的程度：

> 简而言之，在典型的一天，典型的美国名牌大学大约有三分之一经济学课程的学生没上课。

然后罗默继续展开这一观点：

> 课程规模表现出对缺勤率的重要影响……所有的三所学校中，在规模最小的三分之一的班级，缺勤率比规模最大的三分之一的班级低得多……有明显数学特征的课程的缺勤率较低……与此类似，在所有三所学校，核心课程的缺勤率都比实地考察课都高一些。……毫不奇怪，当感到讲授质量较高时学生一般更经常上课。

在罗默经验论证的第二部分，他报告了一系列出勤与课堂成绩关系估计的回归，这些回归控制了一些外部变量，包括学生以前的GPA与动机。

> 成绩对课堂出勤比例简单回归的结果……表明出勤和成绩之间的关系在统计上显著且数值较大……控制动机与其他遗漏因素的简单方式对出勤与成绩之间的关系只有中等程度的影响。

7. 作者在推理中做出了什么假定？ 像其他研究者一样，罗默在他的论证中提出了一些假定。这包括：GPA 是学生学习的好的测量指标，他在所研究的"名牌"大学观察到的结果对于所有高等教育机构是普遍成立的，经济学学生和课程类似于其他学院的学生和课程。

当发现分析一篇学术文章有困难时，你可以从下面 Trelogan (2001) 的观察中获得勇气：

> 为什么需要花费如此长的时间来找出论证及明确它们的前提和结论呢？答案是，不存在完成这一工作的固定流程，更一般地说，阅读——真正的阅读——是一项困难的艺术。必须仔细地、分析性地阅读，必须对要分析文章的内容和结构进行深入的思考。

就像许多评论者指出的，另一个使情况复杂化的问题是一些学术作品写得不是很好。

6.1.4 评价已发表的研究

一旦你确定了已发表作品的论证，下一步就是评价论证，也就是评价其有效性和可靠性。这不是一个简单的任务，因此让我们从容易的问题开始。

作者有明显的利益冲突吗？ 例如，研究是否获得了可能被认为给研究发现带来不客观性的组织的资金支持、资助或被这些组织出版？（如烟草公司提供资金支持的研究发现吸烟对于健康没有有害作用。）这一方面稍微温和的情况是：作者或期刊在推销某种特定的观点吗（如自由主义观点、保守主义观点）？如果是这样，你应该在你对作品的评价中考虑到这些因素。

研究发表在需要经过评审的期刊上吗？ 我们曾在第3章指出，发表在专业期刊上的学术文章可能会经过一个正式的评审过程。本领域的多个专家会对论文进行盲审，也就是专家评审时不能知道作者的身份，以保证评审的客观性。[2] 期刊越有声望，评审越严格，作者的论证就越可能是有效的。因此，发表在《美国经济评论》上的文章可能比发表在区域期刊上的文章质量更高，而且更重要。类似的评审过程也会发生在学术书籍的出版之前。因此，当一个研究得以发表时，新手研究者可以假定它有一定程度的有效性。

另一个要记住的事情是，已发表研究的有用性不仅仅依赖于所发表期刊表面的质量。例如，詹姆斯·托宾（James Tobin，1978）在 Eastern Economic Journal 上发表了一篇重要的、广为引用的文章（A Proposal for Monetary Reform），这是一个相对较小的期刊。相反，许多发表在顶级期刊上的文章，却从没有再被引用过；或者被引用过，却没有经受住时间的考验。简而言之，一个研究的最终有效性仅仅在一定时期后许多其他研究者以各种不同的方式检验该理论后才能知道。因此，当一个学者阅读一篇研究报告，特别是最近的报告时，他自己需要批判性地评价它。

6.1.5　引导批判性阅读的其他问题

表6.2列出了一系列帮助你评价作者论证的问题。很自然地，评价一个学术性论证本身就比在已发表的文章中简单找出它更有难度。这里讨论的许多问题将在本书后面的部分更详细地讨论。这里我们仅对它们进行简单介绍。

表 6.2 　评价作者的论证

1. 理论分析合理吗?
2. 使用的数据足够完成这项任务吗?
3. 经验方法充分检验假设了吗?
4. 假定合理吗?
5. 分析（理论的或经验的）被清晰地解释了吗?
6. 结论是从提供的证据得出的吗?
7. 总体来看，作者的论证能使你信服吗?

当我们讨论这些问题时，我们利用它们来评价罗默（1993）的文章。

1. 理论分析合理吗？ 理由能充分得出并支持假设吗？论证足够深入吗？论证足够广泛以令人信服吗？分析中还需要引入其他理由吗？还存在其他对于研究问题的解释能与作者提出的解释同样合理吗？

在回答表 6.1 中的问题 2、5、6、7 时，我们确定了罗默的论证。转述这些答案告诉我们：

"授课仍然是本科生经济学基本的教学工具。三所名牌大学本科生经济学课程出勤的估计表明，平均三分之一的学生没上课。控制学生动机与质量后，出勤对 GPA 影响的回归结果表明，出勤对学生的成绩有大的且显著的正向影响。"

这一推理是合理的，因为每一点都导出下一点并最终得出了结论。理论基础——课堂出勤对于学习应该是重要的——是符合逻辑的。（然而，注意有效的推理没有排除存在相反的逻辑论证的可能性——例如，学生可以用阅读教科书的方式代替课堂出勤。）

2. 使用的数据足够完成这项任务吗？ 数据集完整吗？数据集是来自权威来源吗？数据是代表性样本还是特例？如果是特例，结果适用于你关心的情况吗（如使用弗吉尼亚的数据可以推广到整个美国吗）？

班级出勤的数据来自三所相对著名院校的本科生经济学课程有代表性的一周一次上课的情况。尽管罗默没有指明具体的学校，但他描述了第一个为"中等规模私立大学"，第二个为"大型公立大学"，第三个为"小规模文理学院"。更详细的数据从另一所"大型公立大学"获得。罗默还指出了数据中的几处小缺陷。

用于评价班级出勤与成绩关系的数据来自罗默的中级宏观经济学课程。出勤数据取自六次课堂上课的样本。数据被完整记录，但是质疑它们对于全国各学校经济学本科生的代表性是合理的。不过，意识到数据绝不会是完美的也是重要的。

3. 经验方法充分检验假设了吗？ 如果你得到了最好的可能结果，你对假设成立有多大的信心？这种方法是否对假设与证据的其他解释进行了明确区分呢？

受制于刚刚描述的数据的可能缺陷，回归分析是一种合理且常用的检验，类似于罗默提出的问题的方法。他试图控制学生的动机与质量，这是对以前研究的改进。罗默诚实地指出他的方法没有完全解决班级出勤非外生性的问题。

4. 假定合理吗？ 如果假定是事实性的（factual），那么它们是真的吗？如果假定是经验性的（empirical），如完全竞争，那么它们对于得出作者的结论有多关键呢？如果它们是关键性的，那么它们合理吗？例如，它们是这类文献中常见的吗？数据满足检验方法的假定吗？［例如，如果作者使用普通最小二乘法（OLS）回归，OLS 的要求满足吗？］

多数研究者接受 GPA 是学生学习合理的测量指标，尽管可能是不完美的。罗默的数据样本是一个特例，深思熟虑的研究者会关心它的代表性如何。然而，在缺乏相反证据的情况下，多数人会在一定程度上接受它。

5. 分析被清晰地解释了吗？ 描述省略了为得出结论所必需的任何步骤了吗？（记住，这可能是篇幅所限的结果或者为满足编辑关于省略广为接受的论据的要求。）不清晰的地方是什么呢？它是一个术语吗？作者对所有的表和图都进行讨论和解释了吗？Ruggiero（1998，65）指出，写得很好的书籍或文章清晰直观地阐述了它们的主要论证。但是他发现，"然而，并不是每篇文章或每本书都写得很好"。

> 尽管罗默没有使用学术文章的典型格式，但他的文章也是写得很好、组织清晰的。论证的主要观点被清晰地解释，表格也被用来展示论证。

6. **结论是从提供的证据得出的吗？** 作者正确解释经验结果了吗？经验证据可以支持结论吗？作者分析了相反的证据或观点了吗？存在符合证据的其他解释吗？本研究的结果与以前的研究相比如何？如果它们是具有可比性的，这对接受本研究的证据是有利的。如果不可比，可以提供令人信服的证据来解释为什么会这样吗？这些原因可能包括当前研究有更好的实验控制、不同的数据集，或者更完整或更良好的数据。

> 本文更具经验性而不是理论性。回归结果强烈支持学生中有相当一部分经常不上课且课堂缺勤对学生成绩有负向影响的主张。教师应该认真考虑采取较强有力的措施来鼓励课堂出勤的结论就直接来源于这一证据。此外，这一发现与之前的研究结果是一致的。

7. **总体来看，作者的论证能使你信服吗？** 从提供的理由和证据来看，论证有说服力吗？换句话说，支持性的证据与假设一致吗？如果一致，论证可以被认为是有效的。研究实际上回答了研究问题吗？例如，是否有你期望找到却没有找到的证据？论文表现出粗心的特征了吗？比如没有对所有引用提供完整的参考文献列表。存在关于该主题重要但作者不熟悉的研究吗？作者指出研究的局限性了吗？

> 罗默的论证做得非常好。我们可以得出文章在方法局限下是令人信服的结论。

尽管评价学术作品要求读者对它的质量进行判断，但是 Ruggiero（1998，67）指出，不一定总是需要完全同意或完全不同意作者的论证：

> 如果你部分同意，部分不同意，那么准确解释你的观点，谨慎地支持它……如果作者论证中的某些含糊或不明确使你不能给出直接的答案，就不要试图给出。而是说，"要看具体情况"，并继续解释……如果你必须处理相互冲突的证据，但又不能准确地确定你的观点，那么指出冲突并解释为什么不能确定。

评价已发表的研究既是一门科学，也是一门艺术，我们会在本书后面的部分继续讨论这个问题。就像 Locke 等（1998，71）明确指出的："坦白地说，快速指出复杂研究中的逻辑缺陷或分析不完美需要多年的经验。"本科生有时不愿意使自己承担责任，特别是在他们感到没有完全理解某件事情的时候。你不应该以 Ruggiero 或 Locke 等的观点作为避免对一篇已发表文章得出结论的理由。

6.2　做研究笔记与撰写摘要和批判性评述

在本章前面的部分，我们简要讨论了做笔记的过程。现在让我们来更详细地分析这个问题。当你对所读的内容做笔记时，你会阅读得更仔细。你第一次阅读一篇文章的时候，应该关注整篇文章。你不应该对每一段落都做笔记，而是要强迫自己阅读整个部分，然后问自己：它说了什么？只有在你清楚这部分的观点后，你才应该回过头来对细节做笔记。

这引出了一个有关的观点。好的读者能根据自己的目的来变化阅读速度和深度，无论他们是对了解主要思想还是对了解全部细节感兴趣。例如，正如我们前面所指出的，你不需要掌握作者使用的具体统计技术的细节就可以实现对结果的初步理解。

阅读学术文章时，你记的笔记实际上是给自己看的。在你读完文章后，把你的笔记整理到纸上（如索引卡片）或计算机文件中是一个好的想法。一定要从使用适当的引用格式记录完整的文献引用信息开始。在论文截止日期的前一晚查找一篇文章来获得引用信息的困难之大会使你大吃一惊。为了省去自己的麻烦，第一次就做正确。

　　实际上，复印所有对你的研究项目来说重要的文章（或书的章节）是好的做法。尽管这会花费一些复印或打印费用，但相对于以后可以避免的时间浪费或其他困难，这只是一个小的代价。对那些你需要阅读多次的文章尤其是这样。当你复印一篇文章时，确保其中涵盖了整篇文章，包括参考文献和附录。你还应该复印期刊的题名页，它标明了期刊的名字、卷号和期号，以及日期。

　　作为一般的规则，最好是改述你读到的内容而不是逐字逐句地记录它们。注意，大量的直接引用表明你没有理解你读到的内容或者没有尽力去理解。改述要求你处理信息，这意味着你可以理解得更好。此外，改述时你为将这些思想包含在自己的文章中做了准备。如果你阅读时使用荧光笔，并且发现自己标记了大量文本，那么尽量更多地思考你阅读的内容并且更少地做标记可能是有用的——例如仅仅标记文本中真正重要的方面。最后，如果你在别人的帮助下才能读完一篇文章，那么可以请教你的导师。

　　你可以通过把你做的关于学术作品的笔记转化为**摘要**（abstract）或**批判性评述**（critical review）使它变得更为正式。这些都是批判性阅读过程的自然成果。多数人把摘要看作学术文章或书籍的总结，但更好的方法是把它看作作者论证（与完整引用的信息一起）的总结。因此，正如 Cohen 与 Spencer（1993，223）所指出的：摘要以与原文不同的顺序展现了材料。学术作品通常包括一个摘要，但是好的做法是你自己写摘要。如果你写得很好，你就清晰地理解了文章或书籍。

　　我们来为我们前面批判性地阅读过的罗默（1993）的文章写一个摘要。每一个摘要都以该研究完整的文献目录信息开始。你应该咨询导师（如果你的论文是一个课程作业）或查阅格式指南（如果是期刊的投稿）来决定正确的引用格式。表6.3使用的格式是《芝加哥格式手册》第14版中的格式B。

回忆一下第4章，论证是由主要理论或经验理由支持的观点，而它们又由更小的理由或其他细节所充实。在一篇100—200字的摘要中，你仅有足够的空间来陈述观点和主要理由。基于对表6.1中问题的答案，找出这些观点和主要理由是很简单的事情。文章的命题是对表中问题2的答案：对于所研究的问题，作者提出的答案是什么？理论推理是对问题5的答案。经验证据是对问题6的答案。把它们整合在一起并简述它们就形成了表6.3中的摘要样本。[3]

表6.3 摘要的样本

Romer, David. 1993. Do students go to class? Should they? *Journal of Economic Perspectives* 7 (Summer): 167—174.

对三所顶尖大学本科生经济学课程出勤的估计表明，平均三分之一的学生没上课。来自一个大规模中级宏观经济学课程的出勤率对GPA影响的回归结果表明，在控制学生的动机和质量后，出勤对学生成绩有大的且显著的正向影响。罗默指出，因此，教师应该认真考虑提高学生出勤率的方法。

批判性评述是利用研究的批判性评价扩展的摘要。因此，它包括完整引用信息、作者论证的总结以及对论证的评价。该评价可以通过总结表6.2中问题的答案容易地写出来，如表6.4所示。

表6.4 批判性评述的样本

Romer, David. 1993. Do students go to class? Should they? *Journal of Economic Perspectives* 7 (Summer): 167—174.

对三所顶尖大学本科生经济学课程出勤的估计表明，平均三分之一的学生没上课。来自一个大规模中级宏观经济学课程的出勤率对GPA影响的回归结果表明，在控制学生的动机和质量后，出勤对学生成绩有大的且显著的正向影响。罗默指出，因此，教师应该认真考虑提高学生出勤率的方法。

本文的理论推理是合理的。经验方法看起来是适当的，并且结果与假设一致。主要的缺陷是样本数据可能的非代表性。然而，总体来说，考虑到方法的限制，本文是令人信服的。在本领域进行研究的所有研究者都应该熟悉这篇文章。

相关研究成果被称为**附有说明的文献目录**（annotated bibliography）。它是包括对每条条目的总结及相关批判的参考文献列表。换句话说，它就像对某一研究主题批判性评述的集合。附有说明的文献目录是一种确定你的文献综述有多完整的好方法。它还对准备研究报告的书面文献综述非常有帮助。本书每章最后的"进一步阅读的建议"就是附有说明的文献目录的例子。还可参考附录6A。

学习如何阅读和理解学术研究的唯一方法就是练习这一重要的技能。仅阅读本章是不够的！你练习得越多，你就能越快地适应批判性阅读。

总　结

- 阅读学术文献是具有挑战性的。
- 学术写作就像实验报告一样遵循特定的格式。
- 你必须批判性地阅读以找出和评价作者的论证。
- 批判性阅读要求来自读者方面的判断。
- 研究摘要是对作者论证的总结。
- 批判性评述是对作者论证的评价。

注　释

1. 还存在另外一种学术作品，称为元分析（meta-analysis），它类似于包含原始研究的综述论文。元分析使用高级统计技术分析过去研究的不同结果。它这样做是为了辨识不同的单独研究很难明确得出的见解，类似于算术平均数用一个指标就提供了总结大量样本数据的方法，然而，元分析绝不只是平均，但是它超出了本书的范围。

2. 然而，需要注意的是，不是所有期刊都有审稿程序。如果一篇文章通过了审稿，它仅仅可能是高质量的。如果一篇文章发表在无须审稿的期刊上，它仍然可能是高质量的，但你不能轻易地做出判断。

3. 注意，由于对表 6.1 中问题的答案是对文章的完全引用，所以我还进行了改述从而形成了表 6.3 中的摘要。

进一步阅读的建议①

Bauer（2003）——关于"最伟大书籍"的一本指南，前四章提供了如何批判性阅读学术文章的卓越讨论。

Bean（1996）——第 8 章，"*Helping Students Read Difficult Texts*"是写给讲授批判性阅读的指导教师的，但是学生也可以从中获益。

Locke 等（1998）——关于理解学术文章的专著。最好的部分是关于阅读研究报告的第 4 章、关于做笔记的第 5 章以及关于批判性阅读本身的第 7 章。

Ruggiero（1998）——批判性阅读的简介。第 4 章提供了关于批判性阅读的深入思考的建议。

Schroeder 等（1985）——关于如何理解心理学学术文章的有用综述，但也适合更一般的社会科学研究。

Trelogan（2001）——基于网络的批判性思维与阅读的有用简介。

Wyrick（1994）——第 9 章，讨论已发表研究的经济学内容，尽管仅强调经济学写作的格式而不是论证，但也是非常好的。

练 习

1. 找到关于你研究主题的一篇学术文章。批判性地阅读，并

---

① 钟和顺. 会读才会写：导向论文写作的文献阅读技巧. 重庆：重庆大学出版社，2015.

利用这篇文章写下对表 6.1 与表 6.2 中问题的答案。

2. 写一篇你在本练习的第 1 题中使用文章的摘要。

3. 写一篇该文章的批判性评述。

4. 选择关于同一主题但结论相互冲突的两篇文章。写出两篇文章的批判性评述,并解释你认为哪篇文章的结论更有说服力及原因。

5. 为你的研究主题准备一篇附有说明的文献目录。至少应该包括三种来源:来源于学术期刊的文章、书籍,以及来源于网络的文章。每一条目都应该包括批判性评述要求的三个要素:

- 采用你导师要求的引用格式完整地引用文献;
- 该论证的简要总结,请注明来源是理论性、经验性还是综述性的;
- 该条目质量的评价。

附录 6A：阅读与评价一篇理论性文章

阅读与理解一篇理论性期刊文章同阅读与理解一篇经验性文章稍微有些差异。一般地，在理论性文章中，分析更抽象或更深入，这使阅读与理解甚至更具挑战性。在继续前，你可能需要阅读第 7 章以帮助你理解理论分析。试着阅读下面的理论文章，我已经对它们进行了批注。近年来，纯理论的文章变得高度数学化了。因此，下面选了十几年前的文章。

理论性期刊文章的样本

Krugman, Paul. 1979. Increasing returns, imperfect competition, and international trade, *Journal of International Economics* 9 (November): 469—479.

该文证明了即使两个国家有相同的偏好和要素禀赋，也能够存在由规模经济带来的国际贸易。该文有许多值得推荐给没有接触过理论研究的研究者的地方。首先，它写得很好，即使分析部分也用语言进行了清晰的解释。其次，尽管分析的细节要求用微积分来理解约束最优化，但是分析本身对任何学习过中级理论的人应该都是容易理解的。更确切地说，分析由效用与利润最大化组成。最后，文章很简短，篇幅少于 10 页。

Becker, Gary. 1962. Irrational behavior and economic theory, *Journal of Political Economy* 70 (February): 1—13.

该文提出了最大化行为对于获得向右下方倾斜的需求曲线是充分的但不是必要的。实际上，只要经济行为人受到预算约束的限制，许多形式的非理性行为也会导致向右下方倾斜的需求曲线。该文使用图形与逻辑而不是较高级的数学。

Tobin, James. 1956. The interest elasticity of the transactions demand for cash. *Review of Economics and Statistics* 38 (September): 241—247.

这一经典文章表明了货币的交易需求既是利率也是收入的函数。之前，仅有货币的投机需求被认为是关注的重点。

Leibenstein, Harvey. 1950. Bandwagon, snob, and Veblen effects in the theory of consumers' demand, *Quarterly Journal of Economics* 64 (May): 183—207.

该研究对价格对需求量的非传统影响进行了图形和语言上的论证——例如，由于虚荣效应，高价格会导致消费者购买得更多，这通过需求曲线的移动表现出来。

第 7 章 研究的理论化或概念化

> 人类具有理性,从而靠理性来理解有联系的东西,看出事情的起因,理解因果关系,进行类比,很容易地通盘考虑自己的整个人生之路,并为自己的行为做出必要的准备。①
>
> ——西塞罗

在本章中,我们将探讨学者如何进行经济学研究的理论分析或概念分析,其结果通常被称为研究的理论模型。就像在第 2 章观察到的,这才是真正意义上的研究项目的核心:应用理论来阐明所研究的问题。许多学者指出,提出概念框架对于新手研究者是困难的。因为它是研究过程中最抽象的方面,不仅要求对研究问题或难题进行分析(剖析问题以理解它),而且要求对适当的概念框架进行综合以解释它。它还要求学者具有足够的适当的经济学理论知识。我们来看看能否解释这个问题。

本章的重要主题是把理论"应用于"研究问题的含义是什么。我们将从讨论一般所讲的理论化的含义开始。然后解释研究者进行理论化的方法:从叙事推理到数学推理。我们还提供了使这一难题尽可能具体化的例子。之后,我们展示学者们常常使用的一条捷径:修改现存的理论模型而不是从零开始来创建模型。最后,我们

---

① 译文参考了:西塞罗著,张竹明、龙莉译. 论义务. 译林出版社,2015. 稍有改动。——译者注

提出好的研究假设的一些特征,它们是理论化过程的结果。

7.1 把理论"应用于"研究问题的含义是什么?

经济学研究项目是一个把经济学理论应用于一个问题以获得对该问题认识的项目。把经济学理论"应用于"一个问题的准确含义是什么呢?回忆一下你在经济学原理课程中学到的主要理论。在微观经济学方面,主要的理论包括供给与需求、生产与成本、厂商理论,以及消费者行为理论。在宏观经济学方面,主要的理论是总需求与总供给、消费支出、投资需求和货币需求。当你把一个理论应用于一个问题时,你需要问自己:"这个问题可以用这些理论中的一个来表达吗?"换句话说,你是在问你的问题是否与需求、供给、生产等有关。

让我们从简单的例子开始。假如你的研究问题涉及钻石首饰零售。你可以把它作为需求理论的例子来考虑吗?需求理论是说,某种产品的需求量受到产品价格的影响,还受到消费者收入、爱好与偏好以及相关产品价格的影响。如果我们把钻石首饰销售量看作对钻石首饰的需求,那么什么是相应的解释变量呢?这可能包括钻石的价格、收入、作为对钻石的爱好指标的结婚率和其他类型珠宝的价格。我们能得出结论:需求理论可能能够用于分析钻石首饰销售。注意,理论能否在实践中切实起作用是由经验检验决定的。

7.2 什么是理论化?

如果进行一些思考后,还是不明确你的研究应该应用什么经济学理论,你可能需要对你的问题进行某种正式的理论化。理论化是对一个问题集思广益以得出解释该问题的逻辑关系的过程。这一过程的结果是一个可以分析该研究问题的理论,特别是以研究假设的形式提供了研究问题的一个答案。

在构建理论时,你应该问三个问题:
1. 被研究的问题涉及什么基本概念?
2. 这些基本概念如何相互联系?[1]
3. 从这些关系可以得出什么含义或预测?

> **对新手研究者的提醒**
>
> **应用经济学理论**
>
> 在你评述你研究项目的文献时,对每一个研究你都应该问自己它应用了什么经济学理论。

理论化涉及构建一个概念性或理论性的论证。正如我们在第4章指出的,这涉及演绎推理。在你构建论证时,你需要对这些概念进行深入而广泛的思考。让我们首先用一个简单的例子来进行介绍,然后更详细地探讨这一过程。

假如我们正在研究股票市场衰退引起美国宏观经济下行的程度。我们如何"概念化"这一研究问题呢?它涉及哪些主要概念?最初始的两个概念是经济下行与股票市场衰退。经济学理论表明什么可能引起经济的下行呢?一个答案可能是总需求的减少。什么会导致总需求的减少呢?由于总需求是消费支出、投资支出、政府支出和净出口的总和,这些因素中任何一个的减少都会引起总需求的下降。我们考虑其中每一个如何与另一个主要概念——股票市场衰退发生联系。理论告诉我们,尽管消费支出主要受到可支配收入的影响,但它还受到家庭财富的影响。如果股票市场衰退使个人感到不如过去富有,它很可能会引起消费支出的减少。股票市场衰退不仅对投资支出有直接影响还有间接影响。考虑到企业会通过发行股票获得投资,股票市场的衰退会使融资更加困难。这是直接的影响。间接的影响可能更大。如果股票市场衰退使消费支出减少，它就会减少对企业产品的需求，并因此减少企业的投资需求。

我们来重新陈述一下我们刚刚描述的内容。

我们首先问，如果已经确定了问题的主要概念，哪个或哪些经济学理论可以解释它们？在这里，是消费支出理论与投资需求理论。然后，我们问，怎样把这些理论应用于当前研究的问题？我们能够确定股票市场衰退和宏观经济下行之间的逻辑关系吗？答案是可以。

这个假设故事的含义是什么呢？换句话说，这一理论预测了什么呢？如果逻辑是正确的，那么作为投资与消费支出下降的后果，股票市场衰退应该引起经济的下行。这一含义是可以检验的。

注意现存经济学理论与为具体研究项目提出的作为结果的理论之间的区别。在当前的例子中，现存理论是消费支出理论；在前面的例子中，它是需求理论。在当前的例子中，作为结果的理论是股票市场对消费支出的影响；在前面的例子中，它是对钻石首饰需求的影响。在每种情况下，具体理论是现存理论——更一般的理论的应用。[2] 例如，任何刚入门的经济学学生都知道需求的一般理论指出了价格和需求量之间的负相关关系。对于前面描述的具体的研究项目而言，相关的问题可能是，钻石首饰需求对于价格的变化有多敏感？

7.3 叙事推理

你可以以多种方式进行理论分析，从不太抽象的到更加抽象的。问题的一端是叙事推理过程的使用，另一端是正式数学方法的使用。我们来介绍这些不同的方法。

Remenyi 等（1998，129）指出，"当一个人试图建立世界的模型时，开始于叙事描述，其中想象力允许自由地和广泛地包含许多可能性"。开始这一过程的方式是创建称为"基本叙事"的东西，它是详细描述所研究问题的文档，该文档基于作者能够找到的关于这一题目的所有信息。下一个阶段是"概念创建"，你要回顾基本叙事以识别基本概念。第三个阶段是撰写一个"更高级的叙事"，即基本叙事的修改版本，它主要聚焦于上一步识别的概念并忽略次要的细节。下一阶段是检查重写的叙事以识别概念之间可能的关系。最后一步是从理论关系提出假设。尽管头脑风暴是叙事方法的优势，Remenyi 等也注意到"叙事当然会受到当前已经被接受的知识和理论的制约"。

尽管不必严格遵循这一过程，但是它能给你一些如何推进的有用想法。其他学者还提出了一些进行"概念化"研究时需要考虑的其他问题。例如，Williams（1984）建议学者考虑研究问题背后的问题或难题，关于问题的起源已经掌握了什么，以及什么变量与该问题的分析有关。Ethridge（1995）提醒我们关注其他研究者如何概念化类似的问题。

7.4 数学推理

传统上，理论经济学家使用数学推理概念化他们的研究，特别是用假设（hypothesis）表述。实际上，学生们熟悉的主要行为关系，包括需求曲线、供给曲线、生产和成本函数，都是通过数学推导得出的。尽管我们区分了数学理论化与叙事理论化，但你可以认为所有的研究都开始于叙事层面。高度抽象的理论往往在以数学词汇正式形成前以"故事"作为开始。

第 4 章把演绎推理定义为从一个或多个假定开始，并从它们推导出具体结论的过程。这给出了由如下两步构成的一个过程。首先，识别与手头问题有关的经济学假定。这类似于前面讨论的叙事方法的前三个阶段。其次，采用数学方法来处理假定，从而推导出结论或假设。这相当于叙事方法的最后两个阶段。我们用一系列的例子来展示这个过程。

例1：优化模型

经济学家采用两种方法来进行数学理论化。第一种方法称为**优化模型**（optimizing models），第二种方法称为**特设模型**（ad hoc models）。优化模型基于经济人的行为受到他们最大化效用或利润或者最小化成本努力驱动的假定。

假如我们的问题是，是什么因素决定了 Acme 装饰品公司供应多少产品。我们从假定 Acme 将选择最大化利润的产出水平开始。我们知道利润是收益和成本之差。假定 Acme 的收益和成本函数如下：

$$总收益 = P \times Q$$
$$总成本 = 4 \times Q^2$$

因此，我们的问题有四个假定：

1. Acme 将选择最大化利润产出水平；
2. 利润为总收益减去总成本；
3. 总收益为 $P \times Q$；
4. 总成本为 $4 \times Q^2$。

下一步是对假定进行数学运算以推导结论。

把总收益与总成本的定义代入利润的定义，我们得到 Acme 的利润函数：

$$利润 = P \times Q - 4 \times Q^2$$

或者简写为

$$利润 = f(Q)$$

这一利润函数一般具有抛物线或"山峰"的形状。如果我们正在管理 Acme，就可以试验不同水平的 Q 来确定最大化利润的产出水平。我们也可以用微积分更系统地求解这类优化问题。从概念上讲，我们希望发现利润函数的"顶峰"，此时利润函数的斜率为 0。我们知道，在数学上我们可以通过计算函数的导数得到函数在任何一点的斜率。如果我们想知道何处的斜率等于 0，就可以令导数等于 0，并求解 Q。在本例中，利润函数的斜率为 d 利润/dQ = $P - 8Q$。令该式等于 0，并求解期望的 Q 得[3]：

$$0 = P - 8Q \quad 或 \quad Q = 0.125 \times P$$

因此，对问题的数学运算使我们得出了结论：Acme 的供给曲线应该是 Acme 的产品价格向右上方倾斜的函数。本结论是根据 P 的系数（+0.125）为正得出的。这是通过对模型假定进行处理而得出的一个可检验假设。

例 2：特设模型

特设模型是那些不是从优化原理得出的模型，其假设的关系来自常识或经验。下面是一个从处理特设模型得出假设的例子。

假如布什政府提出了一个增加 1 000 亿美元支出的经济刺激一揽子计划。我们的研究问题是：这一刺激计划对 GDP 会有什么影响？它能充分解决经济下行问题吗？我们假定美国经济可以简单地由三个方程构成的凯恩斯模型来描述：

一个定义总需求的恒等式：$AD = C + I + G$
一个定义消费支出的行为方程：$C = a + b \times Q$
一个均衡条件：$AD = Q$

消费函数就是使这个模型成为特设模型的地方。我们没有通过最大化或最小化某个函数的结果来得到这个方程。相反，我们跳过了最优化，根据经验简单地提出了消费支出应该与收入或 GDP 正相关。我们进一步假定投资支出是一定的，而且消费函数的参数（a 与 b）是已知的。

因此，我们有五个假定：

1. 美国经济可以由三个方程来充分模型化；
2. 总需求可以定义为 C、I 与 G 的和；
3. 消费支出可以由上面给出的行为方程来模型化，其中参数是已知的；

4. 投资支出是给定的；
5. 均衡条件。

利用代数方法，我们可以求解 Q：

$$Q = [1/(1-b)] \times (a + I + G)$$

请记住，我们希望确定政府支出的增加（dG）如何影响 GDP 水平（dQ）。使用一些简单的微积分，我们可以发现 dQ = [1/（1 − b）] ×dG。进一步假设 a 和 I 为常数，因此，da 与 dI 都为 0。

假定表示边际消费倾向的 b 的值为 0.75。换句话说，当个人收入增加 1 美元时，他会多支出 0.75 美元。那么，刚给出的方程 1/(1 − b) 等于 4。因此，如果该理论是正确的，政府支出增加 1 000 亿美元应该引起 GDP 增加 4 000 亿美元。这是一个从数学演绎得出的可检验假设。

7.5 一条常用的捷径：修改现存模型

尽管使用刚刚描述的理论化过程总是有帮助的，但是很少有经济学家从头开始创建完全原创的模型。在本章的开头我们提到，研究者常常乐于把常见的经济学理论应用于一个研究问题。这些理论包括需求和供给函数、生产和成本函数、总生产函数以及消费、投资与货币需求函数。

研究者通常拿来一个现有的模型（该模型已经被应用于他们感兴趣的问题），并在某些方面进行修改，这似乎是在原创模型基础上的改进。回忆一下第 3 章，文献综述的目标是避免重新发明车轮，并且基于以前学者们的研究进行分析。文献综述常常会表明解决研究问题的有用方式以及什么问题未被解决。因此，以至少是部分成功的现有模型作为开始，然后修改模型以进行改进是一种古老的方法。

这可以通过正规的优化过程来完成，也可以采用特设的方法来完成。如果你知道结果将是什么，特设方法就是适当的。例如，如果你在应用一个广为人知的理论，如需求理论。由于所有经济学家都知道结果是需求量与价格负相关，因此通过效用最大化的数学方法推导需求曲线就是没有必要的。我们通过两个例子来说明。

例3：使用货币的跨期效用最大化

至少欧文·费雪（Irving Fisher）及之后的经济学家都知道，经济行为人关于消费与储蓄的决策可以作为跨期效用最大化的应用来分析。实际上，这就是莫迪利亚尼（Modigliani）的消费支出生命周期假设背后的思想。在该模型中，每一时期的收入在两种用途上进行配置：消费——带来当前的满足，储蓄——获得利息与未来的满足。

现存理论：今天的消费 V.S. 明天的消费 首先，我们可以把效用看作今天的消费与明天的消费之间的选择。

$$U = f(C_0, C_1)$$

然后，我们可以使用拉格朗日方法在预算约束条件下最大化该函数：

$$\lambda [C_0 - Y_0 - (Y_1 - C_1)(1 + r)]①$$

下面的方程组表明，最大化受到今天的消费、明天的消费与 λ 的约束。

$$\partial U / \partial C_0 = \lambda$$
$$\partial U / \partial C_1 = \lambda / (1 + r)$$
$$\partial U / \partial \lambda = C_0 - Y_0 - (Y_1 - C_1)(1 + r) ②$$

我们可以利用下面的方程来计算边际替代率：

$$(\partial U / \partial C_0) / (\partial U / \partial C_1) = \lambda / [\lambda / (1 + r)] = 1 + r$$

---

① 译者认为应为 $\lambda [C_0 - Y_0 - (Y_1 - C_1) / (1 + r)]$。——译者注
② 译者认为应为 $\partial U / \partial \lambda = C_0 - Y_0 - (Y_1 - C_1) / (1 + r)$。——译者注

因此，今天的消费与明天的消费之间的选择依赖于利率。

对于一种具体的函数形式，这里我们使用对数线性函数，结果如下：

$$\ln C_0 + \ln C_1 - \lambda [C_0 - Y_0 - (Y_1 - C_1)(1+r)]①$$

最大化这一函数，我们得到如下的方程组：

$$\partial U/\partial C_0 = 1/C_0 - \lambda$$
$$\partial U/\partial C_1 = 1/C_1 - \lambda(1+r)②$$
$$\partial U/\partial \lambda = C_0 - Y_0 - (Y_1 - C_1)/(1+r)$$

求解 C_0 的一阶条件表明，消费与财富是成正比的。[4]

$$C_0 = aW_0$$

现存理论的修改：货币的加入 假如我们希望向基本模型增加另一个因素，也就是货币。我们可以以传统的方式构建出基本的模型，但是在效用函数中加入实际货币。[5]

$$U = f(C_0, C_1, M_0, M_1)$$

根据我们的收入方程，预算约束为：

$$\lambda [C_0 - Y_0 - \Delta M_0 - (Y_1 - C_1 - \Delta M_1)/(1+r)]$$

最大化该函数得到如下方程组：

$$\partial U/\partial C_0 = \lambda$$
$$\partial U/\partial C_1 = \lambda/(1+r)$$
$$\partial U/\partial \Delta M_0 = -\lambda$$
$$\partial U/\partial \Delta M_1 = \lambda/(1+r)$$
$$\partial U/\partial \lambda = C_0 - Y_0 - \Delta M_0 - (Y_1 - C_1 - \Delta M_1)/(1+r)$$

---

① 译者认为应为 $\ln C_0 + \ln C_1 - \lambda [C_0 - Y_0 - (Y_1 - C_1)/(1+r)]$。——译者注

② 译者认为应为 $\partial U/\partial C_1 = 1/C_1 - \lambda/(1+r)$。——译者注

除了例 3 中发现的边际替代率之外，我们还发现下面的结果：

$$(\partial U/\partial C_0)/(\partial U/\partial \Delta M_0) = -1$$
$$(\partial U/\partial C_1)/(\partial U/\partial \Delta M_1) = 1$$
$$(\partial U/\partial \Delta M_0)/(\partial U/\partial \Delta M_1) = -1/(1+r)\text{①}$$

从这些结果我们可以发现今天的现金与明天的现金之间的边际替代率与利率有关。

作为效用最大化函数的结果，我们可以发现如下结果：

$$C_0 = aW_0$$
$$M_d = bW_0$$

换句话说，任何时期的货币需求就像消费一样与总财富成正比。

例 4：特设例子

父母工作时间对子女认知能力发展影响的经济学文献通常会应用教育生产函数的概念。其想法是，就像企业的产品是通过组合资本、劳动与其他投入生产的，我们也可以把认知能力发展看作通过组合父母的时间和质量、家庭收入等投入生产的。到目前为止，文献对母亲就业是否对子女认知能力发展有负向影响没有达成一致。假如你假设结论不同的原因是没有控制父母雇用的儿童看护的质量，那么只要把儿童看护质量作为额外的投入加入教育生产函数，把它和其他投入一样看待就可以了。

7.6　什么构成好的研究假设？

理论化过程的结果应该是一个研究假设。在第 4 章中，我们指出

---

① 译者认为应为 $(\partial U/\partial \Delta M_0)/(\partial U/\partial \Delta M_1) = -(1+r)$。——译者注

论证不仅可以看作基本的主张，还可以看作主张和支持性证据的整个组合。同样，可以把假设和理论解释看作研究问题的答案。假设是概念或理论分析的核心。为了评价理论论证，我们需要检验假设。研究项目成功的最重要的因素之一就是好的研究假设。Ethridge（1995）提出，好的研究假设必须具有以下特征：

1. 它必须以不容易引起误解的方式清晰而具体地陈述。
2. 它必须能够与备择假设明确地进行区分。
3. 它必须是能够被证伪的。
4. 它必须能够被进行经验检验（并且不是简单的检验）；也就是说，必须有可得的检验假设的合理统计工具和合理数据。
5. 它必须是由理论分析推导出来的；否则，任何统计结果都会缺乏有效性，最多推导出相关性而不是我们寻求的因果性。需要注意的是，只要假设与基本理论有关，那么优化方法和特设方法都是可以使用的。

我们以钻石首饰的例子来说明。假设可以清晰地陈述为：钻石首饰的需求受到价格的负向影响（特征1），备择假设可能是需求没有受到价格的负向影响。这是有明显区别的（特征2）。假设或者为真或者为假（特征3）。假设可以采用回归分析与行业或公开来源获得的数据进行检验（特征4）。最后，像我们前面表明的一样，假设是从需求理论推导出来的（特征5）。

对新手研究者的提醒

设计研究项目

新手研究者常常会在决定怎样把研究问题转化为初始研究设计时遇到困难。原创的研究项目并不要求真正的原创方法。反过来说，修改现存方法是常见的做法。这可以通过多种有用的方式完成。例如，我们可以与以前的研究采用相同的理论模型，但是使用不同的经验检验方法，或者不同的数据集（如不同国家或不同时期）。

> 此外，我们可以采用研究其他问题的模型，并把它应用于我们关注的问题。然后，我们再次如本章前面描述的那样，以某种方式修改理论模型。例如，我们可以采用经济学家 A 的基本模型，但是使用经济学家 B 的方法来分析 A 的模型的某些方面。

总　结

- 当你把经济理论应用于研究问题时，你应该问："这个问题可以由供给、需求、生产、成本等基本经济学理论来表述或解释吗？"
- 理论化是对于一个问题识别其涉及的基本概念与这些概念之间的逻辑联系的集思广益的过程。
- 理论化的结果是为研究问题提供探索性答案的假设。
- 经济学研究者利用叙事推理与数学推理的某种组合来进行理论化。
- 理论化是演绎推理的应用——对经济学假定运用数学运算来推导一种预测或结论。
- 研究者通常的做法是修改文献中现存的模型而不是创建一个完全原创的模型。

注　释

1. Wyrick（1994）指出，如果提出的关系是利用其他研究者的发现得出的，那么这些关系的有效性就会得到强化。

2. 在应用一般理论的过程中，你可能还会问是否存在理论上被假定无关但是在现实中存在的影响我们分析的制度或其他现实世界约束?如果存在(如租金管制),其影响可能是什么?

3. 这个结果是利用指数法则得到的:对于 $Y = a \times X^n$,$dY/dX = n \times aX^{n-1}$。

4. 见 Miller 等(1974),p. 95。

5. 这一修改的例子选自一篇本科生研究论文:Fallen(2000)。

进一步阅读的建议[①]

Epstein 和 Kernberger(2005),第 4 章、第 5 章——经济学理论与模型背后逻辑的出色介绍。深入分析的例子恰好与本章的讨论契合。

Ethridge(1995),第 8 章——提供了理论化过程的非技术性解释。

Remenyi 等(1998)——提供了叙事推理过程详细的解释。

Wyrick(1994),第 10 章——提供了适合本科生的关于理论化的另一种观点。

练 习

1. 什么经济学理论可以应用于下面的问题?
- 外商直接投资对发展中国家经济增长的影响。

---

① Rodrik, D. *Economics Rules*:*Why Economics Works,When It Fails,and How to Tell the Difference*. Oxford University Press,2015.

Jaccard, J., Jacoby, J. *Theory Construction and Model-Building Skills*:*A Practical Guide for Social Scientists*. The Guilford Press,2010.

Pawar, B. S. *Theory Building for Hypothesis Specification in Organizational Studies*. Response Books,2009.

- 汽车销售对价格还是对贷款的变化更敏感。
- 免费代理对棒球运动员工资的影响。
- 城市周边地区的房价。

2. 从你的文献综述中选取与你的研究问题有关的三个研究。找到每一个研究应用的经济学理论。

3. 如果你决定如本章开始描述的那样，把类似供给或需求等的经济学理论应用于你的研究，那么你是在选择优化模型还是特设模型？

4. 使用优化模型进行理论化的例子：在生产函数中增加广告作为投入，然后在产出约束下最小化成本来决定对广告的需求。

5. 使用特设模型进行理论化的例子：宏观经济学常常使用柯布-道格拉斯生产函数来建模：$Q = A \times L^a \times K^b$，其中，$Q$ = GDP，L = 劳动投入，K = 资本投入，A 为技术水平。由于劳动与资本的系数（a 与 b）可以解释为劳动与资本的边际产出[①]，因此，这一生产函数有很大的吸引力。假如我们希望明确地把能源看作一种生产要素，来分析它对 A 的影响，试解释一下应如何分析。

6. 确定应用于你研究问题的适当理论。使用与你的研究问题有关的常用经济学理论或者修改文献中的现有理论。解释为什么该理论适用于你研究的问题。

---

① 此处应为"劳动与资本的产出弹性"。——译者注

第8章 确定数据来源与收集经济数据

> 在我们得到数据之前就建构理论是最大的错误。人们可能不知不觉地扭曲事实来适应理论，而不是让理论来适应事实。
>
> ——阿瑟·柯南·道尔爵士

这是关于确定数据来源与收集经济数据的两章中的第一章。本章中，我们关注如何构建数据与在何处发现数据，既包括一手数据，也包括二手数据。下一章，我们将解释如何编制个人研究项目的数据集。

任何经验研究项目的一个关键部分都是收集与处理数据。越早开始寻找潜在的数据来源越好。毕竟，研究项目可能会由于数据不充分而像缺少清晰设想的可检验假设那样遭遇失败。事实上，新手研究者常常花费大量时间和精力提出了一个研究项目，却发现充分检验假设的数据是不可得的。不要让这种事情发生在你身上。

尽管本书是按顺序描述研究过程的，但实践中许多步骤可以并行或者至少以相互重叠的方式进行。一旦确定了研究问题，就开始寻找可用的数据是明智的。开始时，应该寻找你研究的一般领域的数据（如宏观数据、国际贸易数据、金融数据等）。当回顾了关于你主题的文献后，你应该关注以前研究使用的数据来源。考虑它们的优势和劣势。它们适用于你的研究吗？

一旦已经构建了你的概念模型或理论模型，你就应该认真钻研你的数据收集了。为了检验你的研究假设，你需要哪些变量的数据？研究者时常由于数据不充分而不得不简化自己的理论模型。可能是因为一个或几个变量的样本点不足，也可能是因为需要的某个变量是不可得的。在第9章详细讨论开发自己的数据集之前，我们首先需要研究数据创建的过程与已发布数据的结构。

8.1 数据创建

第1章中我们指出，许多人认为知识由事实组成，一旦森林中的一棵树被发现，知识就可以从树上被摘下来。相反，我们认为知识是创造的，知识是对事实的解释。

同样，人们倾向于把统计看作事实。这是误导性的或错误的。大多数数据是构造的而不是收集的。承担构造统计量这项重要工作的政府或私人组织在整个过程中做出决策，这些决策会影响用于任何特定目的数据的质量。

8.1.1 数据构造的过程

Best（2001）提出了构造数据序列的三个步骤：
1. 定义概念；
2. 决定如何测量概念；
3. 决定如何确定要收集数据的样本。

让我们来分析这些步骤以更好地理解已发布数据的实际含义。

假如我们对找出收入感兴趣，以使我们能够检验消费者行为理论。基本消费单元是什么？存在两种常见的可能：住户（households）与家庭（families）。如果我们选择家庭，这一概念就是指家庭平均收入。如果我们选择住户，它就是每户平均收入。对比这两个变量就会发现，它们是相似的，但又是不同的。

这展现出了数据的一个重要方面。每一个数据序列都是为了特定目的而构造的。你应该意识到别人的目的不一定与你的相同。因此，现存数据序列可能不是以最符合你需要的方式定义或测量的。除非你将构建自己的数据，否则你就必须面对这一问题。然而，你可以通过尽可能准确地发现数据来源及它们实际测量什么来最小化这一问题。

假如我们选择了把变量定义为家庭平均收入。如何测量它呢？应该包括什么？是应该仅包括劳动收入，如工资与薪水，还是应该也包括资本收入，如利息、股息、资本收益呢？应该包括实物支付吗？如农场自己种植并由农民消费的食物。确定你想测量"总"收入是不够的，你还需要定义其中到底包括什么。

如何测量家庭平均收入？应该采用什么方法测量均值？除非数据近似于正态分布，否则你都会得到差异显著的均值、中位数和众数，而收入数据往往不是正态分布的。因此，对于收入数据，人们通常采用中位数而不是均值作为中心趋势的测量方法。

8.1.2 样本数据

多数社会科学统计是基于样本数据而不是总体数据。因此，发布的数据是从样本推算出来的。例如，实际上家庭平均收入不是所有家庭的平均收入，而是样本家庭的平均收入。

只有样本是随机的，从而是总体的真实代表时，样本统计值才正确地测量了总体。获得真正的随机样本是困难的，并且是成本高昂的，所以一般的样本都不是真正完全随机的。因此，偏差不知不觉地进入了结果。所以，你应该把所有数据看作估计值而不是真实值。

Best（2001，161）总结得很好："每个统计数据都一定是被创建出来的，创建的过程总是包含影响所得到结果数字的选择……没有统计数据是完美的，但有些比其他的少了一些不完美。"

8.2 经济数据的结构

当讨论一个主题的文献综述时，我们提到，了解经济学同行如何组织其文献能够帮助学者迅速而有效地发现信息。对数据也是这样。

重要的是区分收集或编制数据的组织与发布数据的组织。这与一手信息和二手信息来源的区分是相同的。我们首先讨论数据来源，然后指出读者获得这些数据的最佳地点。

统计数据不是随机收集的。相反，它们一般是特定的数据收集投入或过程的结果。这一过程的成果就是包含一系列变量的特定数据集。数据集的特征将在下一部分进行描述。下一部分还提供了各种收集数据的机构及它们编制的主要数据集的概览。然后，我们会详细解释其中最重要的数据集。

8.2.1 数据集的特征

调查数据以三种形式出现：时间序列、截面与纵向（或面板）数据。**时间序列数据**（time-series data）给出了一段时间内同一变量在不同时点的不同观测值或数据点。例如，一个时间序列可能由1950—2000年美国GDP的年度数据构成。相反，**截面数据**（cross-section data）给出了同一时点有关变量的不同观测值。例如，研究者能够得到由美国50个州每个州的人均可支配收入组成的截面数据。最后，**纵向数据**（longitudinal data）选取一个截面样本并在一段时间内追踪它们。[1]例如，5年期间同样10个家庭的收入的样本就是一个纵向数据集。注意，所有这三个例子都有50个观测值的样本容量，但这些观测值的基础是不同的。纵列数据是**微观数据集**（micro data set）的例子，意味着数据点或观测值是单个经济代理人，如个人、家庭或企业的。它与在国家水平编制的宏观数据相对,宏观数据可能测量了国民收入或消费者的总支出。[2]

时间序列数据可以采用不同的频率。频率意味着多长时间测量该概念一次。美国的人口普查每 10 年进行一次。美国的 GDP 每季度测量一次。失业率可以得到月度的。利率可以得到每天的。股票价格可以得到每小时的。这些变量中的每一个都可以得到更长时间间隔的数据。例如,美国 GDP、失业率、利率与股票价格还可以得到年度数据。表 8.1 列出了一部分常用的时间序列变量及它们的测量频率。

表 8.1　美国时间序列数据的可得频率

年度可得数据:	固定可重置资产——固定资产表
季度可得数据:	国内生产总值及其主要构成:事前估计,滞后 1 个月可得;初步估计,滞后 2 个月可得;最终估计,滞后 3 个月可得
	公司利润
	生产率增长
	雇佣成本指数
	资金流动账户
	美国国际收支(完整的收支平衡表:经常账户 + 资本账户):滞后 2.5 个月可得
月度可得数据:	个人收入与支出,个人可支配收入,个人消费支出:滞后 2 个月可得
	零售总额
	就业率与失业率
	消费者价格指数
	生产者价格指数
	美国产品与服务国际贸易(即经常账户):滞后 1.5 个月可得
	工业生产指数、生产能力利用率:滞后 1.5 个月可得
	消费者信贷:滞后 5 周可得
每周可得数据:	基础货币,货币总量
每日可得数据:	汇率,一些利率

截面数据有一个与数据频率相对应的概念,称为"分析单元"。对于时间序列数据,观测值是在一定时间内的不同时点获取的。相

反，对于截面数据，观测值是在不同国家、州或其他分析单元测量的。假如你需要收入的数据。例如，个人平均可支配收入可以在 50 个州的每一个州测量。此外，你或许能够获得具体州所有县的家庭收入的数据，或者具体县样本住户每户收入的数据。研究者决定选择什么频率或分析单元可以由经济学理论指导，但这通常是由数据可得性决定的。

8.3 收集和发布数据的组织

大量美国政府的、国际的与私人的组织收集经济和社会统计数据。[3] 它们包括美国人口普查局（Census Bureau）、美国经济分析局（Bureau of Economic Analysis，BEA）、美国劳工统计局（Bureau of Labor Statistics，BLS）、美联储（Federal Reserve）、国际货币基金组织（International Monetary Fund）、世界银行（World Bank）与联合国，以及私人组织，如世界大型企业联合会（Conference Board）。

8.3.1 美国人口普查局

美国人口普查局（www.census.gov）构建总量与人口统计数据，以及美国进口、出口产品与服务的对外贸易数据。一个很好的开始查找总量统计数据的地方是美国统计摘要（Statistical Abstract of the United States）。尽管美国统计摘要里可能没有你需要的具体数据，但每个表的参考文献（来源信息）或许能够为你提供发现具体数据的线索。美国人口普查局出版了多种其他的有用文献，如 *State & Metropolitan Area Data Book*，*USA Counties* 以及 *County & City Data Book*。美国人口普查局每 10 年进行一次人口普查，其中包括详细的社会经济数据。它还进行多个不太为人所知的调查，如美国经济普查（Economic Census）（每 5 年）、制造业年度调查（Annual Survey of Manufactures）、当前工业报告（Current Industrial Reports）

(年度/季度/月度)以及美国住房调查(American Housing Survey)。最后,美国人口普查局进行了大量其他机构(如美国劳工统计局)委托的调查。这些会在稍后进行讨论。

8.3.2 美国经济分析局

美国经济分析局(www.bea.doc.gov)构建美国的主要宏观经济指标。美国经济分析局还提供私人与公共资本存量(在"固定资产"标题下)、分产业GDP、美国收支平衡表、美国国际投资头寸以及区域与州数据的估计。美国经济分析局有许多重要的数据集,最著名的是国民收入和生产账户(National Income & Product Accounts, www.bea.doc.gov/bea/dn/nipaweb)。它包括GDP及其构成部分(如个人消费支出、投资支出、政府支出与净出口)的详细估计以及相应的价格指数。该报告还提供国民收入的详细分解数据。美国统计分析局发布月度的当前商业调查(Survey of Current Business, http://www.bea.doc.gov/bea/pubs.htm#SCB%20Table),它提供了美国经济分析局每种数据的修正的提醒以及对于数据来源与方法论的详细讨论。

8.3.3 美国劳工统计局

美国劳工统计局(www.bls.gov)构建与就业问题、生产率及价格有关的数据(如消费者价格指数、生产者价格指数、雇佣成本指数及其构成)。美国劳工统计局编制大量重要的数据集,这将在本章后面讨论,它们包括当前人口调查(Current Population Survey)、当前就业统计(Current Employment Statistics)、消费者支出调查(Consumer Expenditure Survey)以及美国国民纵向调查(National Longitudinal Surveys)。美国劳工统计局还发布《劳动评论月刊》(*Monthly Labor Review*),它对美国劳工统计局来说起到的作用类似于当前商业调查对美国经济分析局的作用。

8.3.4 美联储

美联储（www.federalreserve.gov）主要构建金融数据：利率与汇率、货币存量及其构成（如银行储备）、债务度量、银行资产和负债及官方储备、家庭资产与负债及公司债务。这些数据可以在 http://www.federalreserve.gov/rnd.hlm 上获得。美联储还构建美国资金流动账户（U.S. Flow of Funds Accounts）与消费者金融调查（Survey of Consumer Finances）的数据。尽管从联邦储备系统得到的许多数据是由理事会（the Board of Governors，BOG）编制的，研究者也不应该忽视从地方联邦储备银行获得的数据，尤其当你关注地方经济研究的时候，这些数据中有些是不能从理事会那里获得的。例如，亚特兰大联邦储备银行根据美国 15 个最大贸易伙伴计算的贸易加权的美元外汇价值。此外，圣路易斯联邦储备银行有一个容易获取的美国宏观数据集合（称为 FRED II）。

8.3.5 国际机构

一些国际机构也收集对研究者有用的经济与金融数据。这些机构包括国际货币基金组织、世界银行、经济合作与发展组织（Organization for Economic Cooperation and Development）、欧盟统计局（EuroStat）、亚洲开发银行（Asian Development Bank）与泛美开发银行（Inter-American Development Bank）。许多联合国的机构也发布数据。然而，这些数据多数只有通过昂贵的订购才能获得电子版。但是，在许多大学图书馆都可以获得印刷版。

8.4 主要的一手数据集

在本部分，你可以发现前面提到的主要数据集及其他主要一手数据集更详细的解释。主要数据集更详细的说明可以在 Maier

(1999) 的专著中找到。

美国国民收入和生产账户

美国国民收入和生产账户（U. S. National Income and Product Accounts，NIPA）是美国的官方国家账户（即宏观经济统计），可以在 http：//www. bea. doc. gov/bea/dn/nipaweb/index. asp 上获得。这是美国所有宏观经济数据的来源。账户包括国民收入和国民产出，个人收入和支出，联邦、州及地方政府收入和支出，对外贸易，储蓄和投资，分产业的收入和就业的实际数据与名义数据，以及几乎所有这些类别的价格指数的数据。这一数据集提供了大量的细节。例如，表 2.6 "Personal Consumption Expenditure by Type of Product" 表明，2000 年美国居民在高等教育上花费了 806 亿美元，在牙科服务上仅支出了 621 亿美元。年度数据可以追溯到 1930 年，季度数据（对于大部分系列）可以追溯到 1952 年。多数数据都可在线获得，并很容易以电子表格形式下载。其他的信息可见 Maier (1999) 的第 7 章。

美国资金流动账户

美国资金流动账户（U. S. Flow of Funds Account，http：//www. federalreserve. gov/releases/Z1/）收集整个美国经济资金流的数据。它包括每一个经济部门资产和负债的水平及变化的详细信息。年度数据可以追溯到 1945 年，季度数据可以追溯到 1952 年，国内非金融债务的主要组成的月度数据可以追溯到 1955 年。

美国国际收支账户与美国国际投资头寸（U. S. Balance of Payments Accounts and International Investment Position of the U. S.）

美国的国际账户（http：//www. bea. doc. gov/bea/dil. htm）编制了两个数据集，分别对应流量账户与存量（或资产）账户。流量账户衡量产品和服务的出口与进口（经常账户）以及资本的流入与流出（资本账户）。可以得到衡量美国对世界其他国家收支平衡总量的月度数据，美国与西欧、欧盟、英国、东欧、加拿大、拉美、日本及澳大利亚国际贸易交易的季度数据，还可以得到美国与比利时-卢森堡、荷兰、德国、法国、意大利、墨西哥、委内瑞拉及南非贸易的年度数据。总量数据与某些国家数据可以追溯到 1960 年。按年度收集的存量账户数据汇总了美国持有的对世界其他国家的资产与负债。还可以得到更详细的（分国家与分产业的）美国直接对外投资与美国外商直接投资的数据。

美国人口普查与整合公共使用微观数据序列

美国人口普查（U. S. Census of Population，http://www.census.gov/main/www/cen2000.html）是每隔十年对美国人口进行的调查。除了计算美国人口总数外，普查还收集范围广泛的基于位置的社会经济信息，范围从国家水平一直到各邮政区域水平。明尼苏达人口中心（Minnesota Population Center）的整合公共使用微观数据序列（Integrated Public Use Microdata Series，IPUMS，http://www.ipums.umn.edu/）由 1850 年以来选自美国普查的 25 个"高度精确的"美国人口样本构成。数据包括各种经济与社会变量。更多信息请见 Maier（1999）的第 2 章。

当前人口调查

当前人口调查（Current Population Survey，CPS，http://www.bls.gov/cps/home.htm）是设计用来收集美国家庭样本的就业、失业及不在劳动力市场个人数据的月度调查；其数据可以按照许多人口学特征进行分类，如年龄、性别、种族、职业、行业及全职或兼职就业时间等。有些数据集可以得到工人的工作经验与教育背景。更多信息请见 Maier（1999）的第 9 章。

当前就业统计

当前就业统计（Current Employment Statistics，CES，http：//www.bls.gov/ces/home.htm）是美国公司工资记录的大样本（超过500 000个）月度调查。它收集与CPS类似的数据，但是信息来源是雇主而不是家庭。具体来说，CES收集就业（如雇员数）、周工作小时、分产业的非农业工人的小时与周收入的详细数据。数据有两种组织方式：所有权（私人雇主还是公共部门雇主，如果是后者，那么分为联邦、州和地方）与产业（使用北美产业分类系统，NAICS）。可以得到国家水平以及州或大城市群的数据。[4]国家水平的就业数据可以追溯到1919年。国家水平的工作小时数据可以追溯到1947年，国家水平的小时收入数据可以追溯到1962年。州或大城市群的数据可以追溯到20世纪80年代。

美国经济普查

美国经济普查（The Economic Census，http：//www.census.gov/epcd/www/econ97.html）提供了美国经济生产方面的详细概览。它覆盖了除农业和政府（它们通过独立的调查获得）之外的所有经济生产部门。包括：采矿，公用事业，建筑业，制造业，批发和零售业，运输和仓储，信息，金融，保险，房地产，租赁，专业、科学和技术服务，管理，教育服务，医疗保健，娱乐，食品服务及其他。从1997年的经济普查开始，数据按NAICS产业分类系统而不是以前的标准产业分类系统（SIC）来组织。经济普查是"企业"（establishments）的普查，其中，企业被定义为位于单一位置的个体企业单位。因此，单个公司（如Pizza Hut）可能包括多个"企业"。收集的关键数据包括企业的数量、雇员数量、工资、销售量或产出量、成本及资产等。数据在国家、州、大城市群、县及邮政区域层面是可得的（详细程度递减），具体产业数据也是可得的。

美国制造业年度调查

美国制造业年度调查（Annual Survey of Manufactures，ASM）是按照 NAICS 产业分类系统组织的制造企业抽样调查。调查可以在 http：//www.census.gov/econ/ overview/ma0300.html 上找到。调查包括货物价值、增加值、就业、劳动力成本、材料成本、资本性支出、能源消耗和存货的数据。

当前工业报告

当前工业报告（Current Industrial Reports，CIR，http：//www.census.gov/cir/www /index.html）提供所选择产业的制造品的生产与运输的年度、季度和月度数据，包括航空航天设备、化学制品、计算机和电子元器件、消费品、工业设备、初级金属、纺织品和服装。最细分的数据可以在年度水平上得到；最综合的数据可以在月度水平上得到。

美国住房调查

美国住房调查（American Housing Survey，AHS，http：//www.census.gov/hhes/ www/ahs.html）是一个面板调查，在国家水平每两年进行一次，在大城市群水平每四年调查一次。国家的面板数据涉及大约 55 000 所住宅，包括单一家庭住宅、公寓和移动式住宅。调查还包括住宅和社区的特征、住宅成本以及居民收入的数据。

美国消费者支出调查

美国消费者支出调查（Consumer Expenditure Survey，CES，http：//www.bls.gov/cex/home.htm）是美国家庭消费支出行为的抽样调查。数据是由每季度的访谈与被调查者填写的每周日记得出的。结果是按年龄、家庭规模和其他人口特征分类的收入与支出的年度数据。支出被分解为主要的几类，包括食品、住房、服装和服务、交通运输、医疗保健、娱乐、个人护理产品和服务、阅读、教育、烟草产品和用品以及个人保险和养老金。某些系列的数据可以追溯到 1980 年，其余可追溯到 1984 年。类似的数据集可参见 NIPA 的表 2.6 和表 2.7。

美国国民纵向调查

美国国民纵向调查（National Longitudinal Surveys，NLS，http://www.bls.gov/nls/home.htm）是过去 30 年美国劳工统计局为了开发多个美国代表性人群的劳动力市场活动数据而进行的调查的集合。这可能是美国持续时间最长并且当然也是最广为人知的面板数据集。最初调查包括四个群体：年轻男性、年轻女性、成年女性和老年男性。所有群体都被构造为他们各自的全国范围的代表性样本。调查包括教育、培训、婚姻、生育、健康、收入与资产等的数据。

年轻女性的调查涉及那些在 1968 年第一次访谈时年龄为 14—24 岁的女性。成年女性的调查涉及 1967 年第一次访谈时年龄为 30—44 岁的女性。这些调查目前在奇数年同时进行。年轻男性的调查涉及 1966 年第一次访谈时年龄为 14—24 岁的男性，该调查在 1981 年中断。老年男性调查涉及 1966 年第一次访谈时年龄为 45—59 岁的男性，该调查在 1990 年中断。

存在三个后续的群体："青年 1979"、"青年 1979 子女—对 NLSY79 的补充"和"青年 1997"。NLSY79[①] 是出生在 1957—1964 年间的男性与女性的调查，被调查者在 1979 年第一次访谈时年龄在 14 岁到 22 岁之间。NLSY79 子女是对 NLSY79 中女性的子女的调查。NLSY97[②] 是对 1980—1984 年出生的男性和女性的调查，被调

---

① 即"青年 1979"。——译者注
② 即"青年 1997"。——译者注

查者在 1997 年第一次访谈时的年龄在 12 岁到 17 岁之间。

NLS79 包括工资、工作小时、行业和职业的数据。还包括配偶就业、最高学历（成绩）、高中 GPA 与 DOD 态度测试（ASVAB）得分、工作培训、家庭关系（婚姻、子女数量等）等数据。"青年 1979 子女"包括认知、社会情感与心理评估、家庭收入、资产净值与健康状态等数据。类似数据可参见收入动态面板研究（Panel Study of Income Dynamics，PSID）。

收入动态面板研究

收入动态面板研究（http：//www.isr.umich.edu/src/psid/）是美国代表性家庭样本的纵向研究。该研究包括家庭以及家庭中男性、女性与儿童的数据，开始于 1968 年，直到 1997 年都是每年收集一次，从 1999 开始每两年收集一次。开始时样本为 4 800 个家庭。到 2001 年时，超过了 7 000 个家庭。尽管在内容上类似于 NLS，但 PSID 明显更关注家庭。

PSID 包括收入来源和数量、贫困状态、食物或住房形式的公共救助、其他财务事项（如税收、家庭间转移）、家庭结构与人口学特征（如婚姻情况、出生与收养、组成家庭的儿童）、劳动力市场工作情况（如就业状态、工作/失业/度假/生病时间、职业、行业、工作经验）、家务劳动时间、住房（如自有/租赁、房产价值/租金、大小）、地理流动性（如何时及为什么进行了搬迁、户主在哪里长大、户主居住过的所有州）、社会经济背景（如教育、民族、宗教、服兵役、父母教育水平及其职业与贫困状态）以及健康方面（如一般健康状态、残疾）的数据。

从 1997 年开始，PSID 包括了儿童发展补充说明（Child Development Supplement）。这一调查使用 2 394 个家庭与小于 12 岁的 3 563 名儿童构成的 PSID 的一个子样本。其目的在于每五年收集一次影响儿童认知与情感发展的各种问题的数据。

消费者调查

位于密歇根大学的调查研究中心（Survey Research Center, http://www.sca.isr.umich.edu）发布了一些测量家庭预期的指数。其中最流行的是消费者情绪指数（the Index of Consumer Sentiment）。这些数据可以在调查研究中心使用"guest"账户登录获取，也可以从位于圣路易斯联邦储备银行的 FRED Ⅱ 数据库获得。

美国世界大型企业联合会（Conference Board, http://www.conference-board.org）发布月度消费者信心指数（Consumer Confidence Index）。最新的月度数据可以从其网页上免费获取，但是过去的数据需要订阅。

消费者金融调查

消费者金融调查（Survey of Consumer Finances, SCF, http://www.federalreserve.gov/pubs/oss/oss2/scfindex.html）是联邦储备理事会进行的美国家庭部分人口学特征调查，包括他们的收入、资产负债表与金融服务的使用。该调查自1983年以来每三年进行一次。类似的美国经济总体数据参见美国资金流动账户。

8.5 主要的二手数据集

上一部分我们介绍了美国经济与社会数据的主要编制者。你当然可以从这些来源获得数据，尤其当你愿意深入研究它们的时候。然而，获取二手数据来源通常更容易。一手数据一般是为专业使用者设计的，二手数据来源通常比一手数据对使用者来说更简便。此外，就像二手资料来源更有利于文献检索一样，数据收集也是这样，尤其当你不确定关于你的主题可以得到什么数据或者在哪里能得到这些数据的时候。下面的这些数据集并不意味着完全的列表，而是可得数据集的一个样本。它还包括了部分国际经济与社会数据的主要二手数据来源。

美国总统经济报告

美国总统经济报告（Economic Report of the President, ERP, http://w3.access.gpo.gov/eop/）提供了本科生课程（尽管不是研究论文）需要的几乎全部宏观经济数据的容易的入口。这是寻找宏观数据首选的好地方。

Economagic

Economagic（www.economagic.com）是美国宏观与区域数据以及某些外国数据的出色来源。Economagic 的优势是：首先，它是一个非常大的网站，包括了超过 100 000 个变量的数据；其次，它提供了获取所有数据的一个单一的容易使用的界面，这些数据是由各类政府机构提供的。这些数据可以以多种格式获取，从电子表格到 PDF 文件。网站还允许用户在下载前进行某些数据处理。例如，如果可得的数据是关于 GDP 的，但是你需要的是增长率，Economagic 会为你进行计算。更高级的特色功能通过订阅才能获得。

FRED II（联邦储备经济数据）

FRED II（http://research.stlouisfed.org/fred2/）是美国宏观经济与金融数据的出色来源。它还提供圣路易斯联邦储备银行所服务地区的区域数据。数据容易下载。

美国统计

美国统计（STAT-USA/State of the Nation, http://www.stat-usa.gov/）是美国联邦政府出资支持的数据网站。它提供了获取美国宏观经济、金融和产业数据的单一界面。一手数据是从美国经济分析局、美国劳工统计局及美联储获得的。数据可以通过订阅或者通过联邦托管图书馆免费获得，这些图书馆包括很多大学。STAT-USA 使用起来不像 Economagic 或 FRED II 那样友好。这一网站的主要优势是它包括从其他来源无法获取的某些专门化的数据。

政治与社会研究校际联合数据

政治与社会研究校际联合数据（Inter-university Consortium for Political and Social Research，ICPSR，http://www.icpsr.umich.edu/）是社会科学研究数据的一个主要档案。它比这里讨论的其他（经济学）来源覆盖了更多主题的调查与面板数据。它是微观经济研究数据的好来源。ICPSR 是一种订阅服务，但是它在很多大学都是可以获取的。

国际金融统计

国际金融统计（International Financial Statistics，IFS）是国际货币基金组织的主要数据集。它是一个出色的国际货币基金组织成员国宏观经济、国际与国内金融数据的来源。数据包括汇率、国际流动性、国际银行业、货币供应量、利率、价格水平、国际贸易、政府账户和 GDP 及其主要组成。可以得到月度、季度和年度频率的数据。但不是所有国家或所有频率的所有数据序列都是可得的。主要的不足（从本科生角度来看）是数据获取。IFS 印刷版是广为可得的，但是在线版是不可得的。可以购买单用户 CD-ROM 数据，但是其价格（每学年 350 美元）使许多大学都不愿订阅它。对于年度数据，*IFS Yearbook*——即使是印刷版，也能够提供快速的解决办法。一个附加说明是，由于数据是由成员国政府提供的，因此你不要认为它们是直接可比的。对于这种比较，较好的数据来源可能是佩恩表（Penn World Tables，本部分后面会进行讨论）。

世界经济展望数据库

《世界经济展望》（*World Economic Outlook*）是国际货币基金组

织出版的每年两次（5月和10月）的世界经济状况调查。他们设计数据库（http://www.imf.org/search97cgi/s97is_eng.dll/search97cgi/inetsrcheng.ini? action = FilterSearch&filter = spquery.hts&QueryText = weodb）来实施这一调查。它提供了国际货币基金组织成员国大约15个宏观数据序列的年度数据。它们包括GDP（各种测量方法）、通货膨胀、政府预算平衡（实际的与结构性的）、产出缺口、净资本流动、外部债务与债务服务等。还包括6个世界宏观经济总量，其中包括贸易量。

佩恩表

佩恩表（http://datacentre.chass.utoronto.ca/pwt/index.html）提供了超过150个国家的29个宏观经济及相关总量的年度数据。这一数据集的优点是它具有对每一个国家的数据进行有意义的比较的能力。数据可得的范围是1950—1992年。然而，并不是所有国家所有时期的数据都是可得的。

BIS-IMF-OECD-World Bank 联合外债统计

BIS-IMF-OECD-World Bank 联合外债统计（Joint BIS-IMF-OECD-World Bank Statistics on External Debt，http://www.oecd.org/statistics/jointdebt）提供国家外债的准确数据。它包括债务余额与债务变化的数据。

欧盟统计局

欧盟统计局（Eurostat，http://epp.eurostat.cec.eu.int/portal/page?_pageid=1090,1137397&_dad=portal&_schema=PORTAL）是欧盟的官方统计机构。因此，它提供了大量关于各种主题的高质量的数据，包括国民经济核算、对外贸易与金融。最新数据是免费的，但是历史数据序列是收费的。

OECD 主要经济指标与国民经济核算数据库

经济合作与发展组织（OECD，http://www.oecd.org/statsportal/0,2639,en_2825_293564_1_1_1_1_1,00.html）构建了大量出色的数据库，包括 OECD 国家主要经济指标与国民经济核算数据库（OECD Main Economic Indicators and National Accounts）。它们覆盖了 30 个成员国的主要宏观经济与金融数据。这些数据主要的不足是其可得性。尽管它们的印刷版广为可得，但在线版是收费的。

最后的提醒：如果你在二手来源中找不到你需要的数据，那么考虑一手数据来源！

总 结

- 数据是构建的而不是收集的。
- 多数社会科学统计数据是基于样本数据的。
- 调查数据有三种形式：时间序列数据、截面数据与纵向数据。
- 大多数美国的数据是由美国人口普查局、美国经济分析局、美国劳工统计局与美联储编制的。
- 二手数据来源通常比一手数据来源更易于使用。
- 附录 8A 给出了一手数据来源与二手数据来源的概览。

注 释

1. 严格地讲，面板数据不仅要符合这些特征；换句话说，创建一个截面的"合并数据"（pool）是可能的，但它本质上不是面板数据。

2. 当我们谈论微观数据集或宏观数据集时，我们是在描述观测值的来源，而不是数据被用于的分析的类型。我们可以使用微观数据检验宏观假设（如消费函数），反之亦然（如利用个人消费支出的数量和价格的分类数据检验产品或服务总消费的需求函数）。

3. 对于美国之外的其他国家，存在相似的政府统计机构。例如，参见 Resources for Economists on the Internet（http：//www.rfe.org/Data/World/index.html）中"World and Non-U.S. Data"下的国家条目。类似的列表也可在 http：//labour.ceps.lu/statistics-frame.cfm 上找到。

4. 华盛顿特区、波多黎各、美属维尔京群岛的数据也是可得的。

进一步阅读的建议[①]

Best（2001）——关于如何构建数据序列与它们如何可能歪曲要测量的对象的深入的著作。

Brown 等（1996）——对 PSID 非常容易读懂的介绍。如果你在考虑使用 PSID，那么这非常值得阅读。

Clayton 和 Giesbrecht（2001）——关于宏观经济统计数据如何计算、它们测量什么以及如何正确使用它们的有深度的手册。讨论了产出、生产与增长，投资与资本支出，就业、收入与利润，支出、销售与预期，价格水平、货币与利率，以及金融市场、国际贸易与汇率的统计数据。

Huff（1954）——关于通常报告的统计数据的潜在问题的经典著作。非常可读和直观。

Maier（1999）——主要社会科学统计的出色指南。包括如何

---

① Gan L., Yin Z., Jia N., et al. *Data You Need to Know about China*. Springer Berlin Heidelberg, 2014.

获得在线数据的信息以及数据如何获取与它们可靠性的补充说明。

Morgenstern（1979）——宏观经济统计数据使用的经典评论。任何使用宏观经济数据的人都应该熟悉。重印自 Morgenstern 1963 年的 *On the Accuracy of Economic Observations*。

Pergamit 等（2001）对美国国民纵向调查的有用简介。如果你正考虑使用 NLS，那么这值得阅读。

Popkin（2000）——对美国国民收入和生产账户非常好的介绍。如果你正考虑使用 NIPA，那么这值得阅读。

Teplin（2001）——关于美国资金流动账户非常好的介绍。如果你正考虑使用美国资金流动账户，那么这非常值得阅读。

练 习

1. 进入圣路易斯联邦储备银行 http://research.stlouisfed.org/fred2/ 的在线 FRED II 数据库。下载圣路易斯储备银行地区的州过去 5 年的月度失业率。记录每一数据序列的完整网址。对照与比较各州的失业率。

2. 进入 Economagic.com。收集你所在的州与所有相邻的州 2000 年人均可支配收入的数据。把它们按从高到低的顺序排列。报告完整的网址。

3. 找到州总产值数据的一手来源。收集美国任意 10 个州 2002 年的数据。报告完整的网址。

4. 假如你需要德国、法国和英国 GDP 的年度数据，那么你要去哪个数据来源找？为什么它是最好的？

5. 假如要求你获得美国总量生产函数的年度数据：$Q = f(L, K)$。追踪这三个变量的数据来源并报告完整的网址。解释为什么你选择这些数据来源。

附录 8A：数据来源概览

开始的地方
Resources for Economists on the Internet（http://rfe.org）
WebEc（http://netec.wustl.edu/WebEc）

美国宏观经济数据
National Income and Product Accounts——Economagic，FRED，STAT-USA
U.S. Flow of Funds Accounts（宏观/金融数据）

其他国家的宏观经济数据
National Statistical Agencies for Selected Countries（http://rfe.org/data/world/index.htm）
欧盟成员国——EuroStat
OECD 成员国——OECD Main Economic Indicators 和 OECD National Accounts
国际货币基金组织成员国——IMF International Financial Statistics
其他国家——World Economic Outlook，Penn World Tables，U.N. System of Accounts

美国劳动力市场统计
Current Population Survey
Current Employment Statistics
Economagic

美国微观经济数据
农产品——U.S. Department of Agriculture

制造业产品生产——Survey/Census of Manufactures

消费者产品与服务需求——Survey of Personal Consumption Expenditures（NIPA Table 2.4 - PCE by Type of Expenditure），或 Consumer Expenditure Survey

单个公司产品需求——Hoover's Online 和 Edgar

美国产业数据
The Economic Census
Annual Survey of Manufactures
Current Industrial Reports

美国微观数据
National Longitudinal Surveys
Panel Study of Income Dynamics
IPUMS

国际/贸易数据
U. S. Balance of Payments Accounts
美国进出口——Bureau of Economic Analysis, Customs Bureau
IMF International Financial Statistics
Eurostat
International Investment Position of the U. S.
World Bank Statistics on External Debt

第9章 整理数据集

> 经济学家……常常无根据地过分相信数据的准确性……我们应该时常提醒自己,以数字形式存在的数据本身并不能使它具有准确性或无差错。
>
> ——唐·埃瑟里奇

我们在第8章中注意到,数据收集是任何经验研究的一个重要组成部分。经验研究可以分为两种类型:实验与调查(或非实验性的)。在实验研究中,数据是通过进行实验得到的。因此,根据定义,在实验研究中收集数据是项目的一个重要组成部分。然而,在使用已经存在的数据的调查研究中,数据收集并不总是受到同样的重视:研究者常常没有给予数据收集同样的细心与投入。这是一个严重的错误!如果你认为我是错误的,就问问自己下面的问题:如果你使用最高级的统计技术,但你的数据是有缺陷的,那么你还能从结果中做出什么样的推断呢?

本章我们将解释为了构建满意的数据集你至少需要做什么。我们将讨论如何提出一个利用一手或二手数据源并以最少的时间和最小的投入发现恰当数据的搜索策略。我们还将讨论怎样把数据转换为可用的形式并构建研究的数据附录。

9.1 提出发现数据的搜索策略

当你搜索数据时,和搜索文献一样,从一种搜索策略开始是一个好主意。这项活动的时间花费总是可以通过显著减少你发现与收集所需要的数据的投入而得到回报。提出搜索策略的过程列在了表9.1中。

表9.1 提出发现数据的搜索策略

步骤1：开始搜索前
- 期望的变量是什么？
- 如何定义每一个变量？
- 采用什么数据频率与样本期间，或者分析层次？
- 每一个变量潜在的数据来源是什么？

步骤2：搜索过程中
- 什么数据是可得的？
- 对于数据不可得的变量，存在适当的代理变量吗？
- 如果没有，如何修改经验模型以使用可得的数据来检验原来的假设？

9.1.1 步骤1：开始搜索前

构建好的数据集至少涉及三个问题。第一个问题是样本容量——你需要有足够的样本点来得出统计上有效的经验检验结果。尽管你有时能够用更少的样本点进行统计分析，但一般为了保证足够的自由度，你需要30个以上的观测值。第二个问题是随机或代表性的样本。我们在前面的章节中提到过这两个问题，但是我们将在第10章对它们进行详细的讨论。

第三个问题是获取数据，该数据正确测量了理论认为重要的概念。以回顾你的概念与理论模型入手。为了检验你的研究假设，你需要获得什么变量的数据？如果能够获得理想的数据，它们应该包括什么变量？从最抽象的层面说，这些问题应该是容易回答的。如果无法回答，你需要重新思考你的研究假设以使其更加聚焦。

接下来，就产生了一系列的实际问题：那些可得数据有哪些不同的形式呢？这一问题涉及许多方面。第一个是概念性的。例如，如果你的理论要求测量收入，你可能会发现两种类型：人均收入与家庭收入。哪一个是理想地检验你假设的最佳测量呢？

　　这个问题的第二个方面是你应该寻找时间序列数据还是截面数据。如果是前者，你应该使用什么频率的数据：年度的、季度的、月度的、周的、天的还是整个样本期间的？如果是后者，什么分析单元最适合你的假设：州水平的还是县水平的平均收入？抑或是单个家庭的收入？

　　由于存在多种测量你所关注的变量的方法，你应该仔细考虑理想的变量是什么样的，以及你能接受什么变量。

　　一旦你确定了你想要的变量的列表，下一步就是考虑在哪里可以找到这些数据——例如通过利用第 8 章中讨论的来源。什么机构收集这些数据？关于该主题以前的研究使用的数据来源是什么？

　　开始数据搜索的好地方是互联网上的"经济学家资源"网站（Resources for Economists，RFE，http://rfe.org）。RFE 是面向经济学家的各种有用信息的广泛来源。在第 3 章中作为文献搜索的一个部分，我们对其进行了介绍。RFE 提供了数据网站的详细介绍并附有注释的列表（包括大量第 8 章没有讨论的更专业的来源）。由于可以帮助你在没有深入研究的情况下确定一个数据网站对你的研究是否有用，因此这些附加上的注释特别有价值。RFE 的数据集被分为 5 个部分：美国宏观与区域数据、其他美国数据（如微观经济研究数据）、世界与非美国数据、金融市场数据以及已发表的期刊论文的数据等。

　　另一个开始数据搜索的有用资源是 World Wide Web Resources in Economics 或 WebEc（http://netec.wustl.edu/WebEc）网站。该网站提供的信息类似于 RFE，但是更关注国际上的数据。

　　如果你已经查看了 RFE 与/或 WebEc，对于在何处寻找你所需要的数据就应该有了某些好想法。它们可能包括一手数据与二手数据来源。你可能希望回顾一下附录 8A，其中列出了第 8 章描述的一手数据与二手数据来源。

9.1.2 步骤2：搜索过程中

如果你完成了步骤1，你就已经有了一个检验假设所需要的理想变量的列表。你还确定了许多可能的数据来源，如 Economagic 和 FRED II。下一步就是开始搜索。

当你分析每一数据来源时，需要问许多问题：

1. **实际上什么数据是可得的**？请记住，这个问题不仅涉及正确定义的变量，还涉及足够数量的观测值数据。

2. **如果数据不是理想的情况，那么它们够好吗**？实践中，有足够数量的观测值的理想数据情况是很少见的。毕竟，编制数据的人不完全关注你的研究。你可能找到了完全符合你期望的变量，但是观测值的数量太少。或者你可能发现了足够数量的观测值，但是该变量不是严格按照你的要求定义的。

3. **如果数据是不可得的，那么存在可能的代理变量吗**？代理变量是一个应该大体上与你的理论变量表现出相同行为的变量。例如，尽管概念上不是等价的，但是它应该与理论变量有相同的趋势和转折点。

4. **如果没有足够好的代理变量，那么在可得数据的基础上，怎样陈述假设才能使其可以进行检验呢**？

我们使用一系列的例子来分析这些问题。假如你希望检验凯恩斯消费函数。该理论假设在总量上消费者支出是国民收入或 GDP 的线性函数。

$$C = a + b \times \text{GDP}$$

如果你想针对美国经济利用年度或季度数据检验这个理论，就会很容易地获得 C 与 GDP 的大量观测值。美国经济的宏观数据是世界上最好的数据之一。它们在很长的时间框架内的详细情况都是可得的。

但是假如你希望把这一理论应用于其他国家，那么这些数据即使是可得的，常常也会很难得到。一个问题是，同一概念在不同国家测量的是不同的内容，尤其是在进行国际比较时。例如，日本失业率的定义与美国数据是不同的。此外，许多国家发布的宏观经济数据被认为进行了政治性处理。因此，即使发布的数据是可得的，其也可能并没有正确地测量背后的理论概念。

考虑另一个更贴近美国国内的例子。假如你希望在月度时间框架下检验凯恩斯消费函数。个人消费支出与 GDP 的数据在年度或季度水平上是可得的，但是月度数据是不可得的。因此，为了进行月度研究，就需要寻找代理变量。回忆一下什么是好的代理变量。代理变量或者应该与你研究的理论变量测量相同的潜在经济行为，或者应该与理论变量在统计意义上高度相关。例如，零售额每个月发布一次，它们近似地与消费支出测量了同一事物。发现 GDP 的合适代理变量更加困难一些。一个备选可能是美联储的工业生产指数，它在月度水平上是可得的。工业产值测量了经济中制造业的产出。20 世纪早期，当美国经济主要是工业时，它可以作为 GDP 很好的代理变量。然而，近年来美国的制造业已经缩减为不到 GDP 的 40%，而服务部门已经大约占 GDP 的 60%。为了了解工业产值是不是可接受的统计代理变量，你应该检查可得频率最接近的两个变量的相关系数，本例中为季度数据。检验季度实际 GDP 与季度工业产值的数据表明，其相关系数为 0.96——高度相关。因此，工业产值可能是一个可接受的代理变量。[1]

在进行微观经济研究时，这些问题常常更严重。对于这些问题，你可能更需要使用不同来源的并且可能是不同定义的变量。而且不同变量可能来源于不同的总体。假如你的理论需要有年龄为 6 岁到 17 岁孩子的夫妻每周工作小时数。可得的数据包括全国按性别划分的每周工作小时数以及有孩子夫妻中男性与女性的就业率。你可以通过做出合理的假定来构建接近理论概念的数据序列。对于本例，你应该假定有孩子的男性与女性，如果是就业的，会和总体人口中的男性与女性有相同的每周工作小时数。你仍然需要考虑得到的数据序列作为理想理论变量的代理变量有多好。毕竟，为了从本质上进行分析，你可能希望得到最好的数据并使用该数据，但是要说明其潜在的缺点。

研究者常常由于缺少所需变量的足够数据而必须简化他们的理论模型。可能是因为一个或几个变量缺少足够的观测值，也可能是因为他们需要的特定变量不可得。在月度消费函数的例子中，如果你找不到月度 GDP 的代理变量，可能就需要改变研究来检验季度消费函数了。

9.2 数据处理

任何变量的数据都可以以各种不同的形式得到。这些形式中最重要的一些列在了表 9.2 中。一般来说，把变量从一种形式转换为另一种形式是可能的。在本部分中，我们总结了进行这些转换的常用技巧。即使你恰好发现所需形式的数据并因此不必进行这些计算，理解这些形式的含义或者它与其他形式有什么关系都是重要的。

表 9.2 不同形式的数据

- 水平值
- 人均值
- 变化量
- 变化率（或者增长率）
- 年化增长率
- 比例
- 名义值
- 实际值
- 指数

9.2.1 变量的水平值

任何变量最基本的形式都被称为**水平值**（level）。水平值是被测量变量的实际值或大小。例如，表 9.3 给出了美国 2001 年 GDP 的水平值为 10.082 万亿美元。

通常，研究者更偏好使用变量的**人均值**（per capita）。人均意味着每个人平均。它可以通过用变量的水平值除以适当的人口得到。例如，由于美国人口在 2001 年为 2.853 18 亿，因此美国 2001 年人均 GDP 为10.082万亿美元/2.853 18 亿人 = 35 336 美元/人。

表 9.3　美国 GDP 的水平值、变化量与增长率

年份	GDP （10 亿美元）	GDP 的变化量 （10 亿美元）	百分数变化率 （%）
1999	9 274.3	—	—
2000	9 824.6	550.3	5.9
2001	10 082.2	257.6	2.6
2002	10 446.2	364.0	3.6

对新手研究者的提醒

注意单位！

新手研究者常常很少或根本不注意变量的测量单位。这是你应该避免的错误！在前面的人均 GDP 的例子中，GDP（10 082 billion）是以10 亿美元为单位测量的，而人口（285.318 million）是以百万人测量的。两个相除得到的单位为千美元/人。注意，只知道 GDP 是用美元测量的还不够——你应该知道是万亿美元还是百万美元。假如你忽略了 GDP 和人口数据中的这些零，仅让有效数字相除：10 082 /285.318，你得到的答案就是35.37 美元/人。因此，如果你认为在统计上零的个数没有影响，那么问问你自己你是愿意年收入 35 000 美元还是 35 美元。

人均 GDP 的一个常用的用途是比较不同国家的生活标准。墨西哥与西班牙有大约同样大小的经济体量：墨西哥 2002 年的 GDP 大约为 9 000 亿美元，而西班牙为 8 280 亿美元，因此墨西哥略高一些。然而，墨西哥的人口比西班牙要多得多，因此，西班牙的生活标准更高。墨西哥 2002 年的人均 GDP 大约为 9 000 美元；相比

来说，西班牙 2002 年的人均 GDP 超过其两倍，大约为 20 700 美元。同样的原因，当你进行其他类型的比较时，你可能会使用每个家庭或每个住户的平均收入或者其他的变量形式。

对新手研究者的提醒

对国际比较的提醒

每个国家都会以本国货币计量其经济数据，如 GDP。换句话说，墨西哥的 GDP 以比索计量，而西班牙以比塞塔计量。正如我们前面所做的，为了进行跨国比较，需要把数据转换为共同的计量单位，即有一种通用的分母。二者的 GDP 可以都以比索计量，也可以都以比塞塔计量，或者以某种第三国货币（如美元）计量。这种转换可以通过两种方法实现。最常用的方式是使用汇率，也就是以一国货币表示的另一国货币的价格。因此，你应该使用西班牙的 GDP（以比塞塔表示）并乘以美元对比塞塔的汇率得到以美元计量的西班牙的 GDP。对墨西哥采取同样的程序，我们把以比索计量的 GDP 乘以美元对比索的汇率就可以得到以美元计量的墨西哥的 GDP。那么这两个 GDP 就可以进行比较了。

然而在实践中，这并不是转换墨西哥与西班牙 GDP 的最好的方法。这是因为汇率在不断波动，有时在一个较短的时期就会发生显著的波动，这导致在实际值没有变化时，一个国家的 GDP 出现增加或减少。因此，为了达到各种目的，如比较两个国家的生活标准时，更偏好使用购买力平价当量（或 PPP 当量），而不是汇率来转换 GDP 的数字。实际上，我们刚刚引用的数字就是采用这种方法计算的。PPP 当量是衡量每一个国家货币的相对购买力的变量。[2] 重要的是，它从汇率中去除了不稳定的因素，从而得到了以另一国货币计量的某一货币价值更准确的、长期的衡量标准。只要可能，在跨国比较时你就应该使用购买力平价形式的经济数据。这通常被称为"购买力平价美元"。

> 还应该注意，当你比较具有不同经济系统或经济发展水平不同的经济体时，GDP 或人均收入的直接比较可能是误导性的。例如，一个国家农村居民报告的人均收入往往会低估其实际的生活标准，因为他们常常不报告实物收入，如他们种植的用于个人消费的物品。换句话说，比较城乡居民报告的人均收入将是有偏差的，会高估城市居民的生活标准。在比较发达国家与发展中国家人均收入时也会出现同样的问题。

9.2.2 变量的变化量

出于某些目的，研究者发现分析变量的**变化量**（change）比水平值更有用。例如，知道美国 GDP 在 2001 年的水平值为 10.082 万亿美元不如了解它在 2000—2001 年间增加了 2 580 亿美元重要。换句话说，变量的变化量就是其在一个时期与另一个时期水平值的差。

通常，重要的是要知道变化是否有意义。GDP 在 2000—2001 年的增加是较大还是较小？一种评价方式是看**变化率**（rate of change），也称为变化百分率或**增长率**。变化率是变化量作为初始水平的百分数。为了计算某个变量 X 在初始时期 0 与后续时期 1 的变化率，你可以使用下面的公式：

$$G_{1,0} = [(X_1/X_0) - 1] \times 100$$

其中，X_0 为初始时期 X 的水平（或值），X_1 为后续时期 X 的水平，$G_{1,0}$ 为时期 0 与 1 之间的变化率或增长率。

例如，从 2000 到 2001 年 GDP 的增长率为：

$$[(10.082\ 2\ \text{万亿美元}/9.824\ 6\ \text{万亿美元}) - 1] \times 100$$
$$= (1.026\ 2 - 1) \times 100$$
$$= 0.026\ 2 \times 100$$
$$= 2.62\%$$

增长率对于比较不同数量等级的概念尤其有用，如微软的年销售额与 Joe 计算机软件公司的年销售额。

为了方便,即使其分析的时间间隔长于或短于一年,研究者通常也会以年增长率来比较数据。这样做的原因是他们因此可以有一个共通的比较标准。GDP 10 年的增长几乎肯定大于较短时期的增长。但是,除非你标准化这两个分析的时期,否则,GDP 以较快还是较慢的速率增长就是不明确的。对于长于一年的时期,可以简单地用总体增长率除以涉及的年数。因此,如果 10 年中 GDP 增长了 20%,年平均增长率则为 20%/10 年 = 2%/年。

对于短于一年的时期,如月度或季度,研究者通常采用一个不同的过程。他们会问这样的问题:"如果在短于一年的时期内增长率为 X%,那么假如这种增长率持续整整一年累积的增长率是多少呢?"这被称为**年化增长率**(annualized growth rate)。你可能认为仅仅用季度数据乘以 4 或月度数据乘以 12 就可以得到年增长率。这实际上提供了一个近似值,但因为它忽略了复利的影响,所以只是一个大概的值(你可能记起了银行账户计算复利的方式。你不仅可以通过本金获得利息,还可以通过利息获得利息,这就是复利)。

同样,假如一家公司的销售额在一年的第一季度增长 10%,并且 10% 的增长率再持续三个季度,那么年增长率是多少呢?表 9.4 说明了这一问题。假定一年开始时的销售水平为 100 美元。第一季度末销售额将提高 10%,即为 110 美元。第二季度末销售额比第一季度高 10%,即为 121 美元。到第四季度末为止,销售额比该年开始时高 46.4%。本例中,由于增长在四个季度复合计算,因此年化增长率(46.4%)比近似值(4 × 10% = 40%)高 6.4%。如果你是在使用月度数据而不是季度数据,由于复合发生了 12 次,因此年化增长率会比近似值大得更多。换句话说,复合计算的次数越多,近似值的误差就越大。

表 9.4 年化增长率

开始销售额	季度 I	季度 II	季度 III	季度 IV
	= 1.10 × 100	= 1.10 × 110	= 1.10 × 121	= 1.10 × 133.1
100 美元	110 美元	121 美元	133.1 美元	146.4 美元
				46.4%

为了计算季度数据的年化增长率，可以使用下面的公式：

$$Gq = [(X_1/X_0)^4 - 1] \times 100$$

其中，X_0 为初始季度 X 的水平，X_1 为下一季度 X 的水平，Gq 为年化变化率或增长率。年化月度数据的公式除了使用 X 月度值而不是季度值之外是相同的。此外，不是使用季度值比值的 4 次方，而是使用月度值比值的 12 次方：

$$Gm = [(X_1/X_0)^{12} - 1] \times 100$$

一种类似于增长率的数据形式是比例（proportion）。比例还被称为份额或百分比或分数。比例背后的思想很简单：假设把经济蛋糕分为许多部分，每一部分就是一个比例。因此，劳动收入（如工资、薪水等）大约为国民收入的 75%。类似地，资本收入（如利息、租金等）大约为国民收入的 25%。比例用整体的分数或百分比衡量。考虑表 9.5 的例子。任何学过宏观经济学的学生都知道，GDP 可以被分为消费支出、投资支出、政府支出与净出口。这些部分中的每一个都是一个比例。GDP 中消费支出的比例可以通过令消费支出除以 GDP 来计算，或者为 69.9%。

表 9.5 2002 年美国 GDP 的比例

GDP 及其构成部分的值，单位：10 亿美元				
GDP	C	I	G	$X - M$
10 446.2	7 303.7	1 593.2	1 972.9	-423.6
	= 7 303.7/	= 1 593.2/	= 1 972.9/	= -423.6/
	10 446.2	10 446.2	10 446.2	10 446.2
	69.9%	15.3%	18.9%	-4.1%

比例在理解很多经济问题时是很有用的。例如，美国被认为有较低的储蓄率。储蓄率就是收入中储蓄的比例。美国贫困人口的数量是增加了还是减少了？一种评估方式是看贫困率，也就是收入在贫困线以下的美国人的比例。

9.2.3 实际值与名义值

大量可得的经济数据是基于一个简单恒等式的：

$$V = P \times Q$$

其中，V = 名义值，P = 价格，Q = 实际值。

名义数据（nominal data）是使用所研究时期内的实际市场价格计量的数据。例如，1999 年公司产出的价值等于 1999 年公司产品的价格与该年其产量的乘积。与此类似，1999 年的名义 GDP 是一个国家 1999 年生产的每种产品的价格乘以数量的总和。名义数据容易进行解释。

实际数据（real data）理解起来有点困难。在微观水平上，实际数据指的是一个公司雇用的（如劳动小时数）、一个公司生产的（如小器具的数量）、一个公司销售的（如销售量）实际数量。在我们的例子中，公司实际产出为其生产的产品或服务的实际数量。

然而，当我们从单个公司水平转向更宏观的视角时，情况就变得更复杂了。我们怎样衡量实际 GDP，也就是一个国家生产的产品和服务的实际数量？你可能会建立每个产业生产的所有产品的列表。但是除了冗长之外，这种衡量实际 GDP 的方法使比较一年与下一年的 GDP 变得困难甚至几乎不可能。如果一个国家去年生产了 50 000 辆汽车与 17 000 幢新房子，而今年的数字是 52 000 辆与 14 000 幢，那么 GDP 是上升了还是下降了呢？经济学家找到的解决这一困境的方法是把实际 GDP 定义为生产的所有产品和服务的加权平均数，其中使用的权重为给定年度中每种产品的价格。[3] 换句话说，货币提供了一个测量一年内生产的不同产品和服务的公分母。[4]

9.2.4 指数

正如刚刚所定义的，实际 GDP 是经济学家称之为**指数**（index number）的一个例子，或者更具体地说，是**数量指数**（quantity index），因为它衡量了某种东西的平均数量。另一种类型的指数是**价格指数**（price index）。非经济学家更熟悉价格指数。例如，多数人听说过消费者价格指数。什么是价格指数？价格指数（简单地说）是某些类型的产品或服务价格的加权平均数，其中，权重为给定年份的相应数量。[5]你可以构造能源价格指数（不同能源的平均价格）、食品价格指数（不同食品的平均价格）或者消费者价格指数（消费者通常所购买的产品与服务的平均价格）。指数是一个开始于100并且一般在后续年份增加，尽管不一定是连续增加的数据序列。例如，表9.6给出了1984—1993年的消费者价格指数。

表9.6　1984—1993年的消费者价格指数

1984	1985	1986	1987	1988	1989	1990	1991	1992	1993
103.9	107.6	109.6	113.6	118.3	124.0	130.7	136.2	140.4	144.0

我们如何解释价格指数呢？假如你了解到2003年7月消费者价格指数的值为183.9。那么它的确切含义是什么呢？简单的回答是，183.9本身并不具有任何含义。不像其他统计量，指数没有单位。反过来说，指数是为了比较的目的而设计的。例如，你可以用指数把任意指数测量的水平（如消费价格）与作为基期的某个较早时期进行比较。因此，183.9的消费者价格指数意味着自20世纪80年代早期这些数字的基期以来，平均消费者价格上升了83.9%。

指数一般将原始指数，也就是刚才提到的实际加权平均数，通过下面的公式进行转换来构造：

$$X_T = (X_t/X_0) \times 100$$

公式中各变量的定义如下：

X_t为序列中给定时期t原始变量的值；
X_0为原始变量在基期的值，基期就是被比较的时期；
X_T为生成的指数。

注意，在基期，$X_t = X_0$。因此，在基期，指数的值总是100。

指数还可以用于比较两个相似概念的相对增长率，如科罗拉多与弗吉尼亚的就业。当两个概念的差别非常显著时，指数尤其有用。设想你正在同一张图上画出过去10年你所在小镇的就业与整个国家就业的图形。国家的数字可能比区域的数字大得多,因此比较它们非常困难。

为了更容易地看清楚情况如何,你应该把两个数据序列根据共同的起始点(如10年前)指数化。你要做的是利用前面给出的计算指数的公式转换每一个序列,使其在该年有人为规定的值100。那么,由于每个序列都有共同的起点,就可以容易地看清楚相对于国家经济而言,你所在小镇的就业增长如何。

9.2.5 数量指数与实际数量

存在两种构造实际测量指标的方法。第一种是创建如前所述的数量指数(即所关注的产品或服务数量的加权平均值)。第二种是建立价格指数,然后用名义值除以价格指数,结果就是实际值,这直接来源于上面的恒等式:$Q = V/P$。美国国民收入和生产账户数据中实际GDP的数据就是利用第二种方法建立的。

9.2.6 价格指数与价格平减指数

类似地,也存在两种构造价格测量指标的方法。第一种是建立前面描述的价格指数(如所关注的产品或服务价格的加权平均值)。第二种是建立数量指数,然后用名义值除以数量指数。由于它是恒等式(这种情况下表示为 $P = V/Q$)中隐含的价格指数,因此结果被称为**价格平减指数**(implicit price deflator)。请注意,发布的价格指数被乘以了100。

你可能会认为价格指数与价格平减指数是相同的。然而,尽管我们等价地使用它们,但仅在极端的技术假定条件下它们才是相同的。[6]

9.2.7 通货膨胀如何扭曲名义值

由于价格往往会随着时间的推移而上升,因此比较名义指标可能是误导性的。例如,如果从头一年到下一年你加薪了10%,而同时你通常购买的物品的价格也经历了10%的通货膨胀,那么你不会享受到与名义值相同的生活水平的提升。事实上,你的生活标准,或者更确切地说,你的实际收入根本没有变化。这是描述实际指标的另一种方法背后的概念:通货膨胀效应调整后(或修正后)的名义指标。

进行"通货膨胀调整"的方法可以通过回忆 GDP 是 Q 的加权平均值来记起,其中,P 为特定时期的各种价格,该时期称为基期。利用基年的价格与实际年的数量,实际 GDP 消除了价格随时间变化而带来的影响。(注意,如果相对价格发生了显著的变化,则可能会带来测量值的偏差。)

> **对新手研究者的提醒**
>
> **实用的数据小窍门**
>
> 任何名义变量都可以通过除以适当的价格指数转换为相应的实际大小:$Q = V/P$。理解这个问题的一种简单方法是查看《美国总统经济报告》的表 B-1、表 B-2 和表 B-3,它们分别给出了名义 GDP、实际 GDP 与 GDP 平减指数。[7]
>
> 类似地,如果你有名义数据和实际数据(如出口额与出口量),则可以推导价格指数:$P = V/Q$。注意,这种指数被称为**单位价值**。

9.2.8 重新定义基年的数据序列

收集数据的人会定期改变基年。他们这样做的原因涉及我们如何从指数的角度解释基年。也就是说,基年是指数测量的价格或数量指标相对其变化的那个时期。我们更关注最近的经济变化而不是历史的变化,因此,需要变换基年使其保持"最近"。变换基年的第二个原因是修正前面那部分最后提到的偏差。

重新定义基年的数据序列会给研究者带来困难。这对印刷版数据来源尤其是个问题。当你从印刷版获得数据并进行编制时，你应该总是从最近的来源开始并向前回溯。这会使你发现数据中的修正，而在前一个日期这些数据是不可得的。例如，假如你正在编制一个年度数据序列，并且你每一年的数据来源都报告了对当年估计的数据，以及对过去两年的数据进行修正后的数据。如果你开始于最早的来源并向后追溯，你的数据序列将由变量最早的且最不可靠的估计值组成。

假如你有一个年度的 CPI 时间序列。其中前一半数据以 1992 年作为基年，而后一半以 1997 年作为基年。没有把这两个序列连接起来的完美的方式！每种方式都会带来某种偏差，但这就是使用现实世界数据的特征。为了把序列的两部分连接起来就必须有某些重合，就像表 9.7 中所示的 1995 年的情况。第一行表示以 1997 年为基年的数据。（由于 1997 年数据的值为 100，这应该是很明显的。）第二行表示以 1992 年为基年的数据。应特别注意，如果我们仅仅合并两个序列，就会在两个序列连接处存在一个明显的跳跃。简而言之，数据将包括该时期 CPI 不正确的变化。例如，如果你合并了以 1992 年为基年的直到 1994 年的数据与以 1997 年为基年的开始于 1995 年的数据，你会发现 CPI 在 1994 年（1.30）与 1995 年（0.85）之间存在大的且明显的下降，这表明通货紧缩，而实际上价格是在上升！

表 9.7　重新定义基年的数据序列

年份	1991	1992	1993	1994	1995	1996	1997	1998
以 1997 年为基年					0.85	0.95	**1.00**	1.15
以 1992 年为基年	0.95	**1.00**	1.25	1.30	1.40			
连接后的序列	0.58	0.61	0.76	0.79	0.85	0.95	**1.00**	1.15

假如你需要以 1997 年为基年的完整序列，则需要转换那些仅可以得到以 1992 年为基年的观测值以使它们能正确表明两个数据来源之间 CPI 的变动。基年较早的数据需要在数值上减小，以正确地连接到基年较晚的数据。减小的量由重合时期 1995 年两个值的

比来给出。换句话说,把以 1997 年为基年的值除以以 1992 年为基年的值就得到了缩减因子:85/140 = 0.607。

为了得到以 1997 年为基年的连续序列,使用这个因子乘以以 1992 年为基年的每一个观测值。结果列在了表 9.7 的第三行。[8]注意,序列中两个部分的连接处不再存在一个下降。

9.2.9 数据平滑

不稳定的数据有时可以通过平滑来更好地揭示其潜在趋势。考虑一个完全依靠提成的销售人员的月收入。他的收入某个月可能非常高,而下个月可能较低。这种变化使销售人员很难说清他是否有一个好年头。这个问题与研究人员使用某些类型数据的情况是类似的。

存在大量平滑数据的技术。这里我们将讨论其中的两种:移动平均与季节调整。**移动平均**使用第 n 个观测值之前的第 $n-1$ 个数据点与第 n 个数据点的平均值代替该时期的实际值。由于被更多正常值进行了平均,因此任何"异常的"观测值都变得不那么重要了。

某些变量表现出季节模式,它们在某个月、某个季度或某个季节以可预测的方式发生变化。例如,消费者支出在每年第四季度由于对圣诞节的预期而上升。研究者常常希望了解这种变化是否异常。因此,他可能会问,这个圣诞季消费者的花费比一般情况下更多还是更少呢?这是设计**季节调整**数据的原因之一。美国人口普查局提出了季节调整数据的常用技术。最新的版本是 X12。较早的版本 X11 技术在常见的统计软件包中得到广泛应用,或者可以从美国人口普查局免费获得。注意,许多宏观数据序列仅可以得到季节调整后的数据形式,包括 GDP、CPI、PPI、总零售额与房屋开工率。你可能不需要自己对数据进行季节调整,但是理解这一术语的含义是重要的。注意下面的缩写,它们常常在数据来源中被使用:

NSA:未经季节调整。
SA:经过季节调整。
SAAR:经过季节调整的年化率。

附录 11A 讨论了一些处理数据的其他方法。无论进行何种数据处理，一旦你拥有了完整的数据集，检查数据都是一种好的做法。通过观察数据表或图表来检查每一数据序列，查找看起来错误的观测值。这对于存在趋势的时间序列是最容易的。一个好例子是前面展示的 CPI。仅仅因为数据是已发表的并不能得出它没有错误的判断。此外，如果你进行了数据录入，就总是存在打字错误的可能。对截面数据你应该计算总结性描述统计量：每一变量的均值、极差与标准差。你可以将这些结果作为数据附录的一部分来报告。时间序列数据通常不进行这些统计，因为其中通常包含一种时间趋势。由于描述性统计的目的是给你一个对数据的大致印象，因此对于时间序列数据，你可能会发现最小的数据点是最早的，而最大的数据点是最晚的。关于时间趋势，你已经了解了。

仅在你检查完数据并对其准确性感到满意时，你才真正做好了进行统计检验的准备。

9.3 构建研究的数据附录

使其他研究者可以得到你的数据从而使他们能够重复你的研究是一种好的科学做法。这至少意味着要解释你在编制数据集的过程中所使用的"数据来源与方法"。我们可以把数据分为**原始（或源）数据**或**衍生数据**。原始数据是你在来源处找到的数据。衍生数据是你在经验检验中实际使用的数据。这一区分是重要的，因为你找到的原始数据常常是以不同于你检验假设所需的形式存在的。例如，从数据源那里得到的数据可能是消费者价格指数，而你需要的数据可能是通货膨胀率，也就是 CPI 变化的百分率。因此，使用数据前你需要对其进行处理或数学变换。本例中，CPI 是原始数据，而通货膨胀率是衍生数据。

在解释你的来源和方法时，应该提供原始数据来源的明确引用信息以及你是怎样处理原始数据以使其成为实际使用形式的完整解释。读完你的文章后，读者应该能够通过最小的努力就准确复制你的数据。更好的做法是，除了记录数据来源外，你还应该提供一份你使用的数据。大量期刊要求作者在提交所发表的研究论文时包含数据的拷贝。[9]带有说明的数据拷贝称为数据附录。

总　结

- 由于你的研究的质量不会好于你的数据集的质量，所以你应该投入大量精力来构建高质量的数据集。
- 为了有效地确定数据来源，你应该从搜索策略开始。首先，创建你希望研究的变量的列表。然后，考虑这些数据的可能来源。对于不可得数据，考虑什么代理变量可能是可得的。最后，考虑如何改进模型以利用可得的数据。
- 数据可以以不同的形式获得，包括水平值、人均值、变化量、变化率与比例。
- 短于一年期的增长率常常以年化的形式给出。
- 名义数据受到通货膨胀的扭曲；实际数据对通货膨胀进行了修正。
- 指数本质上是该数据要测量对象的加权平均数。因此，消费者价格指数（CPI）是消费者日常购买的产品与服务价格的加权平均数。设计指数是为了表明自任意基期以来的价格或数量的变化。
- 数据附录提供了研究者使用的数据以及他获取这些数据的来源与方法的完整描述。

注　释

1. 使用平均后的工业产出月度值可以获得季度数据序列。实际 GDP 的季度数据则是可得的。相关系数会在第 10 章详细解释。
2. 购买力平价当量（PPP）因其以能够购买的产品来测量货币

价值而得名。PPP 是基于这样的观点：在均衡情况下，经过汇率调整后，同样的产品应该花费同样数量的两种不同的货币。这在均衡情况下是成立的。如果花费是不同的，则从便宜的地方进口并出口到更昂贵的国家是有利可图的，直到花费相同为止。因此，PPP 是汇率长期均衡的测量指标。

3. 缜密思考过的读者可能会注意到，这与名义 GDP 有相同的值。这一点将很快变得清晰起来。

4. 这恰恰是货币作为"计量单位"的含义。

5. 对于某些价格指数，权重是预算份额而不是数量；换句话说，某些消费品价格的权重是该项目在消费者预算中的平均比例。

6. 出于类似的原因，很容易发现由于单位的不同，数量指数与相应的实际数量很少会是相等的。实际数量以常量来衡量（如 1992 年的美元），而数量指数就像所有的指数一样是没有单位的，也就是说，它们是像 100、117、129 这样的数字。这将在本章的后面更详细地解释。

7. 然而需要注意的是，为了在数学上正确计算出 GDP 的数据，平减指数必须除以 100。

8. 仔细的读者会注意到，重新定义基年的过程是对前面提出的创建指数的公式进行变形。

9. 回忆一下，Resource for Economists 网站数据的最后一部分是来自己发表期刊论文的数据。

进一步阅读的建议[①]

DataBasics，达拉斯联邦储备银行网站，http://dallasfed.org/data/basics/index.html——主要数据处理技术的简要总结。

---

① Mills, T. C. *Analysing Economic Data: A Concise Introduction*. Palgrave Macmillan, 2014.
Winkler, O. W. *Interpreting Economic and Social Data: A Foundation of Descriptive Statistics*. Springer-Verlag Berlin Heidelberg, 2009.

Wyrick（1994）——提供了大量数据处理技术的解释。

练 习

1. 假如你正在研究为什么非洲裔美国人的失业率高于美国的平均失业率。创建你认为能够解释这一问题变量的列表。对每一个变量，提出一个数据来源。然后访问每一个来源，描述你找到的数据。例如，如果是时间序列数据，那么什么频率的数据是可得的，并且什么时期的数据是可得的？如果是截面数据，那么什么水平的数据是可得的？判断数据对经验检验假设是否充足。

2. 访问美国经济分析局关于固定资产的网页：http://www.bea.doc.gov/bea/dn/faweb/AllFATables.asp#Sl。下载过去10年可得的固定资产和耐用消费品的现价净存量（Current-Cost Net Stock of Fixed Assets and Consumer Durable Goods）（表1.1）。在电子表格软件中打开下载的文件。计算非居民固定资产与前一年同期相比的年增长率。这是美国私营企业的资本存量，换句话说，就是标准生产函数 $Q = f(L, K, t)$ 中的 K。增长率存在某种趋势吗？它们是递增的、递减的还是保持不变的？

3. 访问美国人口普查局关于美国与其他国家贸易收支（U.S. Trade Balance by Country）的网页：http://www.census.gov/foreign-trade/balance/index.html。2001年美国从墨西哥、加拿大、日本与中国的进口额是多少？然后访问 http://www.census.gov/foreign-trade/statistics/historical/gands.txt，获取2001年美国进口总额的数据。最后，计算2001年美国从墨西哥、加拿大、日本与中国的进口额占其进口总额的比例。

4. 收集过去5年可得的美国GDP的名义季度数据。这类数据的一个来源是美国经济分析局的网页：http://www.bea.doc.gov/bea/dn/nipaweb/TableViewFixed.asp?SelectedTable = 3&FirstYear =

2002& LastYear = 2003&Freq = Qtr。然后，在同一网页收集美国同一时期 GDP 价格平减指数的数据。现在，使用 GDP 平减指数平减名义 GDP 以获得实际 GDP。请展示你的结果。最后，检查一下你的结果，同时在美国经济分析局的网页上收集实际 GDP 的数据。比较一下你计算的与你下载的实际 GDP 的数据。

5. 对于本练习第 1 题中使用的每一个变量，提供如何获取数据的完整引用信息。

附录 9A：什么是链型美元？

本章中，我们把指数定义为一个加权平均值。例如，实际 GDP 数量指数是 GDP 中所有产品数量的加权平均值，其中权重为这些产品的价格。为了更准确，多数指数被构造为两个加权平均值的比值。换句话说，实际 GDP 数量指数是当期的平均产品与基期的平均产品的比值。对于数量指数，权重的自然选择就是相应的价格，但是是哪种价格呢？传统上，有两种选择：基期价格与当期价格。如果选择前者，结果被称为拉斯贝尔指数（Laspeyres index），如果选择后者，结果被称为帕舍指数（Paasche index）。例如，消费者价格指数是使用基期数量作为权重计算的，因此 CPI 是一个拉斯贝尔指数。每一种选择都在结果中引入了某种偏误。拉氏指数与帕氏指数偏差的方向是相反的。近年来，美国经济分析局为了解决这一问题引入了一种新的加权模式，其结果被称为链型指数（chain-type index），它被定义为帕氏指数与拉氏指数的几何平均值。注意，不像拉氏指数与帕氏指数的固定权重，对于链型指数，每一个观测值的权重都会发生变化。

附录 9B：数据附录的例子

部队服役 $=f$（失业率，部队/居民报酬比，战争状态）

Air Force，Army，Marines，Navy——美国部队每一兵种现役士兵的数量。

U-Rate——由平均后的月度观测值得到的全国年度失业率。

Pay Ratio——部队与居民报酬的比值。部队报酬用现役分类为 E-3 且服役两年及以下的男兵与女兵的月基本报酬测量。这些月度观测值除以 160 来代表 40 小时工作周的小时报酬。居民报酬定义为民用生产工人的小时收入。由平均后的月度观测值得到年度平均值。

War——这是一个虚拟变量，如果该年美国有重要的对外冲突，取值为 1。

年份	Air Force	Army	Marines	Navy	U-Rate	Pay Ratio	War
1981	570 302	781 419	190 620	540 219	7.616 667	0.540 545	0
1982	582 845	780 391	192 380	552 996	9.708 333	0.531 489	0
1983	592 044	779 643	194 089	557 573	9.6	0	1
1984	597 125	780 180	196 214	564 638	7.508 33	0.512 308	1
1985	601 515	780 787	198 025	570 705	7.191 667	0.517 612	0
1986	608 199	780 980	198 814	581 119	7	0.521 581	0
1987	607 035	780 815	199 525	586 842	6.175	0.524 918	0
1988	576 446	771 847	197 350	592 570	5.491 667	0.518 359	0
1989	570 880	769 741	196 956	592 652	5.258 333	0.51 926	1
1990	535 233	732 403	196 652	579 417	5.616 667	0.517 419	1
1991	510 432	710 821	194 040	570 262	6.85	0.522 679	1
1992	470 315	610 450	184 529	541 886	7.491 667	0.531 482	1
1993	444 351	572 423	178 379	509 950	6.908 333	0.537 681	1
1994	426 327	541 343	174 158	468 662	6.1	0.535 501	0
1995	400 409	508 559	174 639	434 617	5.591 667	0.534 311	0
1996	389 001	491 103	174 883	416 735	5.408 333	0.529 458	0
1997	377 385	491 707	173 906	395 564	4.941 667	0.525 27	0
1998	367 470	483 880	173 142	382 338	4.5	0.518 798	0

(续表)

年份	Air Force	Army	Marines	Navy	U-Rate	Pay Ratio	War
1999	360 590	479 426	172 641	373 046	4.216 667	0.518 653	1
2000	355 654	482 170	173 321	373 193	3.975	0.522 991	0
2001	353 571	480 801	172 934	377 810	4.758 333	0.522 497	1
2002	368 251	486 542	173 733	385 051	5.775	0.544 941	1

数据来源：

U-Rate：美国劳工统计局，Data Series LNS 14 000 000：Seasonally Adjusted National Unemployment Rate, http://data.bls.gov/PDQ/servlet/SurveyOutputServlet? data_tool = latest_numbers&series_id = LNS14000000（2004 年 11 月 15 日访问）。

Pay Ratio：美国劳工统计局，Data Series CEU0 500 000 006：Average Hourly Earnings of Production Workers, http://data.bis.gov/PDQ/servlet/SurveyOutputServlet; jsessionid = f0307d7548c5$3F7$3Ft（2004 年 11 月 15 日访问）。

Pay Ratio：美国国防和会计服务，Military Pay Prior Rates, http://www.dfas.mil/money/milpay/priorpay/（2004 年 11 月 16 日访问）。

Air Force, Army, Marines, Navy：美国国防部，DoD Active Duty Military Personnel Strength Levels, Fiscal Years 1950—2002, http://www.dior.whs.mil/mmid/military/ms9.pdf（2004 年 11 月 12 日访问）。

War：Military.com, 2004。Military.com's Military History: The Complete List, http://www.military.com/Resources/HistorySubmittedFileView? file = history_completelist.htm（2004 年 11 月 12 日访问）。

资料来源：David Hutchinson 的数据附录。

第 10 章 经验检验初步：创建有效的研究设计

> 再多的实验也不能证明我是正确的；而一个实验就可以证明我是错误的。
>
> ——阿尔伯特·爱因斯坦

在本书中我们一直都认为，研究涉及建立有说服力的论证，研究者通过提供支持他们观点的理论证据与经验证据来说服读者。本章及下一章将解释怎样提出令人信服的经验证据。

本章中，我们介绍研究设计的概念或者怎样为假设创建有效的经验检验。我们将回顾三种越来越高级的经验分析类型：非正式经验主义、简单的统计假设检验与多元回归分析。然后，我们讨论数据分析中削弱或限制经验检验有效性的常见问题。我们以解释为什么经济学家选择回归分析作为经验检验工具结束本章。在第 11 章中，我们将详细介绍回归分析。

10.1 研究设计的关键问题

好了，你已经有了一个有趣的研究问题。你综述了该主题领域的文献。你使用经济理论分析了问题，并且通过理论分析得出了假设，也就是你对研究问题提出的答案。然后，你需要检验这个假设。换句话说，你必须评估你为研究问题提供的答案是否正确。你怎样设计一个适当的检验呢？有许多关键问题需要考虑。

研究者有两大类经验方法论：实验与调查（或非实验）方法。**实验**方法通过"实验室"实验来证明。例如，研究者可能会对比两个样本组：一个干预组与一个对照组。除了干预之外，对照组被设计得每一个方面都与干预组相同。因此，如果两个组之间的实验产生了不同的结果，那么，这种差异就可以归因为干预。

假如一位教授为两部分学生讲授同一门课程。这两部分学生接受同样的讲授、作业与考试，但是老师给其中一部分学生试用了一本新教材。如果这部分学生在课程中得到了较高的分数，这可能表明新教材比其他教材效果更好。当然，也应该考虑其他的可能性。可能更成功的那部分学生在经济学方面更聪明或更有经验。因此，在设计良好的实验中，学生需要随机地被指派到两个组以控制外部因素的影响。

传统上，经济学研究使用**调查**或**非实验**方法（然而，近年来实验经济学变得越来越受重视）。调查研究涉及类似自然界中发生事件的被动观测与分析。例如，美联储不是先引发衰退然后再分析结果，而是其经济学家使用历史上已经发生的衰退的数据来研究它们的原因与影响。调查研究使用统计方法来考虑外部因素。这将在本章的后面部分详细讨论。

设计经验研究的关键因素是方法论的有效程度。一个有效的经验研究设计是如何构成的呢？研究的**有效性**有多个方面。在最广泛的层面上，我们需要考虑内部效度与外部效度。

如果观察到的影响可以归因为所研究的变量，换句话说，如果给定假定与证据，我们可以演绎出 X 引起 Y，研究就具有**内部效度**。[1] 再来考虑教学实验的例子，如果两个班级除了使用的教材外都是相同的，我们就可以符合逻辑地得出结论：分数的差异是由教材选择的不同而造成的。简而言之，实验具有内部效度。

评估内部效度时需要考虑许多因素。三个最重要的因素是工具效度、关系效度和因果效度。[2] **工具效度**是指测量工具是否充分测量了想要测量的概念。例如,研究者常常发现难以找到理想的数据。可得的数据完全满足任务的需要吗?它们能够作为背后的理论概念充分的代理吗?关于教育技术的研究常常使用成绩来测量所学到的知识数量。成绩是测量学习的有效工具吗?

关系效度指的是经验检验有多么令人信服。检验是适当且合理的吗?简而言之,我们能够根据经验检验得出事实上存在统计关系的结论吗?假如我们分析了20世纪70年代能源危机前后几十年来能源价格与能源消费的数据。能源价格发生了显著的上升,而能源消费也在增加。这表明需求定理对能源不成立吗?实际上,对能源价格与消费数据的因果分析缺乏关系效度,原因是这里没有控制其他可能影响能源消费的因素;换句话说,其他条件不变的假定是不能成立的。在能源危机的例子中,同一时期的GDP在增加,因此尽管能源价格较高但实际能源消费仍在增加,而这不是由价格上升所引起的。

因果效度注意到,既然相关性并不能表明因果性,那么我们能确定假设的因果关系是有效的吗?我们能确定因果关系的方向不是相反的,或者根本不存在因果关系而仅是统计关系吗?例如,消费者支出和个人收入高度相关。我们能得出支出是收入的结果或者收入是支出的结果的结论吗?拥有豪华游艇能使人富有吗?或者因果关系的方向正好相反?这些问题几乎很少有简单的答案,但是细心的研究者无论如何都会问这些问题。

一旦你建立了研究的内部效度,你需要问结果是否可以扩展到其他条件、应用或环境下呢?如果可以,这个研究就具有**外部效度**。例如,假如一个研究发现在一所小型文理学院班级出勤与学生GPA之间存在正相关关系。同样的结果在大班教学并使用多项选择进行测验的研究型大学成立吗?可能不会。如果成立,我们就可以得出最初的研究具有外部效度的结论;如果不成立,我们就会得出相反的结论。

注意,往往会存在内部效度与外部效度权衡的问题。当研究者对自己的模型进行小修补以得到良好的统计结果时，这些结果往往变得更针对这种具体情况而不太可能扩展到其他情况。

经验检验的目的是在数据中收集支持你假设的证据。但是，好的经验研究不仅仅是这些。它还排除了其他假设。利用支持你假设的逻辑与证据，你的研究试图形成一个论证。问题是现实世界的数据可能不仅与你的假设一致，还与其他假设一致。为了成功，你必须选择一个充分区分你的假设与其他假设的经验检验。统计学家把检验的效能（power）定义为原假设不成立时正确拒绝原假设的概率。因此，当你选择经验检验时，应该问自己下面的问题：如果检验得到了可能的最有力的统计结果，我能对假设得到验证抱有多大的信心呢？换句话说，检验能充分区别你的假设与其他假设吗？如果不能，那么你应该考虑一个更有效的检验。[3]

考虑下面的例子。20 世纪 80 年代早期，里根政府成功地把个人所得税降低了 25%。随着税收的减免，此后 10 年美国经济保持增长，这种增长被宣称为供给学派经济学的成功案例。但是真的是这样吗？在之前的 20 年，肯尼迪减税及其导致的经济扩张被宣布为凯恩斯经济学正确的证据。我们可能会问，哪个假设是正确的——里根减税是供给方扩张还是凯恩斯主义的证据呢？

供给学派理论给出的重要预测是，由于减税增加了消费者通过储蓄得到的税后收入，因而减税政策会提高他们的储蓄率。分析里根减税后的实际储蓄率是一种检验这种理论的方法。然而，事实上由于凯恩斯的理论也预测储蓄率（人们的平均储蓄倾向）会上升，因此这不是一个非常有力的检验。供给学派理论假设高储蓄率刺激经济，而凯恩斯主义理论假定税收减免能够增强经济从而提高储蓄率。因此，发现储蓄率上升的经验检验不能帮我们区分这两种不同的理论。

当你设计、实施和解释经验检验的时候，你需要把这些有效性问题记在心里。在下一部分具体检验方法论的情境中，我们会再次讨论它们。

10.2 如何分析数据？

当研究者开始考虑经验检验时，他常常从问下面的问题开始：我的理论分析的含义（或预测）是什么？如果假设是成立的，我们应该预期发现什么证据？这些问题的答案被称为分析的理论预测。考虑医生如何通过检查症状来识别疾病。一位女士来到了医生的办公室，说她认为自己得了流感。医生想：如果她得了流感，她应该表现出下面的症状：头疼、疲劳、发烧。因此，医生问病人："你有什么症状呢？"这些症状使医生能够做出诊断。同样，理论的预测也使得研究者可以检验他的分析。

我们在第 7 章中分析了这个过程的许多例子。第一个例子涉及钻石首饰需求的研究。分析预测价格和需求量之间存在负向关系。另一个例子研究父母的工作时间对儿童的认知发展是否具有负面影响。如果有，工作时间和认知发展应该是负相关的。

一旦确认了理论预测后，研究者会接着问：现实世界的证据与这些预测一致吗？研究者如何"检验"回答这个问题的证据呢？我们可以区分三种不同的方法：非正式经验主义、简单的假设检验与多元回归分析。

10.2.1 非正式经验主义

非正式经验主义（casual empiricism）是我们构造数据附录时进行的一种分析。它包括打印数据与为数据作图、计算简单的描述性统计量以及可视化分析结果。由于它们简单且容易操作，因此研究者常常可以通过这种方法了解到很多，特别是最初寻找假设的时候。

例如，菲利普斯曲线假设通货膨胀率与失业率之间存在反向关系。图 10.1 展示了这两个变量在 20 世纪 60 年代的数据。那时菲利普斯曲线关系受到了关注。通过分析，你可以很容易地发现明显的负向关系。这一重要的宏观经济关系是通过非正式经验主义发现的。

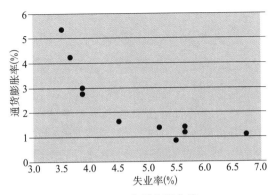

图10.1　菲利普斯曲线

注意，一旦确定了假设，你就应该搜集新数据集来检验它。绝不要使用提出假设时的数据来检验假设。

任何样本数据都可以用**描述性统计**进行描述。你可以把描述性统计看作总结基本数据的统计。描述性统计包括对中心化趋势的测量与分散程度的测量。中心化趋势的测量是以下问题的答案：如果你只能使用一个指标来总结样本数据，你会使用什么呢？答案是平均数。存在三种常用的中心化趋势或平均数的测量指标。它们是**均值**或算术平均数、**中值**或样本的中位数、**众数**或样本中最常见的或最频繁出现的值。[4]

平均数总结样本数据的优劣依赖于数据的分散程度。存在三种常用的分散程度的测量指标。第一种是样本数据中最大值与最小值之间的**极差**。第二种是**标准差**，它粗略地测量了数据点偏离样本均值的平均量。第三种是**方差**，它是标准差的平方。任何电子表格或统计软件包都可以为数据集生成描述性统计量。

多数学生都熟悉数据的标准钟形或正态分布。研究者常常假定自己的数据是正态分布或近似于正态分布的。如果是这样，所有三种中心化趋势的测量指标将是大体相同的。如果不是这样，均值、中值和众数的值可能存在较大的差异，因此你需要慎重地选择报告哪个平均数的测量值。个人收入的数据是这个问题的一个很好的例子。个人收入很可能不符合典型的钟形曲线的形状。相反，在分布的顶部存在足够高的收入值扭曲了均值，因此，中值是典型收入的较好反映。

在第9章我们指出，对于时间序列数据，当这些数据随着时间的推移而递增或递减时，计算描述性统计量并不一定是有用的。在这种情况下，你可以查看这一段时间的平均增长率而不是平均值。让我们回到能源危机的例子。你可能会问，在研究的整个期间能源价格与能源消费变化的百分数是多少？例如，从1973年到1980年，能源的实际价格上涨了91%，而每单位GDP能源消费量减少了23%。这表明了一种负向关系，就像需求定理指出的那样。

使用**协方差**可以更正式地评价两个变量之间的关系。协方差是两个变量共变程度的测量指标。数学上它与标准差和方差有关。然而，协方差很难直观地进行解释。因此，研究者常常使用一个密切相关的概念——**相关系数**。相关系数测量了两个变量线性相关的程度。相关系数，其值在-1到+1之间，测量了线性相关的方向和强度。假如我们画出了能源价格对能源消费量的图，并且画出了最好地拟合数据点的直线。这条直线的斜率表明了价格和消费量之间（假设）的线性关系。斜率可能为正，也可能为负。关系的强度将由数据点的分散程度——数据点接近或远离直线的程度——反映。如果平均分散程度小，那么多数数据点将被发现"接近"这条直线。在这种情况下，我们说价格和消费之间的相关性强。相关性越强，正相关时相关系数就越接近+1，负相关时就越接近-1。如果平均分散程度大，那么多数数据点将"远离"这条直线。在这种情况下，我们说价格与消费之间的相关性弱。相关性越弱，相关系数越接近0。例如，这一时期实际能源价格与单位GDP能源消费的相关系数为-0.95，这表明了强的负线性关系。

10.3 人类行为的随机性

数据分析受到三个主要问题的制约。这些问题是：第一，人类行为的随机性的影响；第二，两个变量之间的关系可能被其他变量的影响掩盖的事实；第三，因果效度，即相关关系不同于因果关系的事实。在下面的部分我们将分别探讨这些问题。

社会科学研究面临的困难之一是人类行为的**随机变化**。由于随机变化的影响能够掩盖一些潜在的关系，因此提出了关系效度的问题。让我们用一个例子来解释这种情况。假定消费者支出（C）仅仅系统性地受到收入（Y）的影响。从代数上讲，这可以表示如下：

$$C = bY \tag{10-1}$$

其中，b 是一个表明 C 与 Y 关系的正常数，也就是 C 对 Y 图形的斜率。

然而，进一步假定在任何时期个人实际的支出比上述值稍大或稍小一个**随机量**。因此，消费者支出实际上为：

$$C = bY + e \tag{10-2}$$

其中，e 反映了支出的随机变化。

如果我们用数据作图，它可能看上去像图 10.2。

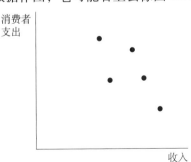

图 10.2　消费者支出与收入的样本数据

如果我们想象一条通过图 10.2 中这些点的直线，它将有一个负斜率，表明 C 与 Y 之间的负向关系。但是它们是负相关的吗？多数社会统计是基于样本数据而不是总体数据的。关于任何数据集要问的关键问题是它是否真正代表了背后的总体数据。我们在第 4 章中指出，为了使论证有说服力，提供的证据必须具有代表性。这是该观点的一个例子。这里实际上存在两个重要的问题：第一，样本足够来有效地表明数据中的一些潜在关系吗？第二，样本是随机的吗？这些问题是相关的，但是第二个问题更为关键。

假定如方程（10-2）所描述的，消费和收入是正相关的。如果我们获得了数据的一个大的随机样本，那么有正误差的数据点可能与有负误差的数据点是相当的，因此误差会相互抵消，数据会表明真实的内在关系。样本多大才是足够大呢？通常的简单规则是 30 个或更大的样本量就足够大了。严格地讲，样本应该有 30 个或更多的**随机**数据点。获得真正随机的样本是困难且昂贵的，因此，一般的样本都不是随机的。[5]宏观研究中随机样本也几乎是不可得的，在时间序列数据中更普遍。在任何情况下，结果都是存在偏差的。

这告诉了我们什么呢？图 10.2 中的数据可能不是随机样本。因此，当潜在的关系是正相关时，该图中的点看上去却是负斜率的。这种异常的原因是，任何样本数据都会存在包含非随机选择误差的可能性，因此，数据会表现出一种不能反映出背后总体规律的模式。换句话说，样本数据不够大或误差不够随机以相互抵消。因此，这一现象实际上是由于误差的偶然选择，使得消费者支出与收入表现出负的关系。这叫作**抽样误差**。

这一点展示在图 10.3 中，其中，原始样本用实心点表示，而总体的其他点用空心点表示。注意，根据总体画出的直线表明两个变量之间存在正确的正相关关系。

实践中，问题可能比我们展示的更严重。所有的数据都存在某种程度的测量误差，这是一个工具效度的问题。这种测量误差也会反映在方程（10-2）中的 e 项上。

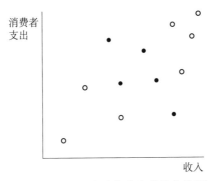

图 10.3　消费者支出与收入的总体数据

10.4　统计方法

处理人类行为随机性的方法是引入统计方法来确定抽样误差的可能性。让我们继续上一部分的例子来说明怎样确定抽样误差，其中假设消费和收入之间存在某种关系，见方程（10-2）。

使用统计方法时，重要的是区分两个概念：**原假设**与备择假设或**维持假设**。维持假设是模型的理论预测。然而，一般来说，当经济学家使用统计方法检验理论时，他实际上是在检验原假设。因此，原假设有时被称为**统计假设**，也就是实际被统计检验的假设。如果根据证据原假设被拒绝，那么结果就支持或与维持假设一致。在方程（10-2）中，我们在估计 b 的值，即收入和消费之间的关系。因此，实际上统计检验的原假设为 b 为 0，而维持假设是 b 不为 0。

即使原假设是成立的，给定的样本数据也可能会表现出某种关系，使得 b 的估计值不为 0。事实上，我们能够从所有可能的样本数据观察到的结果往往沿钟形曲线分布，如图 10.4 所示。关于这条钟形曲线，你应该注意到一些问题。首先，在任何点上，曲线的高度反映了那个观测值出现的概率。其次，钟形曲线

围绕 $b=0$ 的值是对称的，$b=0$ 意味着没有关系。因此，应该明确 b 的观测值越接近 0（即原假设）比 b 的观测值越远离 0 这种情况更可能发生。由于我们假定原假设为真，因此这听起来是合理的。反过来说，给定的 b 的观测值离 0 越远，这种情况就越不可能发生。在某些数值上，概率是如此之小，以至于观察到的可能性是如此之低，因此，我们拒绝原假设而更喜欢备择假设，即观察到的关系不是由于随机误差，而是反映了真实的关系。这种结果支持维持假设。

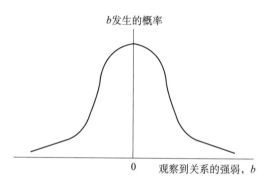

图 10.4　对所有可能的样本观测到的"b"的分布

多远就足够了呢？你需要有多么确定才能拒绝原假设而偏好备择假设呢？这一问题的答案被称为**显著性水平**。显著性水平是当原假设为真时，研究者拒绝原假设所愿意承担的风险。另一种考虑显著性水平的方式是，研究者本应该拒绝却接受其维持假设的概率——换句话说，也就是研究者错误地接受维持假设的概率。尽管 1% 的显著性水平可能更令人信服，但大多数研究者更愿意使用 5% 的显著性水平。总之，如果你使用 5% 的显著性水平，那么在原假设为真时你将有 5% 的机会拒绝它；因此，当原假设为真时你有 95% 的机会不会拒绝它。[6]

> **对新手研究者的提醒**
>
> **第一类错误与第二类错误**
>
> 统计学家通过讨论第一类错误与第二类错误来规范统计推断的讨论。错误地拒绝原假设被称为**第一类错误**。为了说明第一类错误,考虑一个受到抢劫罪审判的人。在美国的法律系统中,被告人在被证明有罪前都被假定是无罪的。因此,统计学家说原假设为被告是无罪的。假如他实际上是无罪的,但是陪审团却宣判他有罪。在这种情况下,陪审团犯了第一类错误。研究者可以用较低的显著性水平来减少犯第一类错误的可能性——也就是在接受观点为有效之前要求更高的证明标准。错误地接受原假设被称为**第二类错误**。为了说明这种情况,假定我们例子中的被告人实际上是有罪的。如果陪审团认为他是无辜的,他们就犯了第二类错误。研究者通过增加样本容量来减少犯第二类错误的可能。

10.5 简单的统计假设检验

我们利用一个使用 t 检验的例子来展示简单的统计假设检验。简单的统计假设检验(simple statistical hypothesis testing)是一般所认为的**统计假设检验**的一种情况。假如我们想知道某个样本的均值是否与某个被称为默认均值的标准有差异。例如,我们可能会问高中辍学生的失业率是否与一般劳动力的失业率不同。t 检验可以用来回答这个问题。[7] t 检验检验样本均值(本例中是高中辍学生的平均失业率)离默认均值(如所有人的平均失业率)是否足够远以至于在统计上可以被认为是不同的。我们来回顾如何进行这种检验。

第一步是用下面的公式计算估计的 t 统计量:

$$t = (\bar{x} - \mu)/(s/\sqrt{n}) \tag{10-3}$$

其中：
- $\bar{x}$ 为高中辍学生的平均失业率（即样本均值）；
- μ 为一般劳动力的失业率（即默认均值）；
- s 为高中辍学生失业率的标准差（即样本标准差）；
- $\sqrt{n}$ 为数据集样本容量 n 的平方根。

还应该注意，$s/\sqrt{n}$ 称为高中辍学生平均失业率的**标准误差**（standard error）。

检验的原假设为高中辍学生的平均失业率与一般劳动力的平均失业率不存在显著差异。这类似于前面部分中"没有关系"的假设。你选择自己可接受的显著性水平（如5%或1%）。然后把估计的 t 值与期望显著性水平下 t 的临界值进行比较。[8] 准确的 t 的临界值可以在统计学教材中的表格里得到，如附录10A中的表格或者在线表格（如在 http://www.statsoftinc.com/textbook/sttable.html）。

如果估计的 t 值超过了 t 的临界值，那么你就可以得出样本均值与默认均值概率同样很低的结论。因此，可能观测到的任何差异都不是由于随机机会；反过来讲，观测到的差异可能是真实存在的。

我们用从美国劳工统计局网站（www.bls.gov）获取的1993年1月到2003年10月的月度数据来构造这个 t 检验。数据被下载到一个 Excel 电子表格中，计算下面的统计量：
- $\bar{x}$（高中辍学生的平均失业率）= 8.26%
- μ（一般劳动力的失业率）= 5.28%
- s（高中辍学生失业率的标准差）= 1.37
- n（数据集的样本容量）= 130 个月度观测值，因此，$\sqrt{n} = 11.40$
- $s/\sqrt{n}$（标准误差）= 0.12

用方程（10-3）给出的公式，我们可以计算观测到的 t 统计量值：

$$t = (8.26 - 5.28)/0.12 = 24.83$$

在 5% 的显著性水平下，t 的临界值为 1.98。由于观测到的 t 值为 24.83，超过了 t 的临界值 1.98，因此我们可以得出结论：高中辍学生与一般人口在统计上具有显著不同的失业率。

Wyrik（1994，195）提供了 t 检验的直观解释。他指出 t 统计量是"观测到的……差异（如失业率之间）与所有因素引起的……正常变异（失业率中）的比值"。Wyrik 指出："如果比值'大'，那么观测到的……差异就超出了我们能归因于随机波动的量。"因此，我们可以合理地得出结论：两个就业率实际上是存在差异的。另一方面，"如果比值'小'，那么观察到的……差异与正常……波动相比小，那么得出观察到的差异显著的结论就是错误的。"

其他方法：p 值

进行 t 检验的另一种方法运用得越来越普遍。它被称为 p 值。p 值是精确的或观测的显著性水平。更正式地说，假定原假设是成立的，那么 p 值就是在备择假设方向得到一个大于或等于所获得 t 值的估计值的概率。如果观察到的概率低于显著性水平，原假设就被拒绝。

p 值方法的一个优势是它不需要查 t 分布的临界值表。由于 p 值方法与 t 检验是等价的，因此多数统计软件包都提供 p 值。

10.6　干扰变量

我们前面说过，数据分析的第二个问题是两个变量之间的关系可以被其他变量的影响所掩盖。统计学家把这一问题称为解释变量干扰。它既影响非正式经验主义，又影响简单的 t 检验。即使对数据使用随机抽样，也可能得到一个看上去像图 10.2 那样的样本。假定关注的变量（如前面例子中的消费者支出）受到假设原因（如收入）之外的其他因素的影响，可能的其他变量的例子包括利率或家庭财富。我们可以把消费者支出方程修改如下：

$$C = b_1 Y + b_2 i + e \tag{10-4}$$

现在假定在样本期间利率显著下降，而收入没有下降。在这种情况下，数据反映了利率对消费的影响而不是对收入的影响。这种情况展示在图10.5中，其中，样本数据反映了消费曲线的移动而不是沿着曲线的移动。为了更准确地衡量消费支出和收入之间的关系，我们必须控制所有其他对消费有影响的变量，如利率。如果没有这种控制，Y 与 i 的影响就不能被区分开来，因此数据的可视化或者统计检验可能是有缺陷的。这就是经济学家普遍做出的其他条件不变（"其他条件相同"）假定的基础。

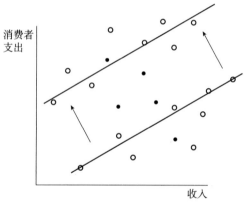

图10.5　利率对 C 与 Y 之间关系的影响

因此，控制变量是研究中被保持不变的量。有时，严谨的检验设计可以解决这个问题。例如，20世纪70年代能源需求的研究被经济增长引起能源消费上升的事实所混淆。通过分析每美元GDP能源消耗（即 Qd/GDP），很明显，尽管实际能源价格上升了，能源消耗也上升了，但是与需求定理一致的是每美元GDP的能源消耗下降了20%。

更一般的解决方法是使用**多元回归分析**（multiple regression

analysis），它是经济学家在进行经验分析时使用得最多的一种工具。理解回归分析的一种方式是，它是一种当控制所有可能影响你关注变量的其他因素后，检验假设的一种工具。更具体地说，回归是一种估计每一解释变量单独影响的技术，因此，在统计上保证了其他条件不变。怎样进行并解释简单多元回归的详细讨论是第 11 章的重点。

10.7　因果效度

数据分析的第三个困难涉及因果效度。由于实验设计较好地控制了外部因素，因此对于确定因果关系，它们比经济学家一般使用的调查（或非实验）设计更有效。调查设计通常仅仅能够建立联系或相关关系。相关系数给出了两个变量之间相关变异的正式数学测量。当评价一个假设时，我们当然希望发现高度的相关性。然而，相关系数仅仅表明两个变量之间统计关系的存在，它并没有说这是不是两个变量行为上的关系或者这种关系是否仅仅是统计上的偶然事件。即使是一种行为关系，相关系数也不能确定因果关系是假设方向的 $[C = f(GDP)]$ 还是相反方向的 $[GDP = f(C)]$。简而言之，牢记相关关系不一定是因果关系是重要的。特别要注意，回归分析不能证明因果关系！

那么，什么能证明因果关系呢？这里没有明确的答案。现存的经验检验方法论，尤其是调查研究，都不是很有效。在一个研究项目中，你最多能够期望经验证据不与你的假设相互矛盾。在这种情况下，我们说证据与假设一致或证实了假设。Ethridge（1995）指出，调查设计的因果含义来自概念性分析，而不是证实概念性分析的经验证据。尽管调查研究不能以实验研究的方式证明假设，不同研究者在不同时间使用不同数据集进行的多个基于调查的研究还是可以为假设中的因果性提供有力的证据。

对新手研究者的提醒

什么是适当的经验检验？

考虑到检验方法的成本和收益后，研究者应该根据其研究的具体目标选择适当的经验检验。但这并不意味着最复杂或最高级的方法总是最好的。（回归不一定是必要的！）

作为一个一般的规则，你应该使用能充分控制外部因素的最简单的检验。最重要的是记住，你研究设计的有效性绝不会高于该设计任何部分的有效性。因此，如果你的数据是值得怀疑的，那么即便最高级的统计技术也无法改进它。

总 结

- 经验检验的目的是，评价你的理论分析对于一个问题或难题的有效性。
- 经验研究的有效性有很多方面：内部效度与外部效度、工具效度、关系效度与因果效度。
- 数据分析的三个困难可以削弱研究的有效性：
1. 人类行为的随机性
   解决办法：统计显著性检验
2. 被解释变量可能受到假设的解释变量之外的其他因素的影响
   解决办法：控制变量
3. 相关性不是因果关系
   解决办法：合理的理论构建；采用不同方法进行多次研究

注　释

1. 注意，当我们说 X 引起 Y 时，我们假定所有其他可能的对观察结果有影响的解释变量都得到了控制。这是一个很强的假定，因为总是存在某些可能无法识别的解释变量。我们将在本章后面的部分详细讨论这些问题。

2. 你还应该考虑工具的可靠性与灵敏性。

3. 然而，缺乏足够的数据限制了你应用更有效检验的能力。这再次强调了发现高质量数据集的重要性。

4. 对于样本容量为偶数的情况，中值为一半样本的观测值大于它而另一半样本的观测值小于它的数。换句话说，它是样本中两个中间数字之间的数。对于样本容量为奇数的情况，中值就是样本中间位置的数。

5. Best（2001）指出，社会科学研究常常使用"便利抽样"，就是使用你遇到的样本而不是费力地去建立一个随机样本。

6. 注意，关于原假设何时不成立，这没有直接说任何东西！统计检验检查的是不存在统计关系的原假设。更准确地说，它试图证伪原假设。显著性水平定义了我们对正确地拒绝原假设多有信心。关于你能对维持假设多有信心，这没有直接说任何东西。

7. 要使 t 检验成为适用的方法，数据应该是服从正态分布的随机样本。

8. t 的临界值依赖于三个因素：要求的显著性水平、检验是双侧的还是单侧的，以及自由度。单侧检验将检验下面两个假设中的一个：样本均值（$\bar{x}$）小于默认均值（μ），或者样本均值大于默认均值。相反，双侧检验将检验样本均值（$\bar{x}$）不等于默认均值（μ）的假设。因此，这是一个更一般的检验。自由度被定义为 $n-1$，其中，n 为样本容量。在我们的例子中，自由度为 $130-1=129$。

进一步阅读的建议[①]

Best（2001）——非常深入的关于如何构造数据序列与它们可能扭曲旨在测量的变量的著作。

Huff（1954），特别是第 3、4、8 章——关于统计显著性的出色且直观的解释。

McCuen，Johnson & Davis（1993）——非常具有可读性的针对科学家的技术写作简介；尤其可以阅读第 4 章——交流技术数据与统计。

Phillips（1996）——非常深入、直观的统计方法的用户指南。

Myrick（1994）——针对本科生的回归分析指南。

练 习

1. 搜集 20 年来美国通货膨胀率与货币供给（M1）增长率的年度数据。计算通货膨胀率与货币供给增长率的均值、中值和众数，以及标准差和极差。把两个变量画在一张图中。你发现两个变量之间的什么关系了吗？计算通货膨胀与货币增长之间的相关系数。

2. 在你的研究假设中，关键变量——就是你的被解释变量与

[①] Angrist, J. D., Pischke, J. S. *Mastering' Metrics: The Path from Cause to Effect*. Princeton University Press, 2015.

Pearl, J., Glymour, M., Jewell, N. P. *Causal Inference in Statistics: A Primer*. John Wiley & Sons, 2016.

Morgan, S. L., Winship, C. *Counterfactuals and Causal Inference* (2nd Edition). Cambridge University Press, 2015.

假设影响它的变量——是什么？为每一个变量搜集20个数据。计算每个变量的均值、中值和众数，以及标准差和极差。把被解释变量与每一个解释变量画在一张图中。你发现两个变量之间的什么关系了吗？计算两个变量之间的相关系数。

3. 过去10年你所在州的失业率与国家的失业率在统计上是不同的吗？构建一个 t 检验来检验这个假设。

4. 考虑你的研究假设。在本练习的第2题中，除了你发现的解释变量之外，还有哪些变量可能影响被解释变量，因此需要在你的经验检验中加以控制呢？

附录 10A：t 统计量临界值表

		显著性水平 单侧检验		
		0.1	0.05	0.01
	1	3.078	6.315	31.82
	2	1.886	2.920	6.965
	3	1.638	2.353	4.541
	4	1.533	2.132	3.747
	5	1.476	2.015	3.365
	6	1.440	1.943	3.143
	7	1.415	1.895	2.998
	8	1.397	1.860	2.896
	9	1.383	1.833	2.821
	10	1.372	1.812	2.764
	11	1.363	1.796	2.718
	12	1.356	1.782	2.681
	13	1.350	1.771	2.650
	14	1.345	1.761	2.624
自由度	15	1.341	1.753	2.602
	16	1.337	1.746	2.583
	17	1.333	1.740	2.567
	18	1.330	1.734	2.552
	19	1.328	1.729	2.539
	20	1.325	1.725	2.528
	21	1.323	1.721	2.518
	22	1.321	1.717	2.508
	23	1.319	1.714	2.500
	24	1.318	1.711	2.492
	25	1.316	1.708	2.485
	26	1.315	1.706	2.479
	27	1.314	1.703	2.473
	28	1.313	1.701	2.467
	29	1.311	1.699	2.462
	30	1.310	1.697	2.457
	∞	1.282	1.645	2.326

资料来源：该表格来自 Quantile，StudentTDistribution，以及 NormalDistribution in *Mathematica*。

第11章 回归分析简介

> 你可以使用所有能获得的定量数据,但仍然必须怀疑它们,并运用自己的智慧和判断力。
>
> ——阿尔文·托夫勒

上一章我们指出,回归分析是经济学家采用最广泛的检验假设方法。因此,它值得作为单独的一章来讨论。但是,本章不能替代计量经济学的课程。本章更像一堂音乐欣赏课,不能使你成为音乐家,但是它能使你理解与欣赏某种类型的音乐,甚至可能使你自己作一些曲子。本章有两个基本目标:

- 使你能够足够好地理解已发表的回归结果,以判断它们是否支持假设;
- 提供一个进行简单回归以检验研究假设的指南。

11.1 回归分析的步骤

回归分析是在控制可能影响主要研究变量的其他因素的情况下检验假设的一种工具。回归分析可以分为5个步骤,如表11.1所示。我们将在下面的部分详细讨论这些步骤。

表11.1 回归分析的步骤

步骤1:陈述假设
步骤2:检验假设,即估计关系

(续表)

步骤3：解释检验结果
- 参数估计值在多大程度上证实了步骤1中提出的维持假设？
- 参数估计值在统计上显著吗？
- 它们在经济意义上显著吗？
- 参数估计值在现实世界合理吗？与经济学理论一致吗？在过去估计值的范围内吗？
- 总体上回归模型拟合得有多好呢？

步骤4：检查并修正回归分析的常见问题

步骤5：评估检验结果
- 总体上来说，结果在多大程度上支持假设呢？

11.1.1 步骤1：陈述假设

回归分析的第一步是陈述维持假设。假如你观察到20世纪90年代股票价格的显著上升，想知道这种上升对该时期推动经济扩张的消费支出有多大程度的影响，那么你可以假设股票市场财富（SMW）对消费支出有正向影响：

$$C = f(\text{SMW}), \text{其中} f' > 0 \tag{11-1}$$

研究者把 C 称为**被解释变量**，换句话说，就是我们试图去解释的概念。与此相对应，SMW 是**解释变量**或**自变量**，即我们假设能够解释或引起被解释变量的概念。

传统上，分析者假定被解释变量与解释变量之间存在线性关系。[1]这样的假定基于两个理由：第一，非线性估计操作极为困难且耗费时间；第二，即使关系是非线性的，我们也常常可以采用线性关系来近似它。后一个观点展示在图11.1中，它给出了通货膨胀率与失业率的散点图。最好地拟合这些数据的函数是一条曲线而不是直线，但是直线所展现的与该函数相当接近。然而，越来越多能进行非线性计算的计算机程序使非线性回归更加普遍。无论如何，线性回归仍然是较常见的，我们这里还是采用线性模型。[2]

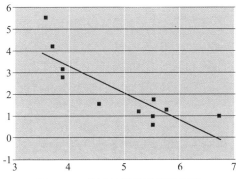

图 11.1 非线性函数的线性近似

如果我们假设股票市场财富与消费支出之间存在线性关系，就可以用代数形式把假设表示如下：

$$C = a + b\text{SMW} \tag{11-2}$$

如果你用直线来考虑这一问题，那么 b 表示假定其他条件不变时，SMW 的变化会引起 C 多大的变化。换句话说，b 表明直线的斜率。类似地，a 代表直线的纵轴截距。数学上，它表明当 SMW 为 0 时，C 为多少。由于假设的关系中仅有两个显性变量，我们称它为双变量回归。

目前，我们没有讨论回归分析的一个重要优点：它使我们能控制干扰变量的影响。尽管我们主要对股票市场财富与消费支出之间的关系感兴趣，但经济学理论表明其他变量也可能影响消费支出，例如，收入（Y）及其他可能形式的财富（OW）。我们可以很容易像下面这样把其他变量引入模型：

$$C = a + b_1 \text{SMW} + b_2 Y + b_3 \text{OW} \tag{11-3}$$

由于被解释变量受到多个解释变量的影响，因此，多数回归研究，就像这个研究，是**多元（或多变量）回归**。

一旦我们以方程（11-3）的形式正式陈述了假设，那么重要的就是确定我们的理论预测。注意，对模型中的每一个解释变量都存在一个维持假设（或理论预测）。在我们股票市场财富的例子中，维持假设预测较高的股票市场财富应该导致较高的消费支出。因此，b_1应该为正数。研究者还应该对控制变量进行预测。例如，我们可能预期由b_2与b_3表示的收入和其他形式的财富对消费支出的影响为正。绝不在没有明确识别可验证假设的结果的情况下进行回归是一种科学的做法。

11.1.2 步骤2：检验假设，即估计关系

回归分析的下一步是分析被解释变量与解释变量的数据以研究它们之间可能的关系。我们在第10章了解到，即使维持假设是成立的，每一个观测的数据点也都包含由随机因素、测量误差或者人的主观性引起的误差。因此，多元回归模型就变成了如下的形式：

$$C = a + b_1\text{SMW} + b_2Y + b_3\text{OW} + e \tag{11-4}$$

图11.2中，C与SMW数据的图形表现为有向上斜率的数据的散点图。[3]

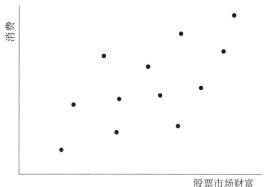

图11.2　消费与股票市场财富数据的散点图

尽管图11.2似乎表明两研究变量存在正向关系，但这一结论受到两个因素的干扰。第一，我们不知道每一个观测值的误差项是多少。第二，我们仅有数据的一个样本而不是总体，因此不可能把误差

项剔除出来。因此我们不能轻易地得到潜在的关系。退一步来说，只能估计这种关系。这就是要采用回归分析的原因。更具体地说，我们提出关于误差项的某些假定，这些假定使我们能够估计潜在的关系。[4] 违背任何一个标准假定将要求我们采用不同的估计技术。

回归分析会问以下问题：哪条直线"最好"地拟合了数据（见图 11.2）？回忆一下，任何一条直线的方程都是由斜率和截距的具体值来确定的。因此，回归分析过程就是选择斜率与截距的值，以使估计的关系最好地拟合数据。经济学家采用的各种估计技术就是在现有具体数据的情况下解决如何定义"最优"这一问题。

简而言之，回归分析的目的就是得到被解释变量（这里是 C）与每一个解释变量（这里是 SMW、Y、OW）之间关系的估计。因为这里的每一个关系都是在其他条件不变的情况下估计的，它们类似于微积分中的偏导数。这些估计值被称为**估计的参数**或**估计的系数**，它们是回归分析的主要结果。幸运的是，我们不再用手动来完成这项工作。实际上，大量计算机程序（如 Excel、E-Views、SPSS、SAS）都可以进行回归分析。

我们来看一个例子。表 11.2 给出了估计实际消费支出（CONS）与两个自变量——以 Wilshire 5 000 股票市场指数测量的股票市场财富与实际个人可支配收入（REAL_PDI）——之间的关系时得到的结果。在讨论回归分析的各种问题时，我们将以这个估计作为例子。

表 11.2　回归结果的例子

被解释变量：CONS
样本：1990 年 4 月到 2002 年 1 月
观测值：46

变量	系数	标准误差	t 统计量	概率
C	−781.48	178.73	−4.37	0.000 1
W5000	0.009 6	0.006 7	1.43	0.158 7
REAL_DPI	1.041 9	0.038 9	26.8	0.000 0
R^2	0.993 9			

(续表)

被解释变量：CONS	
样本：1990年4月到2002年1月	
观测值：46	
调整后的 R^2	0.9936
Durbin-Watson 统计量	1.4391
F 统计量	3519.2

无论你使用什么统计软件，结果都包括表11.2中第二列给出的系数估计值和可以用来评价检验结果的各种检验统计量。我们将在下一部分讨论怎样评价检验结果。

11.1.3 步骤3：解释检验结果

回归分析中最重要但新手研究者投入最少的步骤可能就是解释结果。解释回归结果不仅仅是一个机械的练习。为了有效，回归要求研究者进行判断。回忆一下，回归分析的目的是评价你的理论分析的有效性。经验证据与你的维持假设一致吗？它支持假设吗？为了回答这些问题，评估回归结果是必要的。在评估时，重要的是记住第10章中提出的观点——研究者一般检验原假设，就是不存在关系。因此，统计假设是理论预测的对立面。

从你的理论预测开始　开始解释结果前，你需要提醒自己希望看到什么证据来支持你的假设。我们在步骤1中已经进行了介绍。你预期能发现每一解释变量与被解释变量之间正的还是负的关系？你对每个系数的大小有预期吗？简单的货币数量论很好地表明了这些，因为它不仅估计了参数的正负还对其大小进行了预测。

货币数量论是古典经济学家采用的总需求理论。古典经济学家假定总需求对就业水平或经济产出没有影响。因此，他们假设通货膨胀率（Pi）与货币供给增长率（%ΔMs）应该是相同的，所以在没有经济增长或货币周转率的变化时，通货膨胀率将不会受到其他因素的影响。这个假定可以用方程的形式表示如下：

$$\text{Pi} = a + b \, \% \, \Delta \text{Ms} \tag{11-5}$$

简单地说，货币数量论预测 a（回归中的纵轴截距）为 0，且 b 为正的 1。

11.1.4 参数估计值在多大程度上证实了你的理论预测？①

一旦你明确陈述了理论预测，就是开始检验参数估计值的时候了。考虑一下表 11.3 所示的预测的和估计的货币数量论的参数值。

表 11.3　回归结果的例子

	a	b
理论预测值	0.0	1.0
估计值	0.004	0.91
估计的 t 统计量	0.2	2.4
估计的 p 值	0.84	0.02

估计系数的数学**符号**是什么？在表 11.3 中，我们发现货币增长项的系数（即 b）为正（+0.91）。但是我们不能把正号作为结论性的证据。回忆第 10 章，我们讨论了由特定数据集给出的经验结果可能是随机因素的结果，而不是由假设的关系所引起的情况。

回归软件一般会报告多个检验统计量来帮助用户评估这种可能性。对于每一个 b 的估计值，软件都会使用第 10 章介绍的公式计算一个 t 统计量的值：

$$t = (\bar{x} - \mu)/(s/\sqrt{n}) \tag{11-6}$$

其中 b 为公式中 x 的角色，μ 为假定的系数真实值。回归软件检验的具体假设是，估计的系数在统计上是否与 0 有差异；因此，使用第 10 章的语言，原假设为 $b = 0$，而理论预测（或维持假设）是 $b \neq 0$。把原假设代入前面的公式可得[5]：

---

① 该部分内容请具体参考计量经济学教科书对照阅读。——译者注

$$t = (b - 0)/(s/\sqrt{n}) \qquad (11-7)$$

$$t = b/\text{SE} \qquad (11-8)$$

其中：

- b 为估计的消费支出与收入之间关系的系数；
- SE 为估计关系的标准误差，定义为解释变量的标准差除以数据集样本容量的平方根。

如果估计的 t 值超过了期望显著性水平的 t 的临界值，那么我们就拒绝原假设，并得出系数在统计上与 0 有差异（或**统计显著**）的结论。因此，报告的数学符号可能是有效的。

相反，如果估计的 t 值没有超过 t 的临界值，我们不能拒绝原假设。因此，任何观察到的关系可能只是由于随机误差，因此报告的数学符号不能被认为是有效的。

对新手研究者的提醒

确定临界 t 值的简单快速规则

临界 t 统计量值常用的简单规则是使它等于 2。这是因为随着样本容量的增加，临界 t 值会从 2.0 多一点开始减少。你应该通过查看附录 10A 的表格来验证这一点。因此，对于几乎任何显著性水平与样本容量，如果估计的 t 值大于 2.0，那么它将大于准确的临界 t 值，所以估计的系数在统计上与 0 是有差异的。

回归软件还计算 p 值，它提供了评价估计的 t 统计量的另一种方法。p 值表示的是，如果原假设为真，你得到大于或等于你估计出的 t 值的概率。如果 p 值足够小，或者更确切地说小于显著性水平，你就能够拒绝原假设，并得出估计的系数统计显著的结论。

对于表 11.3 中的例子，假如 t 统计量的临界值为 2.0。由于估计的 t 值为 2.4，大于 t 的临界值，我们能够得出通货膨胀与货币增长之间存在正向关系的结论，这与古典经济学理论的假设是一致的。此外，还可以使用 p 值方法，由于 p 值为 0.02，小于显著性水平 0.05，因此我们拒绝原假设，并得出估计的系数统计上与 0 存在差异的结论。

那么系数估计值的**大小**怎样呢？某些假设对系数的大小做出了非常具体的预测。例如，货币数量论预测常数项 a 为 0，而 b 为 1。即使假设对于关系的强弱没有给出具体的预测，由于很多原因，系数的估计值是重要的，我们将简要讨论这些原因。

在评估系数的大小时，我们必须考虑一些问题。在经验研究中，估计的系数精确地等于预测值通常是不可能的。实际上，如果你得出了这种结果，你应该非常怀疑它！毕竟，我们是在研究人的行为。回看表 11.3，估计系数的大小与假设大体相等。问题是，多接近才够呢？判断的一种方法就是构造一个检验来检验估计的系数是否在统计上不同于理论的预测。为了进行检验，从方程(11–6)给出的 t 统计量的公式开始，我们把它重新写在下面：

$$t = (\bar{x} - \mu)/(s/\sqrt{n}) \quad (11\text{–}6)$$

原假设是两个系数是相等的；因此，把原假设代入公式得到如下的式子：

$$t = (\hat{b} - b)/(s/\sqrt{n}) \quad (11\text{–}9)$$

或

$$t = (\hat{b} - b)/\text{SE} \quad (11\text{–}10)$$

其中：
- $\hat{b}$ 为估计的系数；
- b 为预测的系数；
- SE 为估计系数的标准误差。

在我们的例子中，检验统计量为 $(0.91 - 1.0)/2.6 = -1.6$。[7] 由于估计的 t 值小于 t 的临界值 2.0，因此我们可以得出结论，估计系数与理论系数统计上没有差异。换句话说，估计的系数足够接近。因此，这个结果就像前面数学符号检验的结果一样，支持假设。

注意，对常数项也可以进行同样的检验。本例中，由于对常数项预测的系数为0，因此你可以不进行计算而直接使用回归软件报告的默认检验。

> **对新手研究者的提醒**
>
> **评价估计系数的统计显著性**
>
> 在表11.2给出的例子中，我们的假设是，在20世纪90年代消费支出是由股票市场繁荣驱动的。为了评估这一假设，我们来检验"W5 000"的系数估计值，它衡量了Wilshire 5 000股票市场指数与消费支出之间的关系。估计的W5 000的系数为0.009 6，标准误差为0.006 7。使用方程（11-8）给出的方程，我们可以证实 $t = b/SE = 0.009\ 6/0.006\ 7 = 1.43$。该检验的自由度为 $n - 1 = 46 - 1 = 45$。① 对于95%的置信水平的单侧检验，临界值为1.68。[6] 由于估计的 t 值小于 t 的临界值（1.46 < 1.68），我们得出结论：估计的系数在统计上与0没有差异。因此，我们的假设没有得到数据的验证——假设是不成立的。

11.1.5 统计显著性与经济显著性

进行估计结果的统计分析是评价的开始而不是结束。即使在理论没有对系数的大小做出预测时，为了在现实中有用，分析者也需要了解关系的强弱。考虑下面的方程：

$$\text{GDP} = a + b\text{INT} \qquad (11\text{--}11)$$

其中 INT 为利率。在货币政策研究中，b 是 -0.001 还是

---

① 应为 $n - k - 1 = 46 - 2 - 1 = 43$，$k$ 为模型中解释变量的个数。——译者注

−1 000 关系十分重大。

McCloskey（1998）指出，经济学家常常混淆统计显著性与科学或**经济显著性**。假如在我们前面的回归中，估计的 b 的 t 统计量值大于 t 的临界值，那么，你能够得出系数在统计上与 0 存在差异的结论。但是，如果系数的数值很小（如 −0.001），那么解释变量（本例中为利率）在实践中可能不重要。换句话说，即使是统计显著的，利率也可能不是被解释变量（GDP）非常重要的决定因素。

这个观点得到 Kennedy（2003）进一步的强调。他发现，由于几乎任何有关变量都对被解释变量有某种（即很小的）可测度的影响，所以，如果样本容量足够大，任何变量都可能是统计显著的。但是，真正重要的是影响的大小。

McCloskey 还表明了相反的观点：一个变量可能无法通过显著性检验，但在经济意义上仍然是重要的。购买力平价（PPP）理论假定两种货币的汇率应该等于两个国家总体价格水平的比值：

$$ER = P_{US}/P_{Japan} \quad (11\text{-}12)$$

其中：

- ER 为汇率（美元/日元）；
- P_{US} 为美国的消费者价格指数；
- P_{Japan} 为日本的消费者价格指数。

假如 PPP 理论检验得出的系数为 0.9，而且数据表明它与理论假设的 1.0 在统计上存在差异（可能是由于大样本造成的），你应该得出理论无效的结论吗？对理论的深入思考可以得出结论：现实世界的不完美，如被理论忽略的运输成本，阻碍了系数接近于理论值 1。简而言之，即使估计的系数在统计上与原假设存在差异，它可能在经济意义上也已经足够接近，这就意味着理论假定的行为事实上正在发生。

11.1.6 参数估计值合理吗？

当你分析一个系数的估计值时，应该问许多问题。假如你估计了作为新汽车价格及许多其他解释变量函数的新汽车需求：

$$Q_d = a + b_1 P + b_2 X \qquad (11-13)$$

其中：
- Q_d 为新汽车的需求量；
- P 为新汽车的价格；
- X 为其他解释变量。

参数估计值的单位是什么呢？如果你不知道测量单位是什么，解释参数估计值的含义是困难的。假如价格以千美元衡量，需求量以千辆汽车衡量。那么，根据方程（11-13），b_1 为 $\Delta Q_d / \Delta p$ = 千辆汽车/千美元 =1 美元的汽车数量。你应该总是使用有意义的单位报告回归结果！

对新手研究者的提醒

估计的最大系数不一定是最重要的！

研究者有时认为有最大估计系数的变量是最重要的。毕竟它对被解释变量有最大的影响。真的是这样吗？假如一个变量以 100 万定义而另一个以 10 亿定义。如果后者的系数小于前者的系数，但是没有小 1 000 倍那么多，那么它仍可能比前者对被解释变量有更大的影响。或者，假如一个变量用 10 亿美元测量，但另一个以百分数测量（如利率），那么，较大的系数不一定有较大的影响，因为 10 亿美元的一个单位的变化与利率的 1% 的变化是不同的。另一个常见错误是认为有最大的 t 统计量的变量是最重要的变量。正如我们前面所指出的，具有大 t 统计量的小系数仅有较小的影响，因此不要犯这种错误。

如果单位确定了，参数估计值就是合理的吗？它们与常识一致吗？假如 b_1 的估计值为 $-5\,226\,371\,462$。这表明价格下降 1 美元会引起新汽车的购买量增加约 52 亿辆。考虑到 1999 年美国汽车的总产量约为 50 亿辆,这一系数的估计值是值得怀疑的。认为价格仅下降 1 美元就会使汽车的需求量翻倍是不合理的。

得到不合理的参数估计值表明存在这种或那种的计量经济学问题。例如,模型可能遗漏了一个重要变量,或者本质上关系是非线性的。我们将在步骤 4 转向这个问题的简要讨论。

对新手研究者的提醒

评价估计系数的合理性

表 11.2 的例子把收入作为消费支出的影响因素。因此,估计的收入系数是边际消费倾向。系数的估计值为 1.04,严格地讲它落在了理论范围之外。但它是不合理的吗?大量证据表明 20 世纪 90 年代消费者出现了支出热潮。1.04 的估计值与理论范围的上限在统计上没有显著差异,因此你可以得出结论:它是合理的。相反,如果估计的系数 5 倍或 10 倍地大或小,它就是不合理的。

更一般地说,评价参数估计值合理性的一种方法是把它们转换为弹性。[8] 对于线性需求方程,估计的系数为 $\Delta Q_d / \Delta P$、$\Delta Q_d / \Delta Y$,等等。需求价格弹性定义为 $\% \Delta Q_d / \% \Delta P$ 或者 $\Delta Q_d / \Delta P \times P / Q_d$。为了得到弹性的平均值,你可以用样本数据中价格的平均值与需求量的平均值的比值乘以估计的系数。其他的供给弹性或需求弹性可以用类似的方式计算。例如,为了估计平均需求收入弹性,你可以用数据中的平均收入与平均需求量的比值乘以估计的系数。

评价估计系数时,另一个要问的问题是它们与经济学理论是否一致。换句话说,理论对于系数的大小有什么提示吗?例如,在估计消费函数时,收入的系数是边际消费倾向,理论告诉我们它应该为正的分数(即 $0 < b < 1$)。你估计的系数是正分数吗?

此外,你还应该问参数的估计值与以前其他学者的估计值相比如何。它们接近那个范围吗？如果它们偏离得太远，表明可能存在一个应该被解决的计量经济学问题。如果你的系数估计值"通过了"所有这些检验，你就可以认为它们是有效的。

你应该注意，常常会出现混合的结果。其中某些参数的估计值与你前期的预期一致（即足够接近），而其他的则不一致。毕竟这些是不完美的检验，而且数据很少有理想的情况。在这种情况下，分析者需要进行判断。具体假设涉及的解释变量支持理论，而控制变量不支持理论吗？多数变量与理论一致吗？

11.1.7 回归模型拟合得好坏程度如何？

前面我们已经指出，回归分析为了建立拟合数据的"最优"回归而选择参数的估计值。多数回归软件计算检验统计量来帮助用户确定这一目标实现得有多好。两个最常用的指标是 R^2（或调整后的 R^2）与 F 统计量。

R^2 是模型解释的被解释变量的变化比例的估计。比例越高，模型对被解释变量的变化解释得越好。注意，这并不等同于"证明了"你的假设。我们稍后将详细解释这一点。根据 R^2 的计算方法，只要你增加更多解释变量，R^2 就会增加。实际上，即使你增加的变量对被解释变量没有显著的影响，R^2 也会增加。但这是在欺骗！调整后的 R^2（通常称为 $\bar{R}^2$）修正了这一问题。这里我们不区分这两种形式，但是如果可以选择的话，你应该选择调整后的 R^2。

F 统计量检验所有估计的系数同时（全部）为 0 的假设；也就是说，它检验假设对于所有的 n 个系数，$b_1 = b_2 = \cdots = b_n = 0$。这个工作非常像前面描述的 t 检验。如果估计的 F 统计量大于从统计表得到的 F 分布的临界值，那么我们拒绝原假设，并得出所有系数的整体在统计上显著的结论。因此，模型整体有一定的有效性。注意，F 统计量与 R^2 检验了同样的问题：模型整体对数据解释得有多好。

统计显著性是一个好东西，但它常常受到过分的关注。例如，新手研究者常常相信，回归分析唯一重要的结果是"高"的 R^2。坦白地说，这是错误的。在检验假设的情况下，R^2 能提供有用的诊断信息，但仅仅是间接地提供。（相对比来说，在预测的情况下，R^2 有更直接的关系。）低的 R^2 可能是一个或多个解释变量在模型中被遗漏的表现，因此，加入它们能够提高结果的精确性。Kennedy (2003) 指出，高的 R^2 可能是由特殊样本数据引起的——尽管对当前数据拟合得很好，但可能对其他样本拟合得很差。因此，内部效度的获得是以外部效度为代价的。简而言之，统计显著既不是验证假设的必要条件，也不是验证假设的充分条件。考虑一下另一个例子。如果估计系数有错误的符号但在统计上是显著的，假设也是不成立的。这一问题将在本章后面的步骤5中进行深入讨论。

最后的提醒：截面数据的 R^2 一般小于时间序列数据的 R^2。计量经济学家一般认为，如果时间序列数据回归结果中的 R^2 为 0.8 或更高，那么该回归是"好的"。相反，如果截面数据回归的 R^2 仅有这的一半：0.4 及以上，该回归就可以被认为是"好的"。

11.1.8 步骤4：检查并修正回归分析的常见问题

本章开始时我们就确定了所关注的问题：回归分析怎样经验性地检验一个假设？答案就是，回归系数的估计值提供了在控制其他因素的情况下，假设关系的符号和大小。

然而，本章前面讨论的普通最小二乘（OLS）回归方法的有效性依赖于大量技术性假定的成立。实践中，常常会出现一个或多个假定失效的情况。当这种情况发生时，产生的参数估计值就不是令人满意的，这意味着该过程不能充分地检验假设。[9] 因此，人们总是谨慎地分析这种可能性。实际上，在花费大量时间和精力解释得到的初始回归结果前，你就应该分析这种可能性。一般来说，计量经济学软件包提供了使研究者能分析这种可能性的总结性统计量。

我们来考虑回归分析常见的五个问题：自相关、异方差性、设定误差、多重共线性与联立方程偏误。我们将定义每一个问题，提出诊断的方法，并提供可能的解决方法。注意，本章仅是回归的简要介绍，将不对回归问题进行深入讨论。更完整的内容，可参考计量经济学方面的教材，如本章结尾"进一步阅读的建议"中列出的教材。

问题 1：自相关　普通最小二乘回归模型基于被解释变量与解释变量之间的关系潜在是线性（或可加性）的假定。换句话说，回归方程可以表示如下：

$$Y = b_0 + b_1 X_1 + b_2 X_2 + \cdots + b_n X_n + e \qquad (11\text{--}14)$$

其中，Y 为被解释变量，X 为一个或多个解释变量，e 为误差项。模型进一步假定每个样本数据观测值中的误差项与所有其他的误差项相互独立。这个假定的含义是：如果一个误差项为正，那么下一个误差项为正的概率不会大于为负的概率。

假如这个假定不成立。如果一个正的误差项更可能跟着出现另一个正的误差项，或者一个负的误差项更可能跟着出现另一个负的误差项，那么我们就说误差项是自相关的（或序列相关的）。**自相关**意味着误差项相互依赖或者彼此相关。（序列相关指的是时间序列数据中的自相关，它意味着一个时期的误差项依赖于下一个时期的误差项或与其相关。）

自相关的后果是回归软件计算的标准误差将是偏小的，因此，报告的 t 值是被人为放大了的。这意味着，显著性检验可能在解释变量在统计上与 0 不存在差别时却表明解释变量在统计上与 0 存在差别。

自相关表明在确定回归方程的被解释变量的过程中遗漏了某些系统性因素。一种可能性是某个相关的解释变量被遗漏掉了。这可能是**设定误差**的一个例子，即用了不正确的模型。在这种情况下，解决办法是在估计中加入遗漏的解释变量。

然而，真正的自相关发生在问题存在于误差项自身，而不是其他问题的症状的时候，例如，某种导致干扰因素在时间或空间传播的惯性。这种情况的一个例子是投资对利率变化的滞后调整，另一个例子是经济衰退从一个州向临近州溢出的时候。无论原因是什

> **对新手研究者的提醒**
>
> **Durbin-Watson 的快速简化规则**
>
> 在前面的注释中，我们发现一个快速简化规则是使用 2.0 作为假设检验中 t 分布的临界值。这里是一个评价自相关可能性的简化规则：Durbin-Watson 越接近 2.0，自相关就越不可能成为问题。

么，一阶自相关可以模型化如下：

$$e_t = p\, e_{t-1} + \mu_t \tag{11-15}$$

其中，p 为表示一个观测值中的误差项溢出影响下一个观测值程度的一个分数，μ_t 为误差项的随机成分。

检验一阶自相关最容易的方法是使用 Durbin-Watson 统计量（DW），多数计量经济学软件包都可以通过估计方程（11-15）中的 p 来计算它。当 $p = 0$（意味着不存在一阶自相关）时，DW = 2.0。这是原假设。DW 与 2.0 之间的差越大，就越可能存在自相关。具体来说，存在两个 DW 统计量的临界值：DW_U 与 DW_L（分别为上界和下界）。如果估计的 DW 大于 DW_U，那么你就可以得出 DW 在统计上与 2.0 没有显著差异的结论，因此，你不能拒绝没有自相关的原假设。这是希望的结果。如果 DW 小于 DW_L，原假设被拒绝而更支持存在一阶自相关的备择假设。如果 DW 落在 DW_L 与 DW_U 之间，它就落在一个不能判定的区域，因此需要研究者判断下一步应该怎么做。

多数计量经济学软件都赋予用户通过估计自相关系数并把它加入回归模型来解决一阶自相关的能力。因此，在估计模型时，将正确报告 t 值并且系数的估计值会被正确评价。查阅你的软件中的文档来确定如何进行这种修正。

问题 2：异方差性 普通最小二乘回归模型还假定，尽管误差

> **对新手研究者的提醒**
>
> **评估自相关的可能性**
>
> 表 11.2 中提供的回归结果给出的 Durbin-Watson 统计量为 1.43。对于样本容量为 45 且包含两个解释变量的模型,DW 临界值的下限为 1.43,而上限为 1.62。由于估计的 Durbin-Watson 统计量接近无法判断区域的下界,因此有力地表明自相关是一个问题。为了解决这个问题,我们使用一阶自回归项重新估计了模型。结果如下:
>
> 被解释变量: CONS
> 样本: 1990 年 4 月到 2002 年 1 月
> 观测值: 46
>
> | 变量 | 系数 | 标准误差 | t 统计量 | 概率 |
> |---|---|---|---|---|
> | C | −321.68 | 288.51 | −1.156 | 0.2711 |
> | W5000 | 0.025 | 0.0105 | 2.391 | 0.0215 |
> | REAL_DPI | 0.942 | 0.0617 | 15.257 | 0.0000 |
> | AR | 0.473 | 0.1525 | 3.100 | 0.0035 |
> | R^2 | 0.9943 | | | |
> | 调整后的 R^2 | 0.9939 | | | |
> | Durbin−Watson 统计量 | 2.2277 | | | |
> | F 统计量 | 2394.7 | | | |
>
> 注意,Wilshire 5 000 现在在统计上显著了,收入的边际消费倾向(0.942)目前小于 1.00,这与理论是一致的。

项是相互独立的,但它们的方差为常数。这表明,被解释变量大的值没有更多可能比被解释变量小的值有大的误差项。尽管这是一个统计要求,但似乎存在它不成立的经济理由。Kennedy(2003)指出,当你考虑消费者支出与收入之间的关系时,你会发现支出的误差项随着收入的增加而增加不是不可能。

异方差的后果类似于自相关:系数估计值的标准误差是有偏

的。因此，我们不能对参数估计值的统计显著性做出正确的判断。[10]

检验异方差最容易的方法是检查误差项对每一个解释变量的图形。如果随着解释变量的增加误差项大体是相同的，可能就不存在异方差。如果误差项的大小随着解释变量的增加而增加或减少，你可能就遇到了问题，那么你可能希望进行一种更高级的检验，如 Goldfeld-Quandt 检验或 White 检验。

多数计量经济学软件允许用户修正异方差性。因此，在估计模型时正确报告了 t 值并且系数估计值被正确地评价。查阅你的软件中的文档来确定如何进行这种修正。

问题 3：联立方程偏误 普通最小二乘回归模型假定所有解释变量都是独立的或外生的。这意味着解释变量是由被估计模型之外的因素决定的。例如，考虑一位名叫 Susan 的管道工对比萨的需求。我们一般假定一个人对比萨的需求依赖于其收入。现在，Susan 的收入由她作为管道工的工资率乘以她的工作小时数确定。因此，Susan 的收入与比萨的购买无关。或者换种说法，她的收入是外生的，我们可以毫无困难地估计作为她收入函数的比萨的需求。

但是假如除了做管道工，Susan 还管理一家比萨店并获得佣金。因此，与前面的情况相反，她的收入将受到她购买的比萨数量（以及她销售的数量）的影响。换句话说，她的收入是内生的或者是在被研究的模型内部决定的。如果在这种情况下估计了她对比萨的需求，收入的系数就将是有偏的。

当我们估计 Susan 对于比萨的需求时，我们想确定收入对比萨购买的影响。这里的问题是，Susan 的收入也是比萨支出的函数，因此，收入的上升导致她在比萨上支出的上升，而这又导致了收入的上升及她支出的再次上升。因此，显示收入对需求影响的系数将会被高估。

尽管这个例子是我们设计的一个极端情况，但是问题却是一般的问题。当解释变量为内生时，得出的参数估计值将是有偏的。实际上，这被称为**联立方程偏误**。

解决办法是使用一种比普通最小二乘法更高级的估计技术来考虑被解释变量（即 Susan 的比萨购买量）与解释变量（即 Susan 的收入）之间的关系。这种技术超出了本书的范围，但是，可能存在的联立方程偏误的问题，无论如何都是所有研究者应该意识到的问题。

问题 4：设定误差 为了得到回归系数的有效估计，我们必须正确设定被检验的模型。模型设定有两个方面。第一，模型必须包含正确的解释变量，这里的原因应该是不言自明的。第二，假设的方程必须有正确的函数形式。换句话说，如果你正在使用普通最小二乘回归，那么被估计的关系必须是线性的，或近似线性的。

这意味着你可能会遇到三种设定误差。第一，模型可能遗漏了一个或多个相关的解释变量。第二，模型可能包含了一个或多个无关的解释变量。第三，潜在的关系可能不是线性的。

如果你遗漏了一个相关的解释变量，估计的系数将是有偏的，估计的 t 值将会被人为地减小。这将使你的系数比实际在统计上更不显著。遗漏变量的影响可能通过常数项也可能通过误差项表现出来。因此，大且统计显著的常数项表明模型是不完整设定的。类似地，自相关可能表明存在一个被遗漏的变量。这就是估计前理论化如此重要的原因。它也提出了一个解决方案：回到理论推理上，并考虑什么解释变量对于模型可能是重要的。另一种选择是回顾文献，寻找更完整的模型。

另一方面，如果你包含了无关的变量，那么所得到的估计系数是无偏的。然而，它们将放大标准误差并减小 t 统计量的值，这又会使做出统计推断更加困难。

最后，非线性模型的解决办法也是理论。理论表明是线性关系还是非线性关系？如果是后者，有多种解决方法。一种方法是继续使用普通最小二乘法并希望关系近似是线性的。另一种方法是像附录 11A 讨论的那样，把数据转换为线性形式。第三种可选择的方法是使用非线性估计技术，但该技术超出了本书的范围。

问题 5：多重共线性　多重共线性发生在两个或多个解释变量高度相关的时候。Kennedy（2003）更正式地把多重共线性定义为两个或多个解释变量存在近似的线性关系。检验多重共线性的简单方法是查看解释变量的相关性矩阵。标准的简单规则是，如果解释变量的相关系数超过 0.8，多重共线性就可能是一个需要考虑的问题。

多重共线性的后果是回归软件不知道如何在两个共线性的变量之间分配对于被解释变量的共同影响。因此，就像 Kennedy（2003）所指出的，软件抛弃了共同影响而仅认可每一解释变量单独的影响。因此，具有较高方差的参数估计值是无效的——就好像解释变量缺乏足够的变异一样。参数的估计值仍然是无偏的，但是方差被放大了。因此，估计值是不准确的，这导致低的 t 统计量，从而使假设检验变得困难。

对新手研究者的提醒

多重共线性的症状

多重共线性的一个信号是样本数据很小的变化就会引起参数估计值的显著变化。另一个信号是回归得到了高的 R^2 但是低的 t 统计量，因此很少有参数是显著的。

解决多重共线性的办法是提供进一步的信息，可以以先验条件的形式（根据经济学理论）给出，也可以以额外数据的形式给出。另一种解决方法是使用解释变量的另一种形式，希望这种形式与其他解释变量不是如此相关。例如，你可以使用比例，如投资支出占

GDP 的份额，而不是水平值，如投资支出本身。

注意，你可以通过放弃一个与模型中其他解释变量高度相关的变量来解决多重共线性的问题，但是，这同时会造成设定误差，因此，你需要避免这种"解决办法"。[11]

> **对新手研究者的提醒**
>
> **对回归问题的最后评论**
>
> 有时新手研究者制造了太多这样的计量经济学问题。他们认为如果不能修正这些问题，就不能从回归得到有价值的信息。然而，正确的解释比这要微妙得多。不是这些计量经济学问题使这些经验结果无效，它们仅仅意味着检验比不存在这些问题时可能更缺乏有效性。因此，研究者在评价结论的过程中必须同时练习细心与判断。

11.1.9 步骤5：评估检验结果

回归过程的最后一步是评价结果。这实际上是回归分析的核心。你提出了一个假设，希望评估现实世界的证据以分析它是否支持该假设。你已经收集了合适和充分的数据集，演绎出验证假设的预测。你通过运行回归估计了模型。就像步骤4描述的那样，你已经修正了你能修正的所有回归问题。然后你像步骤3描述的那样解释结果，也就是问："结果告诉了我们什么呢？"现在，你必须回答更困难的问题：结果对于你的假设意味着什么呢？

结果常常是混合的。某些估计的系数与你的预测一致，有些却不一致。有些估计的系数统计显著，有些却不显著。请记住，如果一个估计的系数统计不显著，你应该把它看作0。有些是经济显著的，有些是经济不显著的。有些是合理的，有些是不合理的。总体模型可能对数据拟合得好或者不好。然而，不是所有问题都是同等重要的。关键系数,也就是直接评价你假设的系数,与预测中的一致吗?如果一致,那么你至少有了某些支持你假设的证据。

毕竟,解释回归结果与其说是一种科学不如说是一种艺术;它不仅仅需要计算,还要求判断。

对新手研究者的提醒

解释样本回归结果

在第202页①,我们给出了修正自相关后样本回归的结果。我们假设股票市场财富对消费支出有正向影响。估计的股票市场财富的系数为 0.02,并且是统计显著的。Modigliani 的学术研究估计该系数大约为 0.06,但是更近期的研究表明财富带来的支出倾向增大下降了,因此,我们的估计值是合理的。估计的收入系数为 0.94,并且是统计显著的。作为一个大分数,该系数在理论背景下是合理的。调整后的 R^2 在 0.99 以上,F 统计量为 2 395,远远超过 F 的临界值,因此模型对数据拟合得非常好。总体来说,结果令人兴奋:它们支持假设。

总 结

考虑 Y 由某些因素 X_1、X_2 与 X_3 决定的假设。该假设可以以方程的形式表述为:$Y = a + b_1 X_1 + b_2 X_2 + b_3 X_3$。如果 X_1 发生一个单位的变化 Y 将变化 b_1 个单位,那么系数 b_1 表明 X_1 与 Y 的关系。与此类似,系数 b_2 表明 X_2 与 Y 的关系,系数 b_3 表明 X_3 与 Y 的关系。

系数 a 表示除了 X_1、X_2 与 X_3 之外影响 Y 的其他所有因素的影

---

① 原书页码,见边栏。——译者注

响。为了检验假设，我们需要分析数据来估计 b_1、b_2、b_3 与 a 的值。这就是回归分析的作用。换句话说，当进行回归分析时，我们拥有 X 与 Y 的数据，目的是发现方程中这些 b 与 a 的值。[12]

- 回归分析可以被分为 5 个步骤。注意，这里我们将以与前面文本中略有不同的顺序来展示它们。

- 第一个步骤是陈述你的研究假设。什么是被解释变量？什么是解释变量？预期解释变量与被解释变量之间的关系是什么？换句话说，什么样的系数可以证实你的假设？

- 下一步是通过使用适当的软件进行回归来检验你的假设。

- 一旦得到结果，你应该检查回归是否受到常见问题的困扰，包括自相关、异方差性、联立方程偏误、设定误差或多重共线性。注意，这些问题中至少许多都可以在估计前解决——例如，通过仔细考虑模型设定或者考察解释变量之间的相关关系。在可能的范围内，修正你发现的问题。

- 一旦你获得了可以得到的最正确的结果，就要开始解释结果了。换句话说，你需要回答以下问题：结果说明了什么？估计的系数在统计上显著吗？它们在经济上显著吗？从理论及前人的研究来看它们合理吗？总体上回归模型拟合得有多好？最后，估计的系数与预期的系数有多接近？

- 回归分析的最后一步是为了得出关于你假设的结论来评价检验结果。换句话说，回归结果对你的假设意味着什么？总体来看，它们验证还是拒绝了你的假设？

注　释

1. 注意，严格地讲，我们指的是参数线性而不是变量线性。例如，参见附录 11A，它解释了某些有非线性变量的方程如何转换为线性回归方程。

2. 线性与非线性的问题是更一般的模型设定的一部分。模型设定涉及选择一个精确表征被解释变量与解释变量之间潜在关系的回归模型。这里有三个问题：包含所有相关解释变量、排除任何无关变量以及对方程使用正确的函数形式（即线性或非线性）。

3. 这等价于双变量模型 $C = a + b\text{SMW} + e$。此外，我们还画出了 C 与方程（11-4）中其他每一个解释变量的图形。

4. 传统的假定包括：（1）误差项为服从零均值的正态分布并相互独立的随机变量；（2）误差项的方差为常数。

5. 你应该用实际的回归结果验证这个结果，即 $t = b/\text{SE}$。

6. 1.68 是自由度为 40 时 t 的临界值；对于自由度为无穷大的情况，t 的临界值为 1.64。

7. 标准误差与表 11.3 中的相同。表 11.3 中的数据说明了这些，并且这通常是由统计软件报告的。

8. 通过估计对数-线性形式的需求函数或供给函数，得到的参数估计值是各自的弹性。对数-线性函数形式应用的更多讨论见附录 11A。

9. 计量经济学家使用术语最优估计量描述这一理想的情况。**最优**的确切含义超出了本书的范围。关于其解释，可以查阅任何计量经济学教材。

10. 更正式地说，自相关与异方差都会导致参数估计量是无偏的，却是非有效的。

11. 这假定了根据经济学理论共线性的变量确实属于这个方程。

12. 相反，模拟或预测的过程把 a 与 b 的值当作给定的。那么，给定 X 值，你可以预测相应的 Y 值。

进一步阅读的建议[①]

Gujarati（2003）——学习计量经济学非常程序化的方法。与其说是计量经济学领域的研究，不如说是研究中怎样使用计量经济学。

Kennedy（2003）——计量经济学的出色指南，比许多教材都更直观。这是多年来研究生购买的作为其计量经济学教材的教辅书籍之一。

McLagan（1973）——发表于费城联邦储备银行 *Business Economics* 的非专家可以读懂的有关回归分析的简介。

Studenmund（2001）——非常直观的本科生计量经济学教材。

Wyrick（l994）——写得很好的针对本科生的计量经济学简介，尤其是对于虚拟变量与定性被解释变量的讨论。

练　习

1. 假如你计划估计边际成本函数，其中 $MC = f(w, r, Q)$。如

[①] Wooldridge, J. M. *Introductory Econometrics* (6th Edition). Cengage Learning, 2016.

恩德斯. 应用计量经济学：时间序列分析. 北京：机械工业出版社, 2012.

Baltagi, B. H. *Econometric Analysis of Panel Data* (3rd Edition). John Wiley & Sons, 2005.

Greene, W. H. *Econometric Analysis* (7th Edition). Prentice Hall, 2012.

Martin, W. E., Bridgmon, K. D. *Quantitative and Statistical Research Methods*: *From Hypothesis to Results*. John Wiley & Sons, 2012.

Morgan S. E., Reichert T., Harrison T. R. *From Numbers to Words*: *Reporting Statistical Results for the Social Sciences*. Routledge, 2017.

果成本函数是合理的,你预期估计系数的符号是什么?

2. 考虑 1980 年到 2000 年美国经济的柯布-道格拉斯生产函数:$Q = TL^a K^b$。如果我们对方程两边取自然对数,我们就得到了一个对数-线性生产函数:$\ln Q = \ln T + a\ln L + b\ln K$。你预期估计生产函数中系数的符号是什么?为什么?

3. 搜集 30 年来美国 GDP、就业和资本存量的年度数据。对每一个变量取自然对数并估计对数-线性生产函数。解释回归的结果。估计的系数在统计上是不是显著的?系数在经济上又是否显著?系数合理吗?估计的系数在多大程度上符合你的预期?

4. 回归模型总体上拟合得有多好?

5. 对于自相关,Durbin-Watson 统计量表明了什么?

6. 查看三个解释变量的相关系数矩阵。存在多重共线性的特征吗?

7. 存在其他常见回归问题的证据吗?

附录 11A：回归分析中的数据变换

有时变换你的数据是必要的，这可能是为了使数据符合模型要求的形式，也可能是为了解决某个计量经济学问题。这个方面自然对数特别有用。考虑柯布-道格拉斯生产函数，它是使用最广泛的总量生产函数的形式：

$$Q = TL^a K^b \qquad (11\text{--}16)$$

其中，Q 为产出，T 为技术指数，L 为劳动供给，K 为资本存量，a 和 b 为与劳动和资本边际产出有关的参数。这个函数是非线性的，因此我们不能直接使用普通最小二乘法估计它。但是，如果我们对方程两边取自然对数，就得到一个对数-线性生产函数：$\ln Q = \ln T + a\ln L + b\ln K$。注意，这类似于任何其他的线性方程：$Y = a + b_1 X_1 + b_2 X_2$。因此，用普通最小二乘法估计模型是简单的事情。还应该注意，如果采用这种形式，参数是劳动与资本产出弹性的估计。类似地，如果你估计了一个对数-线性需求函数或供给函数——$\ln Qd = \ln C + a\ln P + b\ln Y$，系数是估计的弹性。例如，在这种情况下，$a$ 为需求价格弹性，b 为需求收入弹性。

假如理论表明你的模型是非线性的，而且取对数也没有帮助。经典的例子是工资方程，其中假定工资为年龄的增函数，但是以一个递减的速率增加的：

$$WAGE = a + b AGE + c AGE^2 \qquad (11\text{--}17)$$

其中，$b > 0$ 且 $c < 0$。为了估计这个函数，你首先需要利用电子表格或统计软件建立年龄的**平方项**：AGE_SQUARED = AGE × AGE。然后利用 WAGE、AGE 与 AGE_SQUARED 进行回归。

在回归分析中使用**时间趋势**是常见的，如它可以作为技术的代理变量。这里假定技术每年以一个不变的速度提高。为了创建时间趋势，你仅需要建立一个随着观测值增加的变量，因此，它包括1，2，3，…这样的值。

附录11B：使用定性变量的估计

到目前为止，我们假定用于经验检验的所有变量在本质上都是定量的，也就是说，它们是具有一定范围并且或多或少连续取值的变量，如收入、价格、年龄，等等。然而，对于许多应用，你可能需要使用定性变量。定性变量有两种不同的类型：虚拟变量与受限数字变量。虚拟变量是那些由非数字值定义的变量，如男性与女性、大学毕业生与非大学毕业生、种族或民族背景——例如，非裔美国人、白人、西班牙裔美国人、亚裔美国人、美洲原住民。受限数字变量是那些仅取有限整数值的变量，如家庭中孩子的数量。定性变量既可以是解释变量也可以是被解释变量。

定性解释变量

当定性变量位于方程的右侧时，也就是说，当它们是自变量或解释变量时，解决的办法是使用**虚拟变量**方法。虚拟变量背后的思想是：存在一种由于性别或教育或种族或者任何定性变量引起的离散效应。

根据选择的具体情况，构建虚拟变量是使它有一个1或0的值。例如，在研究工资差距时，你可能使用性别虚拟变量。令女性取值为1，男性取值为0，如果估计的系数显示符号为负，就表明在保持其他因素不变的情况下女性工资比男性低多少。

虚拟变量还可以用于多重分类，如教育的程度：高中辍学、高中毕业、上过一段时间的大学、大学毕业，处理技术也一样。对于辍学这个虚拟变量，没有完成高中学业的人取值为1，其他取值为0。对于毕业这个虚拟变量，那些最高教育水平为高中的人取值为1，其他取值为0。重要的是，有一个虚拟变量需要从被估计的方程中删除，否则，回归将表现出虚拟变量之间的完全多重共线性（很有可能估计会出现问题）。（这就是像男性/女性这种双变量选择情况下，我们仅使用一个虚拟变量的原因。）

虚拟变量还被用于涉及政策分析的时间序列研究中，其中的两种情况是"政策实施前"与"政策实施后"。虚拟变量的另一个例子是**交互项**的使用。有时解释变量以一种比我们一般假定得更复杂的方式影响被解释变量。例如，我们知道工资受到工作经验和性别的影响。假如我们对工作经验的回报是否受到性别的影响感兴趣。我们可以把工作经验（EXP）定义为工作的年数。那么我们可以定义一个性别虚拟变量——MALE，其中，男性取值为 1，女性取值为 0。最后，我们定义一个交互变量 MALE_EXP = MALE × EXP。这形成了下面要估计的模型：

$$\text{WAGE} = a + b\text{EXP} + c\text{MALE} + d\text{MALE\_EXP} \quad (11-18)$$

因此，如果你是男性，工作经验的回报为 $b+d$，而如果你是女性，工作经验的回报为 b。如果 d 的值在统计上大于 0，那么，我们可以得出增加同样的工作经验，男性的回报显著超过女性。

虚拟变量不会给普通最小二乘回归带来任何问题。你可以采用与定量变量同样的方式估计你的模型。

定性或受限被解释变量

对于某些研究，在方程的左侧使用虚拟变量是合理的——也就是说，虚拟或受限被解释变量。假如你希望构建大学生居住决策决定因素的模型：校内或校外。选择是二元的：他们要么居住在校内要么居住在校外。记住，虚拟变量有一个 0 或 1 的值，使用普通最小二乘法估计这样的方程会陷入某些麻烦。如果估计的方程预测了一个在 0 到 1 之间的值，意味着什么呢？与此类似，如果预测了一个小于 0 或大于 1 的值又意味着什么呢？

解决方法是采用一种强制被解释变量的值位于 0 和 1 之间的估计方法。存在两种常用的方法：logit 回归模型与 probit 回归模型。关于怎样使用这些方法的详细讨论，可以查阅任何一本计量经济学教材。

第12章　交流研究项目的结果

> 科学写作是一个有目的写作的例子，这种目的就是说服其他科学家，比如经济学家。
>
> ——D.麦克洛斯基

一个研究项目，直到其被发现传播给了较大范围的读者，也就是科学群体，才可以说是完成了。这就是知识进步的方式。这种交流以三个步骤进行。首先，研究者撰写总结他研究结果的书面报告。其次，研究者在专业工作坊或专业会议上口头陈述报告。最后，研究者提交研究报告并以文章或书籍的形式发布。

需要注意的是，这三个步骤中每一步都可能要进行多次。在作者努力完善他的论证的时候，报告可能需要经过多次修改。进行研究陈述的主要目的是从本领域专家那里获得反馈。陈述后，研究者可能根据反馈的问题及意见对研究报告再次进行修改。研究者可能把修改过的论文再一次进行陈述。论文提交发表时被拒绝是常见的。然而作者通常不会放弃，他可能会寻找新的期刊或出版商直到确认发表为止。

本章解释研究交流过程的具体细节。前半部分详细说明怎样撰写研究报告，后半部分描述怎样准备和进行研究陈述。由于报告总结了研究进行的过程，所以我们会大量引用前面章节的内容。

> **对新手研究者的提醒**
>
> **发表本科生研究的场合**
>
> 越来越多会议为经济学本科生陈述他们的研究提供了机会。这方面的例子包括：
>
> - 弗吉尼亚社会科学协会（Virginia Social Science Association）年会（http://www.vssa.net）
> - 美国东部经济学会（the Eastern Economic Association，http://www.iona.edu/eea/）
> - 美国本科生研究全国会议（the National Conference on Undergraduate Research，http://www.ncur.org/）。
>
> 此外，还存在许多发表本科生经济学研究的期刊。下面就是其中的一些：
>
> - *Issues in Political Economy*（http://www.elon.edu/ipe）
> - *University Avenue Undergraduate Journal of Economics*（http://www.econ.ilstu.edu/UAUJE/default.html）
> - *The Student Economic Review*（http://econserv2.bess.tcd.ie/SER/）
> - *SOAS Economic Digest*（http://www.soas.ac.uk/SED/home.html）
> - *The Visible Hand*（http://www.rso.cornell.edu/ces/publications.html）
> - *Opus* 1（http://www.opus1.org）

12.1 撰写研究报告

第 5 章，我们介绍了写作是学术研究成果的思想。本章中我们会提供这个过程的详细例子：书面研究报告如何成为研究过程的成果。研究报告以多种形式呈现。它们包括研究论文（既包括本科生也包括研究生）、本科与硕士学位论文、博士学位论文、学术期刊文章、专著和书籍等。我们这里提出的内容适用于所有类型的研究报告，尽管构成研究论文或期刊文章某一组成部分的内容在像书籍那样长度的报告中占据一章或更多。期刊文章可能是最简明的。由于作者需要展现出自己对材料的掌握，所以学位论文和博士论文可能较长，但这些材料在期刊文章或书籍中都被假定为是作者已经掌握的。

书面报告的目的是展示你的研究结果，但更重要的是向读者提供关于你研究发现的有说服力的论证。回忆一下我们前面关于批判性阅读的学习（第 6 章），学术作品的形式需要考虑两个方面。一是格式，二是论证。格式更明显，但论证更重要。研究的目的是通过提供逻辑和经验证据支持的令人信服的论证来增进知识。这就是你的研究报告应该做的。

你的论文应该按照表 12.1 中展示的格式来组织，我们在第 6 章已经对其进行了介绍。报告的可选部分列在了方括号中。不要介意使用章节标题，因为它们能使你的论文更具可读性。

表 12.1　经济学经验研究论文的构成

标题
［摘要］
［目录］
［致谢］
引言与文献综述
理论分析

经验检验
结论
参考文献
[数据附录与其他附录]

请记住，在撰写论文时，目标是为你的结论构建一个令人信服的理由，换句话说，就是假设得到验证（希望如此！），或者根据你分析的逻辑与你的经验证据拒绝假设。你会发现回顾第4章关于怎样构建论证是有帮助的。

12.1.1 引 言

研究报告引言的目的是提供研究的基本依据。基本依据应该解决四个问题：研究探讨的问题或难题的本质什么？它为什么值得研究？关于这个问题或难题过去的研究发现了什么？你的研究想证明什么？换句话说，你的研究对文献做出了什么贡献？

因为读者常常在此处决定是否继续阅读报告的其余部分，因此，引言是研究报告的关键部分。作为作者，你需要想出一种能说服读者继续阅读的方法。

可以通过概述所研究的问题来开始引言部分。你能提供什么证据来描述问题？为什么它是一个问题？它是一个公共政策问题吗？是一个社会问题吗？是一个纯学术性难题吗？谁可能对这个问题感兴趣？引用适当的统计数据对说明问题的重要性是有帮助的，然而更好的方式是使用图形或图表。下面的段落是一篇典型论文的引言，提供了一个关于怎样描述问题的极好的例子：

> 研究者无法确定引起艾滋病的人类免疫缺陷病毒起源于何时与何地。然而可以确定的是，自20世纪80年代晚期与90年代早期被广泛地看作重要的全球性健康危机以来，HIV/AIDS已经成为一种流行性疾病。
>
> 这一疾病是撒哈拉沙漠以南非洲——世界上最苦难的地

区——的一次严重发展危机。2002 年，在撒哈拉以南非洲，超过 2 940 万人感染了 HIV/AIDS，其中包括 2002 年的 350 万新感染者。不幸的是，过去一年估计有 240 万非洲人死于 HIV/AIDS 的并发症。非洲成人 HIV 感染率达到了天文数字，其中，四个南部非洲国家的成人感染者超过了其全国成年人口的 30%，它们是：博兹瓦纳、津巴布韦、斯威士兰和莱索托。即使被普遍认为是非洲最发达国家的南非，也受到了 HIV/AIDS 带来的社会经济后果的深远影响。它已经成为世界上最受其困扰的国家之一，有 490 万人患有 HIV/AIDS。

尽管还不明确引言会向何处发展，但是读者应该已经对南部非洲 HIV/AIDS 流行病是一个重要的社会问题不存在疑虑了。

对新手研究者的提醒

有效地使用图表

使用图表、表格及其他图形的目的是总结与展示文字中的论证。每一个图表应该设计得使读者即使在不看文字的情况下也能容易地理解。每一个图表都应该有一个解释性的标题。每一个标题应该包括两个部分：图号（如"表 12.1"）与图表的描述（如"经济学经验研究论文的构成"）。描述应该尽可能简明，而不是含糊不清。如果展示了一个图，应该清晰地标出坐标轴，而且单位应该是可以清晰识别的。如果图中不止一个概念，则应确保读者能明确地说出哪个是哪个（如对每一个概念使用菱形符号、点和/或 x）。如果展示了一个表，则各列中的数字值应该按小数点对齐。此外，每一个数字值在小数点右边应该有相同位数的数字。

图表最好放在文字中间而不是作为附录。如果你运行了多次回归，则是一个例外。在这种情况下，你应该在文字中使用表格总结你的结果，但把完整的回归结果放在附录中。

> 确保你在说明文字中提示读者参见每一个图表。否则,他们可能不阅读图表,那样的话,就意味着图表没有达到目的。特别是对于那些放到附录中的图表。

接下来,向读者解释该主题为什么有趣且重要。我们在第 2 章中讨论了什么使研究问题有趣且重要。例如,它在本领域专家中是一个热点话题吗?如果研究问题解决了一个专家没有完全解决的问题,换句话说,问题的某些方面仍然未被理解,那么它就是有趣的。如果处理的是一个重大的问题,一个对本领域有重要影响的问题,那么研究问题就是重要的。

引言的下一步是总结关于这个问题的研究已经做了什么,这就是文献综述,它将在本章下一部分讨论。可以将文献综述作为一块跳板来解释你的研究准备要完成什么。

> **对新手研究者的提醒**
>
> **最后写引言!**
>
> 许多专家认为你应该最后而不是首先为论文写引言。由于你希望利用引言吸引读者,因此写开始部分前你想知道你的论文说了什么内容是合理的。或者,你也可以先撰写引言,最后再修改它。还应该注意,如果你已经写了研究计划书,那么计划书的许多内容都可以构成你报告中引言的基础。

12.1.2 书面文献综述

研究报告的一个重要组成部分是文献综述或评述。第 3 章我们讨论了综述文献的过程。在学位论文或更长的作品中,书面的文献综述可能是从引言中分离出来的一个部分或章节,但是在研究论文或期刊文章中,文献综述通常作为引言的一个部分。

文献综述是关于一个研究主题的已发表主要研究的总结。文献综述应该完成三个目标。首先，应该确定关于一个主题到目前为止的主要发现。其次，应该指出这些研究的主要缺陷或者提供文献中暂且缺失的内容。最后，应该引入你的研究问题，通过解释你的研究建议怎样为文献做出了贡献或者解决了过去研究的哪些缺陷而做出结论。因此，书面报告中文献综述的主要目的是为你的研究提供一种正当的理由或基本依据。

12.1.3 撰写文献综述

新手研究者往往撰写过长的文献综述。这是可以理解的，他们可能有关于已阅读研究的大量笔记，但是关于自己原创研究的笔记则较少，因此对其缺乏信心。毕竟，总结比分析更容易。然而，正如 Booth 等（1995，163）所指出的，重要的是不要使文献综述"统治你的论文"。对多数研究论文而言，文献综述应该是简明的。

有时学生们会问多少文献应该被包括到文献综述中。答案依赖于关于这个主题已经完成了多少重要的研究。如果你仅报告一两个来源，读者可能怀疑你没有在搜索文献上投入足够的精力。你不希望错过任何一个重要研究，因为往好了说这使你看上去粗心，往坏了说它会削弱你研究的基本依据。

如果你为了发现关于研究问题的所有重要研究而把网撒得足够广，毫无疑问，你将会阅读到与你的主题实际上无关的研究。这些都应该从文献综述与论文结尾的参考文献列表中删除。实际上，如果你没有发现无关的研究，可能意味着你查阅得不够广泛。如果你怀疑是否应该包括一个来源，看看你是否能够写出一行文字来描述它与你研究的相关性。如果你这样做起来有问题，则可能应该把它放在一边。在你的报告中绝不要包含任何对只提供背景信息的资料的讨论。

> **对新手研究者的提醒**
>
> **文献综述是什么，不是什么**
>
> 有时新手研究者似乎对于文献综述到底应该包括什么感到困惑。文献综述不是：
> - 关于你的主题的可能信息来源的列表；
> - 你阅读过的信息来源的列表；
> - 你阅读过的信息来源的总结的列表。
>
> 然而，文献综述应该是关于你正在研究的主题已经进行的重要研究的总结，其主要目标仅仅是为读者理解你的研究提供必要的背景。换句话说，你不应该全面总结你所讨论的研究，而应该仅强调与你的研究有关的部分。你不应该讨论你已阅读的但是与你的研究不直接相关的研究。还应注意，文献综述不应该包括大众出版物，应该仅仅包括学术著作。

对于你的综述中包含的每一个研究，都应该给出完整的引用信息。你应该在正文引用［就像"Anderson（2003）"］和文献列表中使用适当的引用格式。（如果你需要回忆引用格式，回顾一下第3章中的附录3A。）你还应该表明作者研究的问题、作者的发现、他使用的可能适合你的研究方法——例如，数据来源或使用的经验检验的类型。记住，把你的评论集中于与你的研究问题有关的那些方面：

  Armstrong（1991）能够准确地预测 HIV/AIDS 流行带来的严重的社会经济后果，理论上，HIV/AIDS 将改变劳动力的质量和规模，并阻碍人力资本的形成。随着更充足的数据变得可以获得，人们进行了正式的数据分析。Over（1992）发现，在 AIDS 最严重的10个撒哈拉以南非洲国家，AIDS 的流行将使人均 GDP 增长减少约 0.33%。Bloom 和 Mahal（1997）得出了相反的结论，他们报告说，利用数据分析检验51个工业化和发展中国家中 AIDS 的流行对人均 GDP 增长的影响，发现 AIDS

的影响在统计上并不显著。然而，最近的报告，如宏观经济与卫生委员会给出的世界卫生组织报告，预测经济增长将由于HIV/AIDS的流行而下滑。

某些研究可以用一个句子进行总结。其他的，例如一篇你的研究将基于其模型的论文，需要进行详细陈述。在包括了重要问题的基础上，你应该尽可能地简洁。

Booth等（1995）指出，如果一个资料来源对你的研究是重要的，那么你应该在总结句中直接把它讲出来：

> Ruhm（2002）发现，父母工作时间对儿童认知能力发展的负面影响是统计显著的。

然而如果资料来源不重要，则在句子末尾使用括号引用它：

> 过去的研究所发现的结果是混合的，有一点或没有统计显著性。（Blau，1999；Barling & MacEwen，1988）

你应该通过把读者带回到你的研究项目并总结你的研究怎样对文献做出贡献来得出文献综述的结论：

> 由于关于这个主题的现存研究很少，因此关于HIV/AIDS对生产率和劳动力供给的研究必须利用更准确的且更新的数据继续进行下去。本研究通过利用每个国家搜集的实际AIDS数据来找出AIDS对博兹瓦纳、津巴布韦、斯威士兰和莱索托——四个撒哈拉以南非洲AIDS最严重的国家——劳动力供给的影响，而不仅是预测，这改进了现有研究。

12.1.4 理论分析

研究报告这部分的目的是提供你对正在研究的问题或难题的理论分析。这也可以称为提出理论模型。我们在第7章讨论了怎样开展理论分析。记住，研究的目标是通过提供逻辑和经验证据支持的令人信服的论证来增进一个领域的知识。研究报告的这个部分提供了演绎论证的逻辑证据；报告的下一部分提供经验证据。

那么，我们怎样解释理论分析呢？存在多种解释方式，让我们利用来自学生报告的例子按照从最简单到最复杂的顺序进行解释。基本的方法是直截了当的：你必须清晰地描述应用于研究问题的理论，详细解释为什么它是相关的，然后描述它怎样诊断问题。这一诊断就是研究假设。

如果正在应用常见的经济学理论，如需求理论，那么你应该解释你的问题为什么是该理论的应用以及你分析的主要构成要素是什么。你的分析中什么扮演了价格、收入、偏好、相关商品价格等因素的角色？注意，由于你正在应用一个常见的理论，因此你应该假定你的读者对它是熟悉的。不需要推导需求定理或者所有经济学专业的学生都知道的其他结论。实际上，那样做会损害你的报告。[1]

> 为了表明消费者偏好贷款激励，我们把需求理论应用于美国新汽车的销售中。根据需求理论，某种商品的需求是商品自身价格、消费者可支配收入、消费者偏好等的变化的函数。因为用于支付商品的货款的利率变化实际上等同于商品的价格变化，所以这两个变量应该对新汽车的销售有（相似的）影响……我假设汽车需求的利率弹性大于其价格弹性……根据需求理论，我预测价格弹性和利率弹性……为负，并且收入与消费者偏好的弹性……为正。（Beck，2003）

如果你正在修改现存的应用性理论，首先应该足够详细地重新陈述该理论，以使读者能够充分理解过去的研究者做了什么。你不应该假定他们熟悉以前的理论。然后，你需要解释你的研究如何成为该应用性理论的应用或扩展。通常，你仅需要表明过去的理论来源于关于你研究问题的文献，并且你已经做了潜在改进。

下面的引文修改了 Ehrenberg 等（2001）提出的模型，其中，作者为高等教育管理人员的报酬研究提供了一个坚实的框架。作者在一定程度上详细解释了模型，并发现经验研究结果较弱后，引入了新的因素，希望能够改进模型：

我使用了一个与 Ehrenberg 等（2001）类似的模型来分析文理学院校长薪水的影响因素。除了大学绩效变量和人力资本变量（Ehrenberg 等使用的）之外，我还包括了理事会评价校长的社会资本变量——领导风格、社会资本、学术声誉和管理声誉。（Sorokina，2003）

在你描述理论分析的逻辑时，记住你的演绎论证以试图提出一个研究假设而结束，它常常在模型中用方程的形式来表示。回忆一下演绎推理开始于一个或几个假定，并从中推导出一个特定预测。

如果你的研究包含正式的数学推理，那么无论是优化方法还是特设处理，都应该在这里进行解释。你开始分析的假定是什么？为了获得作为结果的研究假设，你对假定进行了什么数学运算？

在经验研究论文中，重点往往较少放在理论分析上，而更多地放在经验分析上。就应该是这样的。同时，你仍然需要对你的理论分析进行完整的解释。即使你仅仅应用了一个常见的经济学理论或修改了一个现存的应用性理论，理论分析也比你想象得更加重要。这是因为经验研究的正确性总是依赖于其背后的理论模型。没有理论的经验检验仅表明了相关关系而不是研究者寻求的因果关系。因果推断必须来源于理论分析！

对新手研究者的提醒

解释理论分析的重要性

经验检验的目的是验证你的假设。多数本科生能够成功地应用统计软件对数据进行统计分析。然而，对任何统计分析来说，潜在的问题都是它的含义是什么。除非它们在经济学理论的环境下被解释，否则，统计分析的结果没有经济学含义。理论总是先出现，理论解释了假设从哪里来。假设是关于原因和结果的命题。如果统计结果与假设一致，然后，并且仅仅是然后，它们才支持因果性解释。

12.1.5 分析的经验检验

研究报告的经验检验部分的目的是为你的研究论证提供经验证据。论文这一部分的主题可以总结为，如果你的假设是成立的，那么你应怎样检验它，以及你的发现是什么？

你的讨论应该包括多个要素，包括使用的数据、使用的统计分析的经验模型与类型、假设的结果、实际的结果以及对结果的解释。我们在第 10 章和第 11 章讨论了进行经验检验的方法，在第 8 章和第 9 章讨论了发现数据与构建数据集。如果你仍然不熟悉这些材料，可能需要重新阅读这些章节。

你不仅是在解释你做了什么，而且是在努力说服读者你的方法是对假设公正准确的检验。由于这个原因，即使没有明确说明，你也需要考虑如下问题：你的经验模型充分地表达了你的假设吗？数据对于准确检验你的假设足够好吗？你的统计方法能够区分你在研究的问题并排除其他可能吗？它充分控制了外部因素吗？最后，你需要问：如果经验研究得到了最好的可能结果，你能有多大的信心认为假设是正确的呢？让我们来讨论所有这些问题。

检验方法论 在研究报告的这一部分尽早对检验方法进行明确陈述是有帮助的，包括所使用的统计分析的类型与检验范围的简要描述：

> 本研究对 1990—1998 年博兹瓦纳、津巴布韦、斯威士兰和莱索托的数据进行了混合最小二乘回归分析。
>
> 为了检验假设，本研究使用 1996 年 1 月到 2001 年 12 月期间的月度数据进行了普通最小二乘回归。

你可能希望解释为什么这种统计方法是检验假设的适当方法。尽管偶尔使用一些像均值这样的不太高级的统计检验方法，但普通最小二乘法还是被看作默认的统计技术。如果你使用普通最小二乘法之外的其他任何技术，如混合最小二乘法、广义最小二乘法、probit 模型等，那么你应该解释为什么它是适当的。

经验模型 报告的这一部分应该包括经验模型的方程。经验模型是你要进行经验检验的理论模型的实际版本。(注意,如果你使用一种不如回归分析高级的统计检验,那么它本身可能没有经验模型。)因此,理论模型中确认的变量与经验模型中使用的变量之间应该存在明显的对应关系。常见的是,理论模型中一个或多个变量的数据是不可获得的。实际上,这可能是理论模型与经验模型之间的主要差别。这一困难有两种解决办法。第一种是发现作为理论变量的代理变量的数据。第二种是删除理论变量。你应该解释你采用了什么方法。你还应该解释你是怎样从理论模型得到经验模型的,包括函数形式、数学运算,等等。

经验模型是:
$$Q_D = a_0 + b_1 P_d + b_2 M + b_3 Y_D + b_4 A + e$$
其中,P_d 为钻石的平均价格,M 为结婚的人数,Y_D 为消费者的可支配收入,A 为广告活动,e 为误差项。

数据 解释用于检验假设的数据的来源与方法。[2] 数据集是什么,你是从何处获得的?如果有的话,你进行了什么数据转换?如果这些讨论是复杂的,那么在这一部分简要地进行总结,然后请读者阅读数据附录中更详细的讨论。论文的这个部分应该足够详细地解释,以说服读者这些数据对于适当地检验假设是足够的。

我从美国国际贸易委员会网站的 Trade DataWeb 上搜集了关于钻石进口量、钻石的月平均价格、个人可支配收入及每月结婚人数的数据。我还构造了一个表明广告活动何时开始的虚拟变量。对每一个变量我找到了 6 年间每个月的数据,共 72 个观测值。这些数据位于文末的附录中。

假设的结果 在提供你的实际结果前,识别假设预测的并且支持你假设的结果对检验的有效性是非常重要的。例如,你应该说明回归方程中的每一个变量的数学符号和大小(如果这是理论预测的):

我预期这些经济因素之间存在某种关系。我预测随着广告（我对爱好和偏好的测量）的增加，钻石的需求会增加。同样，随着消费者个人可支配收入的增加，钻石的需求也会增加。结婚与钻石的需求量之间也是正相关的。最后，我预测随着钻石价格的上升，钻石的需求会下降，尽管我预期这不会与其他关系一样强。

实际结果 以清晰直观的表格或图表在正文中展示你的经验结果。（仅当存在许多回归时，你才应该把结果放在附录中；即使这样，也要在正文中把结果总结在一个表格里。）表 12.2 给出了一个例子。表格应该包括样本容量、估计的每个解释变量的系数、每个变量的某些统计显著性的测量（如 p 值、t 统计量或标准误差）及拟合优度的信息（如调整后的 R^2）。还应该包括任何可能的计量经济学问题的有关检验统计量（如 Durbin-Watson 统计量）。像所有的图表一样，这里的图表应该被清晰地标识和命名。最后，你应该引导读者阅读这个表格，不要简单地假定或希望他们会发现该表格。

表 12.2　回归结果

被解释变量：Q
方法：最小二乘法
样本：1996 年 1 月到 2001 年 12 月
包括的观测值：72

变量	函数	t 统计量	p 值
C	-2 881 179.000	-5.976	0.000
P	-2 231.395	-7.726	0.000
M	1.469	2.311	0.024
DI	585.034	6.947	0.000
ADS	-25 958.720	-0.263	0.793
R^2	0.692	Durbin-Watson 统计量	2.385
调整后的 R^2	0.668	F 统计量	29.695

结果的解释 一旦展示了经验结果，你就需要向读者解释它们。在第 2 章中我们指出，这是新手研究者最常忽略的研究过程的

部分，然而，你的研究假设是否成立正在于此。

估计的系数与假设预测的相比如何？估计的系数在统计上显著吗？它们在经济学上显著吗？与以往的研究结果相比如何？从拟合优度统计量你能得出什么结论？为了获得有效的结果，存在需要修正的统计问题吗？如果有，明确这些是修正后的结果。

获得完美的结果是不可能的——例如，每一个估计的系数都有正确的符号，并在经济学上和统计上显著。应该在可能的地方讨论异常的结果并给出解释。

> 我的回归分析结果非常明确。我的 R^2 值表明，使用模型解释了近69%的数据变化。除了广告之外，我所有的变量都是显著的。价格是高度统计显著的，这是我没有预料到的。我的印象是 De Beers 使价格相当稳定，但很显然并不是这样的。价格的系数为负，这与需求理论一致，其中，价格对需求量有负向的影响。结婚与钻石的需求正相关，这也与我的假设一致。这一变量不像其他某些因素在统计上那样显著。我认为这是由于替代品的影响：钻石不是订婚戒指上仅有的宝石，也不是每一位新娘都收到了订婚戒指。可支配收入也是一个非常强的变量，它与钻石的需求正相关，这表明随着消费者收入的增加，钻石的需求量也会增加。总体上说，我的回归结果似乎支持我的假设。我的大部分变量都是显著的，系数有预期的符号。广告变量不是非常令人满意。我预期它与钻石的需求正相关并且高度显著，然而回归表明事实上它与钻石的需求负相关，并且根本不是非常显著。我相信这可能是低质量数据的结果。我在网上找不到广告数据的可靠来源，因此，使用我能发现的少量公开信息构建了虚拟变量。如果我再次进行回归，我希望发现广告的经验数据。经验数据会带来广告变量更科学的测量。我还希望发现钻石的替代品的数据，如蓝宝石的价格和数量。我相信这些补充将使模型能够解释数据变化的更大比例，提高其准确性。

> **对新手研究者的提醒**
>
> **展现统计结果**
>
> 绝对不要从统计软件中剪切并粘贴回归结果到你的论文中,而是要选择你希望展现的结果。标识回归中的被解释变量与样本容量是一种好的做法。从回归结果中删除所有你不理解的东西,因为你可能被要求解释它。(希望这不包括前面描述的重要结果。)最后,表中的多数条目不用保留太多位小数。

12.1.6 结 论

研究报告的这一部分是为了总结你的发现,也就是说,重新陈述你的论证并得出它是否有效的结论。你应该注意,结论是归纳性的。根据统计结果,关于假设你能推断出什么?你的经验检验在多大程度上证实了你的分析?

如果结果证实了假设,在祝贺自己前,回忆一下,这个结果还可能与其他假设一致!换句话说,一个弱的经验检验设计可能无法排除其他合理的解释。根据经验检验和结果,你能排除任何其他的观点吗?如果不能,你应该在你的结论性评论中承认这一点。通过承认你的论证的弱点,你实际上会使它更有力。

如果检验没有证实假设,你能够给出它没有证实的原因吗?是数据或检验方法有缺陷吗?截止到现在,关于项目开始时你希望自己知道的东西,已经知道了哪些?如果有额外的时间和精力,你将如何改进结果?

> **对新手研究者的提醒**
>
> **假设未得到验证并不意味着项目的失败**
>
> 注意,基于经验检验得出假设未得到验证的结论是完全合适

> 的。这并不意味着你的研究是失败的或者你会得到一个差的分数。你也不应该颠覆你的假设,以使它通过检验得到验证——这是糟糕的科学。

最后,从更大的范围看,对于研究问题你能得出什么结论?[3]你从项目中了解的哪些信息可能对本领域的其他研究者有帮助?例如,父母就业时间与儿童认知发展之间关系的文献对于这种影响是暂时性的还是永久性的缺乏共识,这表明到目前为止的研究遗漏了某些本质性的内容。最近的研究通过指出过去的研究遗漏了对于看护质量的控制而得出了结论,该数据过去是不可得的。因此,更好的方法是开发关于看护质量的数据,而不是继续利用现有数据进行检验。

12.1.7 论文的其他组成部分

研究报告包括许多其他组成部分,其中有些是可选的。它们包括标题、摘要、目录、致谢、参考文献、数据附录与其他附录。

标题 所有的研究报告都应该有一个经过仔细构思的标题。一个好的标题,就像一个好的引言一样,是设计来引起读者兴趣的。引起读者兴趣的一种方式是在标题中提出你的研究问题,特别是如果它提出了一个以前没有考虑过的角度的话。一个可能的例子是*离婚使我们亏欠孩子了吗*?另一种方式是强调你的研究发现是不符合直觉的。

好的标题有一种神秘的特质:它会揭示研究主题但留下足够的空间来吸引读者。做到这一点的一种方法是提出一个包含两部分的标题,其中第一部分提出一般的主题,第二部分提出更具体的问题。这方面的例子包括:

> 代际流动性:第一代移民落后了吗?
> 所有人创造了不平等:美国收入不平等的趋势与影响因素
> 美国职业篮球联赛的工资歧视:对于国外出生的球员存在吗?

由于在线搜索常常把标题作为对象，因此在标题中提到研究的关键概念是一种好的做法。你应该特别注意避免模糊的、不能明确论文研究内容的标题，如：

对品牌忠诚或解析规模效应的总体思考

如果读者看不出论文的内容，那么无论你的研究有多好，他都不大可能决定去读它。

研究报告常常以标题页开始。除了报告的标题，标题页还应该包括作者的名字与单位以及报告的日期。对于学期论文，可以列出研究用于的课程，还可以包括指导者的名字。对于学位论文或期刊文章，可以写明作者所在的学术部门和机构。

摘要 撰写研究报告摘要是个好习惯。关于怎样写摘要，请阅读第 6 章。记住，在电子数据库时代，摘要可能被用于关键词检索。摘要应该放在标题页或正文的第一页。

目录 目录对于任何像书籍那样长度的研究报告或学位论文都是有益的。把它作为单独的一页。期刊文章通常不包含目录。

致谢 致谢被认为是对你在项目研究中获得的任何重要帮助表示感谢的一种礼貌。文章中的致谢通常位于标题下的脚注中。对于学位论文或其他像书籍那样长度的报告，致谢应放在单独的一页或几页。

参考文献列表 所有学术作品都应该包括参考文献列表或文献目录。实际上，包含参考文献是区分学术出版物与大众出版物的一个特征。参考文献列表应该提供论文中所引用资料来源的完整文献引用信息，并采用适当的格式。关于文献目录格式的详细信息请回头去阅读第 3 章附录 3A。一般来说，在参考文献中包括"背景信息"或你的文章中没有提到的文献不是一个好的做法。这种参考文

对新手研究者的提醒

格式建议

下面是关于研究报告格式的建议。格式是一个偏好和使用习惯的问题，因此你如果有好的理由，就可以跳过这一部分。

人们通常把摘要放在论文标题页，在标题、作者及其他信息的后面。摘要应该采用单倍行距。尽管仍然使摘要在页面上居中，但某些作者对摘要使用了比正文其他部分更窄的页边距。那很好，但是确保你把摘要的文字进行了左对齐或左右对齐。

摘要中不要使文字居中。
否则它将使
每一行的长度不同，这看上
去很好笑且不专业。

论文的主体应该是双倍行距的。脚注与参考文献应该是单倍行距的。在标题页之后，文档中的所有页都应该包含页码。在正文中，一定请读者参阅你用来支持论证的所有图表；不应该期望读者自己会发现和理解它们。

开始撰写论文前，你可能希望回顾第 5 章关于经济学写作的部分。尽早开始撰写报告以保证你有足够的时间修改。你不需要等结果完成后再开始写作。研究者常常在完成经验研究前撰写报告，但不包括结果和结论部分。你应该修饰你的论证以最大化它对读者的影响。例如，整页长度的段落表明你对于所讲的故事缺乏深入的思考。记住，我们假定一个段落解释一种思想。

不要以关于你的研究主题过去没有被研究过开始你的文献综述。但实际上这种事情常常会发生。反过来，想出一种切入你找到的对陈述自己研究有用的文献的方法。把研究的作者看作一个人，而不要把研究说成一个人，好像是它自己在形成论证似的。

> 不要在论文的理论部分讨论数据或其他经验问题。记住，我们希望理论部分是提出你的假设，而不是检验它。
>
> 一定要在提供经验结果之前陈述理论预测的经验结果。如果你反复进行了多次经验检验，请尽量缩短对获得结果过程的讨论。不要说：我做了这件事；然后我做了这件事；然后我对它们进行了修正。而是总结你遇到的问题以及你是怎样解决它们的；然后展示和讨论最终结果。不要从讨论 R^2 开始展示你的结果，因为它不是检验假设最重要的方面。如果估计的系数在统计上不显著，就认为它是 0，因此，不要过分强调它们的符号和大小。与此类似，不要脱离统计显著性讨论估计系数。如果采用方程的形式表示你的回归结果，确保在每一个估计的系数下包含标准误差、t 值或 p 值，保证读者可以评价估计的每一个系数的统计显著性。
>
> 不要在得到结果后改变假设。因为这样不会使论文更有说服力，也不符合科学的方法。相反，坚持你的初始假设，但是说明它不成立。这样论文将会更有说服力并且你将得到高分。（假设失败不会导致低分！低分是由于论文论述拙劣。）

献通常是说废话的一种表现。

数据附录与其他附录　研究报告有时包含附录。附录包括了对于理解研究者论证不重要但却是某些读者希望得到的那些细节。数据附录包括研究项目的经验检验中使用的所有数据，以及关于数据来源和方法的完整信息。怎样构建数据附录更详细的讨论请参考第 9 章。其他附录可能包括用于开发数据的调查问题或者那些如果放在研究报告的正文中会使读者从论证中分散注意力的各种经验检验的结果。

12.2 口头陈述研究

研究项目的第二种成果是口头研究陈述。根据听众与陈述的长度,有几种不同类型的研究陈述。有些是面向大众的,可能是那些不是该主题专家的经济学者,也可能是非经济学者听众。一般的陈述往往持续相对较长的时间,说起来大约为30—60分钟,这样陈述人能够提供足够的描述以使他所说的内容可以被理解。

问题的另一端是本科、硕士或博士学位论文的陈述。这些陈述是面向被假定为了解这个学科及研究主题的教师的。在一般陈述中,陈述人知道的远远超过听众,因此,他需要使自己的话足够通俗且能被理解。相反,在学位论文陈述中,听众希望陈述人展现出对于该主题的研究技术与细微内容的掌握。在某种程度上,好像听众比陈述人对于题目了解得更多。学位论文陈述如果包括提问和回答环节,往往会持续一个小时或更长的时间。

大部分研究陈述被学者们当作日常研究的一部分。这些陈述大约有10—20分钟的时间长度。它们是本章剩余部分讨论的焦点。

尽管我们往往把研究陈述看作为研究者提供的传播其研究发现的机会,但更常见的是,它们的主要目的是使研究者能够在将其作品提交发表前从其他学者那里获得反馈。刚刚开始从事独立研究的研究者往往担心别人对他们作品的批评,他们可能把这种批评当作了对自己的批评。相反,专业的研究者盼望着别人对他们作品的批评,因为这能帮助自己改进它。尽管你可能认为缺乏其他学者的批评意味着你的研究是没有瑕疵的,但这也很可能意味着没人仔细思考过你的作品!在初次陈述的时候尤其是这样。就像写作一篇报告的草稿一样,基本上没人能够一次就完美地陈述研究项目。在这方面,Missimer(1995)发现,"如果我们能形成这样的习惯,即把(研究陈述)看作在不失去论证而总是能获得新视角的情况下获得知识的机会，那么就容易培养一种欢迎任何思想的精神"（p. 43）。

> **对新手研究者的提醒**
>
> **你是你主题的专家**
>
> 无论你怎样认为，关于你的研究很少有人能比你懂得更多。仅有的可能的例外是指导你研究的老师，但你也可以确信，他在学位论文陈述中会站在你这一边。

12.2.1 口头陈述不同于书面报告

尽管研究陈述与研究论文都报告研究的结果，但它们的结构却是非常不同的。首先，你无法在口头上涵盖像书面上那么多的材料。至少，你无法详细地涵盖它们。

由于多种原因，这是正确的。首先，就如我们前面所指出的，你仅有有限的时间来进行陈述，通常仅有大约 10 分钟。其次，对于听众来说，理解口头陈述比理解书面陈述要困难得多。这部分是由于人类处理听觉信息的能力相对于视觉信息是不同的。此外，在书面陈述中，读者总是可以回看并重读。而在口头陈述中，这是不可能的。这又导致了第三个原因。

口头陈述相比书面陈述应该在较低的技术水平上进行。[4]研究论文本质上是面向这个领域的专家读者的。实际上，所提交发表的论文的审稿人总是从这些专家中选择的。相反，研究陈述应该是面向更一般的读者的。即使读者中包括一般领域背景的经济学家，也很少有你所研究的具体主题领域的专家。至少某些读者很有可能仅仅对主题感兴趣，但过去却仅有少量的或没有专业知识。

简而言之，研究陈述应该总结你的研究论文。不应该试图以口头的形式重复它。你应该把进行口头陈述看作讲故事；换句话说，应该更关注研究难题或问题而少关注技术细节。当然，某些技术要点在陈述中是必要的，例如，模型的方程与经验结果。但是任何技术要点或结果都应该通过发放材料或图形的形式来展示，以使它们更容易被理解。下面的部分我们将讨论这些要点。

12.2.2 准备陈述

你可能没有意识到但却很常见的一点是公开演讲的焦虑，尤其是对于那些缺乏口头陈述经历的人。最小化这种焦虑的关键是熟悉你的材料。这包括两个步骤：对你所要说的做出计划，练习陈述直到你熟练为止。

我们从某些通用的建议开始讨论怎样规划一个有效的陈述。首先，你的陈述应该突出你的研究新奇的地方，无论它是一个新的或更好的模型，还是一个新的数据集或一个新的统计技术。语言专家指出，一个听众只能够吸收和保留有限数量的信息。因此你必须问：我希望读者记住什么要点呢？这个列表应该相对较短。记住，少就是多。

准备你的陈述"笔记"是一个极度个人和主观的事情。制作一个要点提纲常常是有用的，同时还要包括关键词或引用的定义、模型的方程与经验结果。没有唯一正确的方式。某些演讲者使用详细的笔记，而其他的则使用更简短的笔记。

陈述仅有一个规则：绝不逐字逐句地读你的研究陈述！同样，你可能也不应该背诵你的研究陈述。当研究者朗读或者陈述一个他背熟的报告时，他做得就像读者不存在一样。相反，你想做的是使读者加入对话，毕竟你是想得到他们的反馈。为了做到这一点，你希望"谈论"你的研究。你需要熟悉材料，但是不需要熟悉每一个字。

研究陈述的格式是相当固定的，类似于研究论文的格式。研究陈述应该由四个部分构成：引言、分析、结果或证据以及结论。

当你准备自己的陈述时，你应该深入且仔细地考虑引言。你可以从解释你的题目是什么开始。使用图表展示你的问题或难题常常是有帮助的。McCuen 等（1993）指出，陈述的前一分钟或两分钟是最关键的部分，因为在它之后读者会有意无意地决定他们是否会关注陈述的其余部分。

因此，你怎样吸引听众呢？通过表明问题是有趣的且是值得探讨的。对于这个主题，以前的研究做了什么？为什么以前的研究不完全令人满意？换句话说，对研究者来说为什么这个主题仍然是一个问题？这是陈述中最像讲故事的部分。把相当多的时间花费在陈述你的引言上，可能是三分之一。

下面两个部分构成了陈述的主体，它应该占据被分配时间的大约一半。花费相对较多的时间在你研究的主要贡献上，而在其他方面则花费相对较少的时间。分析部分总结你的研究是如何解决过去研究中的缺陷的。这里应该描述你分析研究问题时采用的方法，展示你的模型和方法论。经验部分描述你怎样检验自己的分析、所得到的结果以及它们验证分析的程度。

你还应该仔细考虑怎样得出陈述的结论，结论几乎和引言同样重要。正是在这里你要告诉你的听众，你希望他们从你的陈述中记住什么。你可以通过一个短句（或短语），如"让我们来总结一下……""总体来说……"来发出要开始下结论的信号。这个表述就像通往你目的地的高速公路上的出口路牌。它向读者发出陈述就要结束的信号，自然会重新吸引他们的注意力。发出信号后，你应该清晰简洁地陈述你的结论。总之，这一部分应该花费大约10%的陈述时间。

12.2.3 使用可视化的辅助手段：讲义、投影胶片、PowerPoint 演示文稿

前面我们曾指出，口头陈述作为传递信息方式的主要弱点是视觉理解比听觉理解更快速且更完整。这一非常实际问题的解决办法是使用可视化的辅助手段来补充你的研究陈述。

可视化的辅助手段包括讲义、投影胶片或 PowerPoint 演示文

稿。讲义被打印在纸上，可以单独发放也可以打包发放。投影胶片是使用高射投影仪播放的幻灯片。PowerPoint 是计算机软件，它创建可以作为讲义、投影胶片呈现的或者直接从软件中利用位于头顶的或独立的数据投影仪呈现的演示文稿。注意，讲义和投影胶片也可以通过文字处理软件创建。每种可视化的辅助手段形式都有其优点和缺点。我们从一般辅助手段的使用开始讨论，然后我们将分析不同形式的辅助手段。

> **对新手研究者的提醒**
>
> **演示文稿的开篇幻灯片**
>
> 　　演示文稿的开篇幻灯片应该像研究报告的标题页。把你论文的标题以及你的名字和所属机构放在开篇幻灯片中。包含你所陈述的会议或工作坊的名称、地点与日期在实践中也是常见的。

两种类型的信息可能从可视化辅助手段中获益：你希望听众记住的信息与带有技术特征的信息。考虑一下你的陈述提纲。你可能使用可视化手段来展示陈述的每一个主要部分的标题或者陈述的每一个要点。你还可能使用它们展示关键词或你所引用的定义。你还可能使用它们列出陈述的结论。如果你使用统计量或数据来引入陈述并展现研究问题，展示一个表或一张图比简单引用统计数据将对读者有更大的影响。记住，一张图顶得上一千个词。此外，你总是应该使用可视化工具呈现模型的方程或经验结果。所有的表、图片和图都应该充分标识，以使听众能够在没有你的说明的情况下理解它们。无论你是否使用可视化辅助手段，关键的规则都是，可视化工具应该被设计来补充演示文稿——它们绝不应该成为焦点。

PowerPoint 可以成为组织演示文稿的有用工具，无论是通过讲义、投影胶片的形式还是直接通过软件。利用你的研究论文或笔记，你可能在没有充分思考或计划的情况下，"飞过"一个口头陈述。但你不能"飞过"一个 PowerPoint 演示文稿，因为设计演示文稿的过程强迫你去计划它。

当你设计每一张幻灯片时，你其实是在创建论述的要点。为了使幻灯片有最强烈的效果，它们不应该挤满了信息。你希望听众以最小的努力抓住每一个要点，然后把注意力转向你，就像你详细计划的那样。幻灯片所展示的信息应该比你所讨论的更少，而不是更多。一个例外是统计结果，这里你可能想展示所有结果，但是不要详细讨论每一个结果。然而需要注意，你包含在幻灯片上的内容都是要讨论的，因此不要剪切和粘贴全部的回归结果，而一定要创建仅包含你希望并能够讨论的结果的表格。

让幻灯片作为你论述的提纲而不是它们的脚本。不要只是读幻灯片。读者阅读幻灯片比你读出它们更快，因此，如果你的陈述采取口头读出幻灯片的内容的形式，你将会失去听众。这一规则的例外是包含关键术语定义或引用的幻灯片。它们适合读出来。

就像我们前面所指出的，可视化辅助手段的每一种形式都是有利有弊的。讲义运输起来太笨重并且需要花费时间分发。投影胶片用起来复杂。投影仪的放置可能阻挡听众的视线，尤其是在更换投影胶片的时候。

无论是使用投影胶片还是 Powerpoint，没经验的陈述人常常无法在幻灯片上停留足够长的时间来使读者读完它们，这使那些吃力跟随的人感到很沮丧。我们希望可视化辅助手段可以强化陈述，而不是干扰它。这对技术性材料尤其重要。记住，尽管你熟悉自己的统计结果，读者却是第一次看到它们。在展示幻灯片时把听众的注意力引向屏幕是一个好的做法，但是应该避免对着屏幕说话。记住，要面向听众。使这变得自然的一种方式是把播放演示文稿的笔记本电脑放在讲台上，你站在它的后面，然后跟随笔记本电脑的演示文稿而不是屏幕。

讲义不会受困于这些问题，但是它会把听众的注意力从你转移到讲义上。你要知道，只要你一分发这些讲义，听众就会开始阅读它们了，并且不会给予你所说的以太多关注。消除这种情况的一种方法是一次分发一个图或一页，而且恰好在你希望把注意力转移到图表时分发。

PowerPoint 的力量使它可能会取代整个陈述——这恰恰是你所不希望的。如果你使用 PowerPoint，应该最小化"声音效果"。这些特征就像烦人的电视广告，听众记住了广告而不是正在做广告的产品。

对新手研究者的提醒

强调重点！

你的研究陈述应该强调研究中最重要的事情。新手研究者有时会有一叶障目不见森林的问题。他们谈论所有的细节，但是不能突出关于研究最重要的东西。研究的假设是什么？经验结果验证假设的程度如何？假设检验通常是对单个解释变量估计系数的检验。在这种情况下，确定突出它，而不是把它和其他估计系数一样看待。

12.2.4 练习陈述

一旦你准备好你的陈述，在实际陈述前至少练习几次是一个好的做法。这些练习中至少应该有一次以朋友作为实际听众。练习会帮助你熟悉材料，同时也可以帮助你发现陈述的哪些部分做得好，哪些部分需要重新考虑。练习还将使你更加适应陈述。

最后，练习会帮助你确定陈述实际会持续多长时间，这对于保证在限定时间之内完成陈述是非常重要的。注意，静默地翻阅演示文稿会比大声排练花费的时间少，因此，你应该大声排练以确定你陈述的实际长度。

如果你使用视听设备，在实际陈述前请确保你熟悉怎样操作它们。如果有可能，事先测试一下你实际使用的设备。使用视听设备需要假定最坏的情况。计划一下如果设备不能正常工作，你将怎样完成陈述。例如，在硬件和软件不能工作的情况下，你可能希望携带 PowerPoint 演示文稿的投影胶片。设备越高级，发生错误的情况可能就会越多。如果你做了最坏的打算，你可能就不需要应急方案了。

12.2.5　进行陈述

如果你像前面描述的那样进行了准备，那么陈述将不会太困难。你可能会感到紧张，这是正常的。除了极端情况下，听众不会注意到你的紧张。在任何情况下，随着你开始进入陈述，紧张感就会逐渐消失。

把陈述看作关于你研究的对话，而不是作为一次演讲。这些人坐在这里是因为他们对你的主题感兴趣，想听取你必须要说的东西。反过来说，你希望发现他们的想法以及听取他们的改进建议。

陈述时，你应该着装专业。携带几份论文，因为有些人可能会索取。如果不够分发的，你可以记住他们的姓名和电子信箱的地址，稍后再把论文发送给他们。

早到陈述现场是一个好的做法，这样你就不会手忙脚乱，而且可以适应环境了。向其他发言人和点评人介绍你自己。如果你准备了 PowerPoint 并需要别人的设备，在会议开始前看一下你是否能够加载演示文稿。

开始陈述后，保持站立以使你能够较好地发声。环顾四周并同听众进行眼神交流。眼神交流是重要的，因为它能吸引听众。在左边的听众中选择一个人，在中间的听众中选择一个人，在右边的听众中选择一个人，将他们作为参照物有时是有帮助的。在陈述中不时地提醒你自己对着这些人发言，就像你在利用注视引导听众一样。如果你熟悉自己的材料，那么这就像骑自行车和嚼口香糖一样简单。

以介绍自己和陈述的标题作为开始。当陈述你的内容时，你必须说得比自己认为的更慢一些。记住，你私下里熟悉了这些材料，但是对听众来说它们是新的。变化你的语速和声调；没人喜欢单调乏味的发言人。

考虑你的身体语言。放松地而不是僵硬地站在那里。不要交叉你的双臂，不要过分倚靠讲台。不要玩弄你的手或者其他东西——它们会扰乱听众。你不需要整个陈述期间都站在同一个位置。尽可能放松地走动——这会引起听众的兴趣。它还会使你更放松，使这个场合显得似乎不那么正式。

在你讲的时候，避免填充词，如嗯、啊、等等。如果你充分练习过陈述，你就会熟悉材料，所以你没有空间去填充。演讲专家指出，在任何情况下沉默都不像填充词那样那么干扰听众。

超过时间限制是不专业的。如果你的陈述过长，你最好说快点，有可能的话删掉某些解释，但是这将削弱听众对于它的理解。在最坏的情况下，你可能在得出结论前被叫停。

以简单的"谢谢"结束你的陈述，然后坐下，让会议主席选择回应听众的哪些问题。

完成陈述后，你可能需要回答听众的一些问题。它们多数是简单的，听众要求澄清某些他们没有完全听懂的地方。有些听众可能提出了你没有考虑过的问题。这是好事，因为它可以帮助你改进自己的论文。回答前花时间思考一下。如果陈述前你没有考虑过这个问题，那么请对提出问题的人表示感谢。如果经过一些思考后，你还无法想出一个好的回答，那也没有问题。就简单地说，你必须进一步思考它。

12.2.6　点评人的角色

在专业会议上，陈述研究后往往会有点评人对其进行点评。点评人的作用是双重的：首先，为论文提供经过深思熟虑的、受过良好训练的回应；其次，也更重要的是，给作者提供有帮助的反馈来改进其论文。本部分我们将讨论怎样成为有效的点评人。

点评人首先应该阅读论文并准备对它的评论。[5]在理想的情况下，点评人是这个领域的专家。如果你不是，那么为了能够对论文进行学术性讨论，你可能需要回顾文献。该论文引用的关键文献是起步的好地方，特别是过去该领域综述性的研究。

点评人通常只有几分钟的时间来评论一篇论文，那么你应该如何利用你的时间呢？开始时你应该简要总结该论文，强调它试图对文献做出的贡献。论文在努力实现什么？它是怎样做到的？报告了什么结果？论文在多大程度实现了其目标？通常，点评人能够对论文提供比作者更好的总结，因为他是在冷静地看待论文并且不担心研究的细节。

你有什么改进论文的建议吗？这是点评人真正能帮助作者的地方。存在可以从更详细的解释中获益的地方吗？有你无法理解的部分吗？有数据方面的问题削弱论文的论证吗？使用的统计检验有问题吗？对于结果的解释有错误吗？有作者可以获益的以前的研究吗？

具体的建议总是比通用的评价更有帮助。把"我喜欢这篇论文"与"对数据来源进行更好的解释能使证据更具可信性"进行一下比较。论文的内容比写作更重要，但是因为陈述可能会削弱论证，所以它也是重要的。

在最后的分析中，论文对理解它所探讨的问题或难题有什么贡献吗？最后一点：当你结束点评时，评价一下作者是一种职业性的礼貌。

总　结

- 研究者以书面报告或口头陈述的形式传播自己的研究。
- 研究报告和陈述的目标是提供逻辑或经验证据支持的有说服

力的论证。

- 研究报告包括标题、引言和文献综述、问题或难题的理论分析、假设的经验检验、结论及参考文献。
- 由于理论提供了经验结果的因果解释,所以经验研究论文中的理论分析比你认为的更重要。没有理论分析的检验最多只能表现为相关关系。
- 解释经验研究的结果比展示它们更重要。
- 结论应该表明研究论证的结论:经验检验与假设在多大程度上一致。
- 研究陈述最好被看作研究报告的总结。因此,它应该以较低的技术水平和较少的细节来进行。
- 最小化陈述焦虑的关键是仔细计划你的陈述,并练习足够多次以使自己熟悉材料。
- 不要读出你的演示文稿!
- 为了更有效,你应该利用可视化辅助手段来辅助自己的陈述。

注 释

1. 一个要补充说明的问题是,学位论文的作者是有导师的,导师可能会要求他们表现出对基本概念的掌握。
2. 这一问题更详细的讨论,可参考第9章的最后一部分——"构建研究的数据附录"。
3. Ethridge(1995)区分了作为研究结果的发现与超越了具体研究项目的结论。
4. 正如前面所指出的,这种情况的例外是学位论文陈述。
5. 有时作者发送论文发得太晚,点评人没有足够的时间审阅。在这种情况下,在你的评论中对听众说明这一点是完全适当的。

进一步阅读的建议[1]

Booth 等（1995）——怎样撰写与修改研究论文；不是针对经济学的，但无论如何都是有帮助的。

Ethridge（1995），特别是第 10 章——怎样撰写经济学研究报告；是为研究生设计的，但是对本科生也非常具有可读性和有用性。

McCloskey（2000）——写作经济学论文的经典的格式指南，尽管有些固执己见。

McCuen 等（1993），第 7 章——是面向科学家和工程师的，但是仍然与经济学家有关。

Thomson（2001）——是面向低年级博士生的，但是高年级的本科生也可以获得关于经济学学术写作的某些认识。

Wyrick（1994），第 12 章——内容是怎样写一篇经济学本科生研究论文。

练 习

1. 建立一个你研究论文中论证的提纲：主题是什么？它为什么值得研究？关于这个主题的文献在哪个方面没有完全解决研究难题或回答研究问题？你的研究试图如何解决这一缺陷？你的研究应用了什么理论？你从这一理论得到了什么假设？是怎样得到的？你怎样检验假设？你利用了什么数据？检验结果在多大程度上证实了你的假设？

---

[1] Garson, G. D. *Guide to Writing Empirical Papers, Theses, and Dissertations.* Marcel Dekker, 2002.

张昕竹，陈志俊. 经济学论文的写作规范. 数量经济技术经济研究，2003（8）：7—12.

2. 写一篇关于你研究主题的文献综述。组织你的综述，使它成为你采用研究中所用方法的正当理由。

3. 总结你的研究的理论分析，其目标是解释该理论如何引出你的假设。

4. 总结你的研究的经验检验。你使用了什么检验方法？你利用了什么数据？你使用了什么经验模型？什么样的经验结果与你的假设一致？提供和评价实际的结果。它们在多大程度上支持你的假设？

5. 准备一个 5 分钟的研究论文陈述。

6. 准备一个 10 分钟的研究论文陈述。

7. 10 分钟的陈述与 5 分钟的陈述有什么不同？

附录 12A：可用于研究论文评分的项目

1. **论文摘要**——摘要充分总结了作者的论证吗？
2. **研究问题的质量**——引言说服了读者这篇论文研究了一个好的问题吗？问题有趣且重要吗？
3. **文献综述的质量**——文献综述识别了关于这个主题到目前为止的重要研究吗？它仅仅是回顾了与当前研究问题有关的研究吗？它简明地总结了文献并指明了它们的缺陷了吗？它表明本研究如何通过在某些方面改进过去的研究而与文献联系在一起了吗？
4. **问题或难题的严密分析**——论文展现出对于怎样把经济学理论应用于问题或难题的清晰的理解了吗？分析能得出论文的假设吗？有对于研究假设的清晰表述吗？
5. **有效的经验检验方法**——经验研究方法是合理检验假设的方法吗？数据对于检验充分吗？
6. **结果的合理解释**——适当地展示结果了吗？结果被正确解释了吗？它们支持假设吗？它们可以以不支持假设的方式进行解释吗？
7. **整体论证**——基于作者提供的证据和解释，结论令人信服吗？
8. **表和图**——它们得到有效使用了吗？
9. **参考文献列表**——参考文献列表完整吗？它使用正确的引用格式了吗？
10. **数据附录**——数据附录完整、正确并全部被引用了吗？

词 汇 表

摘要（abstract）——学术作品中论证的总结。摘要通常被限制在 100–200 字。

特设模型（ad hoc model）——不是从优化原理推导出的一种数学模型，而是假设的关系来源于常识和经验。

附有说明的文献目录（annotated bibliography）——一个主题的参考书列表，并对每一个参考书都进行了简要的描述和评价。附有说明的文献目录还包括每一参考书完整的文献信息。可与批判性评述及研究摘要对比。

年化增长率（annualized growth rate）——对于较短时期的实际增长率，一年累积的增长率是多少。例如，如果持续 12 个月，年增长率是多少。

论证（argument）——一个由原因或证据支持的声称或主张。参见有效的论证。

自相关或序列相关（auto, serial correlation）——回归分析的常见问题。自相关意味着每一个样本数据观测值的误差项是依赖其他观测值的误差项或与其他观测值的误差项相关的。自相关人为地放大了报告的 t 值，因此解释变量在不显著的时候可能会表现出统计上显著不同于 0。

布尔检索（Boolean searching）——使用布尔运算符 AND、OR 或 NOT 来缩小或扩大搜索的关键词检索。

浏览（browsing）——通过手动检索文档和文献目录以获取参考信息的检索。与关键词检索相对应。

因果效度（causal validity）——检验表明一种关系是因果性而不仅仅是相关性的程度。例如，在何种程度上你可以确信 X 引起 Y，而不是相反或者二者都是由第三个变量决定的？因果效度是内部效度的一个维度。

变化量，或一阶差分（change, first difference）——两个相邻观测值的差。对于时间序列，它是后面的值减去前面的值。

系数估计值（coefficient estimate）——见估计系数。

干扰变量或控制变量（confounding, control variables）——在假设的关系中，干扰变量是影响你想解释的变量的其他变量。为了正确评估假设的关系，你需要控制其他变量的影响。例如，如果你认为消费者支出依赖收入，为了评估关系，你必须控制那些可能影响消费支出的其他变量的影响，如利率或储蓄。参见多元回归分析。

相关系数（correlation）——两个变量线性相关程度的测量。相关系数范围从正1（两个变量完全正相关）到0（两个变量完全没有关系）再到负1（两个变量完全负相关）。可以与协方差对比。

协方差（covariance）——两个变量共变程度的测量。它在数学上与标准差和方差相关。可以与相关系数对比。

批判性评述（critical review）——研究报告论证的总结与评价，同时包括完整的文献目录信息。可以与附有说明的文献目录和研究摘要对比。

评判性思维（critical thinking）——基于逻辑和证据的竞争性论证的评价。

截面数据（cross-section data）——一个变量在同一时点的不同观测值；例如，2004年50个州每个州的平均个人收入。与面板数据和时间序列数据相对。

演绎推理（deductive reasoning）——从一个或几个一般的原理开始，并根据它们做出具体预测的推理。参见有效演绎。与归纳推理相对。

被解释变量（dependent variable）——假设的关系中我们想解释的概念。与解释变量或自变量相对。

衍生数据（derived data）——经验检验实际使用的数据，它们是从原始数据计算出来的。与原始数据相对。

描述性统计（descriptive statistics）——总结基本数据的统计。描述性统计包括中心化趋势的测量，如均值、中值和众数，与分散程度的测量，如标准差和方差。

主题目录（directories）——互联网上对于不同主题的分层组织的信息分类。参见虚拟图书馆。

虚拟变量（dummy variable）——回归分析中为捕捉定性因素而构造的变量，通常是二值因素，如性别（男性/女性）。虚拟变量取值为1（即男性）或0（即非男性）。虚拟变量可以用于交互作用变量的构建。

经济显著性或科学显著性（economic，scientific significance）——关系足够大以至于在现实世界中需要考虑的程度。参见估计系数的大小。与统计显著性相对。

编辑（editing）——修正某一篇文章的语法、技巧和格式。

内生变量（endogenous variable）——在研究的模型内被决定的变量。与外生变量相对。

估计系数（estimated coefficients）——回归分析的结果，估计系数是其他条件不变情况下解释变量与被解释变量之间关系的估计。参见估计系数的符号。

解释变量或自变量（explanatory，independent variable）——假设来解释、影响或引起被解释变量的概念。自变量可以是外生或内生变量。与被解释变量相对；参见多元回归分析。

外生变量（exogenous variable）——被研究模型之外的因素决定的变量。因此它在模型中看作是给定的。与内生变量相对。

实验研究（experimental research）——通常以两个样本组为特征的一种研究方法：干预组或对照组、控制组。控制组被设计为除了干预之外每一个方面都与干预组相同。因此，如果两个组之间的实验产生了不同结果，那么差异就可以归因于干预。与调查或非实验研究相对。

外部效度（external validity）——研究结果可以一般化到其他情况、应用或环境的程度。与内部效度相对。

聚焦（focus）——高质量文章的一个特征，其中文章的观点对读者是非常清晰的并且论证没有偏离这一要点。

好的论证（good argument）——见有效的论证。

增长率（growth rate）——见变化率。

异方差性（heteroskedasticity）——回归分析的常见问题，它发生在样本数据的每一个观测值中的误差项，尽管相互独立，但是有不同方差的时候。异方差性人为地放大了报告的 t 值，因此，解释变量在不显著的时候可能会表现出统计上显著不同于 0。

价格平减指数（implicit price deflator）——通过用概念的实际值除以名义值形成价格指数或平减指数，而构建的价格指数。参见价格指数或单位价值。

自变量（independent variable）——见解释变量。

推断（inference）——作为对事实或关系的逻辑推理的结果而形成的结论。参见论据推理。

指数（index number）——一个无

单位加权平均值,用来比较价格和数量自基期开始的趋势。由于对原始数据进行了转换,因此基期的值为100。指数的两个例子包括价格指数和数量指数。

归纳推理(inductive reasoning)——从一个或多个具体案例或情况推出一般规则的推理。与演绎推理相对。

工具效度(instrument validity)——检验工具测量它声称测量的概念的程度。工具效度是内部效度的一个维度。

交叉项(interaction term)——回归分析中设计来捕捉两个解释变量相互作用的影响而构造的变量,如年龄和种族。交互变量通过把两个解释变量相乘来构建。参见平方项和虚拟变量。

内部效度(internal validity)——观察到的影响(Y)能够归因于研究变量(X)的程度;换句话说,给定假定和证据,你可以演绎出X引起Y。参见工具效度、关系效度与因果效度。与外部效度相对。

关键词检索(keyword searching)——使用搜索引擎在互联网或专门的电子数据库检索文献。可与词组检索比较。与浏览相对。

知识(knowledge)——证据的含义或解释。

显著性水平(level of significance)——当原假设为真时,拒绝原假设时研究者愿意承担的风险。通常接受的显著性水平为1%或5%。10%的显著性水平可能是研究者能够接受的最高水平。参见第一类错误与第二类错误。

文献(关于一个主题的)[literature (on a subject)]——到目前为止关于一个主题的研究,既包括发表的作品也包括工作论文。

文献综述或评述(literature survey, review)——识别关于一个主题到目前为止主要研究的过程或者这些研究的书面总结。

逻辑谬误(logical fallacy)——由于结论不能实际上从陈述的原因推导出来而有缺陷的论证,即使论证以一种使你认为它能够推出结论的方式表达出来。

纵列或面板数据(longitudinal, panel data)——一个截面连续时间的样本数据,这里严格地讲截面在每个时间包含相同的个体,否则样本被称为合并的截面数据。与截面数据和时间序列数据相对。

维持假设(maintained hypothesis)——模型的理论预测,进行统计检验时我们希望证明的假设。如果证据拒绝原假设,那么它就证实了维持假设。

均值(mean)——中心化趋势的测量,以算术平均数计算。与中值和众数相对。参见描述性统计。

中值（median）——中心化趋势的测量，定义为样本数据的中间值，大于中值的观测值占一半，小于中值的观测值占一半。与均值和众数相对。参见描述性统计。

众数（mode）——中心化趋势的测量，定义为最频繁出现的值。与均值和中值相对。参见描述性统计。

移动平均（moving average）——以前 $n-1$ 期值的平均值代替每一时期观测值的数据平滑技术。

数学推理（mathematical reasoning）——运用对前提假定的数学运算推导正式假设的一种理论提出方法。

微观数据集（micro data set）——个体经济参与人，如个人、家庭或公司的观测值。

多重共线性（multicollinearity）——回归分析的常见问题，发生在一个或多个解释变量高度相关的时候。结果是报告的 t 统计量人为地低，使证明统计显著性更加困难。

多元回归分析（multiple regression analysis）——在控制干扰变量的影响情况下，估计假设关系的一种统计方法。回归分析是一种估计每一解释变量单独影响的技术，因此需要在统计上保持其他条件不变。

叙事推理（narrative reasoning）——关于主题的基于头脑风暴的一种理论提出方法。

名义数据（nominal data）——以实际市场价格表示的值。名义也被称为当前美元。与实际数据相对。

非科学（nonscience）——论证通过逻辑和道德标准而不是经验证据评价的研究领域。与科学相对。

原假设或统计假设（null, statistical hypothesis）——统计检验中实际检验的假设，例如，两个变量之间没有关系。与维持假设相对。

优化模型（optimizing model）——通过假定经济参与人最大化或最小化一个目标函数，如利润、效用或成本，而精确推导出来的数学模型。

结构（organization）——高质量文章的一个特征，其中涉及的一系列论证逻辑性地使主题成为一个结论。

参数估计（parameter estimates）——见估计系数。

人均（per capita）——每个人。某种数量（如 GDP）除以人数就得出了人均量（如人均 GDP）。

百分数（percentage）——以一百的分数表示的部分或份额。例如，一半为 50/100，或 50%。

百分数变化（percent change）——以百分数表示的变化。参见变化率。

词组检索（phrase searching）——对于精确词组的关键词检索。

抄袭（plagiarism）——窃取其他人的表述或思想的荣誉，即使不是故意的。

大众文献（popular literature）——通常是期刊作家写的学术研究的总结。与学术文献相对。

统计检验的势（power of a statistical test）——当原假设不成立时，正确拒绝原假设的概率。

构思（prewriting）——通过探索思想和关系提出一个书面论证。还被称为探索性写作。

价格指数（price index）——本质是某些类型的商品或服务的价格的加权平均值的一种指数，其中权重通常是特定年度的数量或预算份额。参见价格平减指数。与数量指数相对。

一手数据来源（primary data source）——构建数据集的个人或组织，通常使用调查的方法。参见二手数据来源。

比率（proportion）——整体的份额或一部分。参见百分数。

数量指数（quantity index）——本质是某些类型的商品或服务的数量的加权平均值的一种指数，其中权重通常是特定年度的相应价格。与价格指数相对。

数据的随机样本（random sample of data）——总体中每一个条目有相等的被选择的机会而构成的样本。一个等价的定义是每个样本容量相同的样本有同样被选择的机会。数据的非随机样本没有正确反映背后的总体数据，如产生比总体成比例的更多大于或小于平均值的观测值。参见抽样误差。

随机变化（random variation）——某些数据中不能系统解释的变化。

极差（range）——样本数据分散程度的测量，使用样本中的最大值减去最小值表示。参见标准差、方差和描述性统计。

原始数据（raw data）——与在来源中同样形式存在的数据。与衍生数据相对。

变化率（rate of change）——以百分比表述的变化，即变化量除以初始值。参见百分数变化。

实际数据（real data）——以基期价格表示的价值。排除了基期以来通货膨胀影响的实际数据。实际数据还被称为不变美元，或1992年美元，其中1992年被选作基年。与名义数据相对。

关系效度（relationship validity）——我们可以根据经验检验得出存在统计关系的程度。关系效度是研究内部效度的一个维度。

研究（research）——知识的创造。

研究摘要（research abstract）——

包括完整文献目录信息的研究报告论证的总结。参见附有说明的文献目录与批判性评述。

研究假设（research hypothesis）——报告对研究问题提出的答案。假设是从研究者分析演绎出来的结果。它是经验研究项目检验的对象。

研究问题（research question）——研究项目的具体关注。

研究主题（research topic）——研究项目探索的广泛学科领域。

修改（revising）——回顾论证中的信息，重新思考其组织方式，寻找有意义的新模式；不仅仅是编辑性修正。

抽样误差（sampling error）——数据随机抽样的结果，其中某些观测值中大于平均值的值不能与其他观测值中小于平均值的值相抵消，因此数据会表现出事实上不存在的关系。参见随机样本。

学术文献（scholarly literature）——一个领域专家进行的并且发表在专业期刊或书籍的研究。与大众文献相对。

科学（science）——论证可以经验检验的领域。与非科学相对。

科学方法（scientific method）——得出关于科学假设的有效、可靠与客观结论的过程的集合。

季节调整（seasonal adjustment）——消除数据中常见的季节波动的数据平滑技术。结果可以表明对正常的季节模式的偏离。

二手数据来源（secondary data source）——发表不是自己编制数据的个人或组织。数据通常比一手数据来源更加方便使用。与一手数据来源相对。

（研究主题或问题）的重要性［significance（of a research topic or question）］——研究主题或问题的科学重要性或权重。

显著性（significance level）——见显著性的水平。

估计系数的符号（sign of an estimated coefficient）——对于检验变量之间关系假设是重要的，（数学）符号表明关系的正负。还可见估计系数及估计系数的大小。

联立方程偏误（simultaneous equations bias）——回归分析的常见问题。在最小二乘回归中，所有的解释变量都被假定对模型是外生的，换句话说，假定解释变量影响被解释变量，但反过来是不成立的：被解释变量应该对解释变量没有影响。如果因果关系是双向的，结果存在联立方程偏误，因此系数估计是有偏的。

估计系数的大小（size of an estimated coefficient）——假设关系的强弱；大小对评价关系的经济显著

性是重要的。参见估计系数与估计系数的符号。

社会科学引文索引（Social Science Citation Index）——可以按时间后向或前向搜索的文献检索工具。也就是，它识别所有引用特定研究的与特定研究引用的研究。

有效的论证（sound argument）——所有前提假定都成立的有效演绎。参见论证。

源数据（source data）——见原始数据。

设定误差（specification error）——回归分析的常见问题，其中经验模型是不正确的。例如，遗漏有关变量或引入无关变量。在前一种情况下，估计的系数是有偏的，而且 t 统计量会被人为地减小；在后一种情况下，估计的系数是无偏的，但是 t 统计量被放大。

平方项（squared term）——回归分析中用来把表现为递增或递减回报的二次关系转换为线性关系而构造的变量。该变量通过平方基本因素构造，例如，Age_squared = age × age。参见交互项。

标准差（standard deviation）——样本数据分散程度的一种度量，近似地定义为样本点与样本均值差异平方的平均量。参见方差与描述性统计。

标准误差（standard error）——样本数据里分散程度的一种度量，使用样本容量进行正态化。标准误差定义为标准差与样本容量平方根的比值。

统计假设（statistical hypothesis）——见原假设。

统计假设检验（statistical hypothesis testing）——使用统计推断方法来检验关于变量之间关系的假设。通常，统计方法被用于区分称为原假设与维持假设的不同假设。常用的检验包括 t 检验和 F 检验。参见统计显著性。

统计显著性（statistical significance）——强到可以拒绝统计关系是虚假的，完全是由于样本数据的随机机会而导致结论的统计关系的程度。参见统计假设检验。与经济显著性相对。

调查或非实验研究（survey, nonexperimental research）——调查研究涉及事件的被动观测与分析，使用统计方法考虑外部因素就像它们是自然发生的事件一样。与实验研究相对。

时间序列数据（time-series data）——一段时间的不同时间点的同一变量的不同观测值；例如，1954—2004 年的美国的个人收入。与截面数据与面板数据相对。

时间趋势（time trend）——回归分析中用来捕捉技术进步与其他时

间趋势影响而构造的变量。

第一类错误（Type 1 error）——错误地拒绝原假设。与第二类错误相对。

第二类错误（Type 2 error）——错误地接受原假设。与第一类错误相对。

单位价值（unit value）——某种东西价格的估计，定义为货物价值除以货物数量，或者名义价值除以实际价值。与价格平减指数相对。

有效演绎（valid deduction）——结论必须是从前提假定得出的一种演绎。

有效性（validity）——见内部效度或外部效度。

方差（variance）——样本数据分散程度的测度，定义为标准差的平方。参见描述性统计。

虚拟图书馆（virtual libraries）——图书管理员或其他专家编制的网络目录。因此它们比书目有更好的信息来源。

论据推理（warranted inference）——由证据推出的结论。参见推断。

论据（warrants）——论证成立的未说明的或潜在的假定。

学习性写作（writing to learn）——写作不仅是一种成果，还是一种对你没有充分理解的思想进行分析和理解的过程或工具。

参考文献

Ackermann, Ernest, and Karen Hartman. 1998. *Searching & Researching on the Internet and the World Wide Web*. Wilsonville, OR: Franklin, Beedle & Associates.

Bauer, Susan Wise. 2003. *The Well Educated Mind: A Guide to the Classical Education You Never Had*. New York: W. W. Norton.

Bean, John C. 1996. *Engaging Ideas: The Professor's Guide to Integrating Writing, Critical Thinking, and Active Learning in the Classroom*. San Francisco: Jossey-Bass.

Beck, E. Catesby. 2003. Are consumers more interested in financing incentives or price reductions? *Issues in Political Economy* 12: 55-64.

Best, Joel. 2001. *Damned Lies and Statistics: Untangling Numbers from the Media, Politicians, and Activists*. Berkeley: University of California Press.

Blaug, Mark. 1992. *The Methodology of Economics or How Economists Explain*. Cambridge, UK: Cambridge University Press.

Booth, Wayne C., Gregory C. Colomb, and Joseph M. Williams. 1995. *The Craft of Research*. Chicago: University of Chicago Press.

Brown, Charles, Greg J. Duncan, and Frank Stafford. 1996. Data watch: The panel study of income dynamics. *Journal of Economic Perspectives* 10 (Spring): 155-168.

Clayton, Gary E., and Martin Gerhard Giesbrecht. 2001. *A Guide to Everyday Economic Statistics*. New York: McGraw-Hill/Irwin.

Cohen, A. J., and J. Spencer. 1993. Using writing across the curriculum in economics: Is taking the plunge worth it? *Journal of Economic Education* 24 (Summer): 219-230.

DeLoach, Stephen B. 2001. More evidence in favor of the Samuelson-Balassa hypothesis. *Review of International Economics* 9 (May): 336-342.

Ehrenberg, Ronald, John Cheslock, and Julia Epifantseva. 2001. Paying our presidents: what do the trustees value? *Review of Higher Education* 25 (Fall): 15-37.

Epstein, Richard L., and Carolyn Kernberger. 2005. *The Guide to Critical Thinking in Economics*. Mason, OH: Thomson South-Western.

Ethridge, Don. 1995. *Research Methodology in Applied Economics*. Ames: Iowa State University Press.

Fallen, Melissa. 2000. Meaningful money in a new classical model. Paper presented at the annual meeting of the Eastern Economic Association, Washington, DC.

Friedman, Milton. 1968. Why Economists Disagree. In *Dollars and Deficits*. Englewood Cliffs, NJ: Prentice-Hall, 1-16.

Graff, Gerald. 2003. *Clueless in Academe: How Schooling Obscures the Life of the Mind*. New Haven, CT: Yale University Press.

Gujarati, Damodar N. 2003. *Basic Econometrics*. New York: McGraw-Hill.

Harvey, Michael. 2000. *The Nuts and Bolts of College Writing*. Indianapolis, IN: Hackett http://www.nutsandboltsguide.com (accessed 19 June 2003).

Hausman, Daniel M. 1989. Economic methodology in a nutshell. *Journal of Economic Perspectives* 3 (Spring): 115-128.

Huff, Darrell. 1954. *How to Lie with Statistics*. New York: W. W. Norton.

Kennedy, Peter, 2003. *A Guide to Econometrics*. Cambridge: MIT Press.

Knoblach, C. H., and L. Brannon, 1983. Writing as learning through the curriculum. *College English* 45 (September): 465-474.

Krugman, Paul. 1979. Increasing returns, imperfect competition, and international trade. *Journal of International Economics* 9 (November): 469-479.

Lanham, Richard A. 1992. *Revising Prose*. New York: MacMillan.

Locke, Lawrence F., Stephen J. Silverman, and Waneen Wyrick Spirduso. 1998. *Reading and Understanding Research*. Thousand Oaks, CA: Sage.

Machlup, Fritz. 1965. Why economists disagree, *Proceedings of the American Philosophical Society* 109 (February): 1-7.

Maier, Mark H. 1999. *The Data Game: Controversies in Social Science Statistics*. Armonk, NY: M. E. Sharpe.

McCloskey, D. 2000. *Economical Writing*. Prospect Heights, IL: Waveland Press.

McCloskey, D. 1999. Other things equal: Economical writing: An executive summary. *Eastern Economic Review* 25 (Spring): 239-242.

McCloskey, D. 1998. *The Rhetoric of Economics*. Madison: University of Wisconsin Press.

McCuen, Richard H. , Peggy A. Johnson, and Cynthia Davis. 1993. *Dynamic Communication for Engineers*, New York: American Society of Civil Engineers.

McLagan, Donald L. 1973. A non-econometrician's guide to econometrics. Federal Reserve Bank of Philadelphia *Business Economics* (May): 38-45.

Miller, Merton H. and Charles W. Upton. 1974. *Macroeconomics A Neoclassical Introduction*. Chicago: University of Chicago Press.

Missimer, C. A. 1995. *Good Arguments: An Introduction to Critical Thinking*. Englewood Cliffs, NJ: Prentice Hall.

Morgenstern, Oskar, 1979. *National Income Statistics: A Critique of Macroeconomic Aggregation*. San Francisco: Cato Institute Reprinted from *On the Accuracy of Economic Observations*, 1963, Princeton, NJ: Princeton University Press, Chap. 14.

Mursell, James. 1951. *Using Your Mind Effectively*. New York: McGraw-Hill.

Nelson, C. 1989. Skewered on the Eunuch's Horn: The Illusion of Tragic Tradeoff Between Content and Critical Thinking in the Teaching of Science. In *Enhancing Critical Thinking in the Sciences*, ed. L. Crow. Washington, DC: Society of College Science Teachers, 17-27.

Newman, Sandra, and Joseph Harkness. 2000. Assisted housing and the educational attainment of children. *Journal of Housing Economics* 9 (March-June): 40-63.

Palmini, Dennis J. 1994. Using rhetorical cases to teach writing skills and enhance economic learning. Paper presented at the Annual Meeting of the Eastern Economics Association, New York, March 18-20.

Pergamit, Michael R. , Charles R. Pierret, Donna S. Rothstein, and Jonathan R. Veum. 2001. Data watch: The national longitudinal surveys. *Journal of Economic Perspectives* 5 (Spring): 239-254.

Perry, W. 1970. *Forms of Intellectual and Ethical Development in the College Years: A Scheme*. New York: Holt, Rinehart & Winston.

Petr, Jerry L. 1998. Student writing as a guide to student thinking. In *Teaching Undergraduate Economics: A Handbook for Instructors*, ed. William L. Walstad and Phillip Saunders. Boston: McGrawHill/Irwin, 227-243.

Phillips, John L. Jr. 1996. *How to Think About Statistics*. New York: W. H. Freeman.

Popkin, Joel. 2000. Data watch: The U. S. national income and product accounts. *Journal of Economic Perspectives* 14 (Spring): 215-224.

Ramanathan, Ramu. 1995. *Introductory Econometrics: With Applications*. Fort Worth, TX: Dryden.

Remenyi, Dan, Brian Williams, Arthur Money, and Ethne Swartz. 1998. *Doing Research in Business and Management: An Introduction to Process and Method*. London: Sage.

Romer, David. 1993. Do students go to class? Should they? *Journal of Economic Perspectives* 7 (Summer): 167-174.

Ruggiero, Vincent Ryan. 1998. *The Art of Thinking: A Guide to Critical and Creative Thought*. New York: Addison Wesley Longman, Chap. 4.

Samuelson, Robert J. 2002. A war we can afford. *Washington Post*, September 18, A29.

Schroeder, David A., David E. Johnson, and Thomas D. Jensen. 1985. Reading research reports: A brief introduction. In *Contemporary Readings in Social Psychology*, ed. David A. Schroeder, David E. Johnson, and Thomas D. Jensen. Chicago: Nelson-Hall, 36-42.

Siegfried, John, Robin Bartlett, W. Lee Hansen, Alan Kelley, Donald McCloskey, and Thomas Tietenberg. 1991. The status and prospects of the economics major, *Journal of Economic Education* 22 (Summer): 197-224.

Sorokina, Olga. 2003. Executive compensation: The case of liberal arts college presidents. *Issues in Political Economy* 12: 8-24.

Spector, Paul E. 1981. *Quantitative Applications in the Social Sciences*. Research Design Series, no. 23. Newbury Park, CA: Sage.

Studenmund, A. H. 2001. *Using Econometrics: A Practical Guide*. New York: Addison-WesleyLongman.

Teplin, Albert M. 2001. The U. S. flow of funds accounts and their uses. *Federal Reserve Bulletin* (July), 431-441.

Thomson, William. 2001. *A Guide for the Young Economist: Writing and Speaking Effectively about Economics*, Cambridge, MA: MIT Press.

Tobin, James. 1978. A proposal for monetary reform. *Eastern Economic Review* 4 (July/October): 153-159.

Trelogan, T. K. 2001. Arguments and their evaluation. http://www.unco.edu/philosophy/arg.html (accessed June, 22, 2004).

Turabian, Kate L. 1996. *A Manual for Writers of Term Papers, Theses and Dissertations*. Chicago: University of Chicago Press.

Williams, Willard F. 1984. Unpublished class notes for research methodology in economics, Texas Tech University.

Wyrick, Thomas L. 1994. *The Economist's Handbook: A Research and Writing Guide*. St. Paul, MN: West Publishing Company.

Zinnser, W. 1988. *Writing to Learn*. New York: Harper & Row.

索 引

说明：索引中的页码为英文原书页码，见正文边栏处。

摘要（abstract），118，119［表（table）］
    研究报告的摘要（of research reports），247
准确性，有说服力的论证的准确性（accuracy, for persuasive arguments），59-60
欧内斯特·阿克曼（Ackermann, Ernest），33，38，44
致谢，研究报告的致谢（acknowledgements, in research reports），247
主动语态，经济学写作中的主动语态（active voice, for economic writing），85-86
特设模型（ad hoc models），131-132，134
针对个人谬误（ad hominem fallacy），68
导师，选择导师（advisors, choosing），24
美国经济学会（American Economic Association, AEA），33-34
    门户网站（web portal hosted by），41
美国经济评论（*American Economic Review*, *AER*），30，41
肯定后项（affirming the consequent），67
美国住房调查（American Housing Survey, AHS），144，148-149
备择假设（alternative hypothesis），192，193，194
美国企业研究所（American Enterprise Institute），32
美国心理学会（APA）引文格式［American Psychological Association, (APA) citation style］，46，47
AND 运算符（AND operator），37，39-40
附有说明的文献目录（annotated bibliographies），118-119
年化增长率（annualized growth rate），167-168
制造业年度调查（Annual Survey of Manufactures, ASM），144，148
诉诸（appeals）
    诉诸权威（to authority），68
    诉诸公众（多数）［to the people

(to the many)〕, 68
诉诸同情 (to pity), 69
附录, 研究报告的附录 (appendices, in research reports), 175-176, 180-181, 248, 250
论证 (arguments), 2
  构建论证 (constructing), 39, 63; 可参见 作为过程的写作 (see also writing as process)
  定义 (definition of), 64
  证伪 V.S. 证实 (disproving versus proving), 5
  评估 (evaluating), 3-5, 95-97, 113〔表 (table)〕
  分析 (examining), 54-57
  有瑕疵的 (flawed), 67-69
  找出论证 (identifying), 99〔表 (table)〕
  不正确的 (incorrect), 64
  归纳 (inductive), 58
  逻辑或理论推理 (logical or theoretical reasons for), 111
  有说服力的 (persuasive), 59-64, 116
  推理 (reasoning and), 57-59
  合理的 (sound), 57
  论证的结构 (structure of), 51-54
亚洲开发银行 (Asian Development Bank), 145
主张, 作者提出的主张 (assertions, proposed by author), 110
假定 (assumptions)
  假定的合理性 (reasonableness of), 115
  推理中的假定 (in reasoning), 112
作者-日期系统 (author-date system), 46
权威性 (authority)
  诉诸权威 (appeals to), 68
  有说服力论证的 (for persuasive arguments), 60
自相关 (autocorrelation), 217-219, 220

后向链接 (backward linking), 41
Bartlett, Robin, 25
Bauer, Susan Wise, 120
美国经济分析局 (Bureau of Economic Analysis, BEA), 144
约翰·C. 宾 (Bean, John C.), 1, 7, 15, 24, 50, 72, 96-97, 120
回避问题实质 (begging the question), 67
乔尔·贝斯特 (Best, Joel), 140, 141, 155, 200, 201
文献目录数据库 (bibliographic databases), 35
文献目录, 附有说明的文献目录 (bibliographies, annotated), 118-119
马克·布劳格 (Blaug, Mark), 7, 9, 24
美国劳工统计局 (Bureau of Labor Statistics, BLS), 145
书籍 (books)
  在线书籍, 引用 (online, citing), 47

书籍的来源（sources of），42
布尔检索（Boolean searching），37，39-40
韦恩·C. 布斯（Booth, Wayne C.），1，3，6，7，15，16，18，24，25，61，64，65，73，77，78，79，80，85，90，236，238，260
Brannon, L.，64
布鲁金斯学会（Brookings Institution），32
Brown, Charles，155
浏览，作为搜索策略（browsing, as search strategy），33-35
乔治·W. 布什（Bush, George W.），68
《商业周刊》杂志（*Business Week* magazine），31

资本账户（capital account），146
卡托研究所（Cato Institute），32
非正式经验主义（causal empiricism），187-189
因果效度（causal validity），185，198-199
美国人口普查局（Census Bureau），144
美国消费者支出调查（Consumer Expenditure Survey, CES），145，149
链型指数（chain-type index），177
图表，研究报告中的图表（charts, in research reports），235

Cheslock, John，240
《芝加哥格式手册》（*Chicago Manual of Style*），46，118
芝加哥格式（Chicago style），46
当前工业报告（Current Industrial Reports, CIR），144，148
引用格式（citation styles），46-47
清晰性（clarity）
　命题的清晰性（of thesis），80
　写作风格与清晰性（writing style and），83-85
Clayton, Gary E.，155
柯布-道格拉斯生产函数（Cobb-Douglas production function），228
系数（coefficients）
　估计的系数，可参见 估计的参数（系数）［estimated, *see* estimated parameters（coefficients）］
　系数的符号（signs of），209
A. J. 科恩（Cohen, A. J.），3，118
Colomb, Gregory C.，1，3，6，7，15，16，18，24，25，61，64，65，73，77，78，79，80，85，90，236，238，260
交流研究结果，可参见 口头陈述；研究报告（communicating research results, *see* oral presentations; research reports）
完整性，有说服力论证的（completeness, for persuasive arguments），61，62-63
构思（写作）composition（writing），

50-51，还可参见 论证（arguments）；作为过程的写作（writing as process）

构思，构思的谬误（composition, fallacy of），68-69

结论（conclusions）
    得出结论（drawing），22
    由证据得出的结论（following from evidence），53-54，116
    研究报告的结论（in research report），245-246

美国世界大型企业联合会（Conference Board），151

会议，本科生陈述的会议（conferences, undergraduate presentations at），23，232

利益冲突，作者的利益冲突（conflicts of interest, of authors），112

干扰变量（confounding variables），196-198

美国国会预算办公室（Congressional Budget Office），32

消费者信心指数（*Consumer Confidence Index*），151

消费者价格指数（consumer price index, CPI），170-171，177

便利抽样（convenience sampling），200

相关（correlation），189

Country & City Data Book，144

协方差（covariance），189

当前就业统计（Current Employment Statistics, CES），145，147

当前人口调查（Current Population Survey, CPS），145，147

批判性阅读（critical reading），95-97
    批判性阅读的特征（distinctions for），97
    对已发表研究的批判性阅读（of published research），95-97
    指导批判性阅读的问题（questions to guide），97，99-112，113-117
    对理论文章的批判性阅读（of theoretical articles），122-123

批判性评述（critical reviews），118，119［表（table）］

批判性思维（critical thinking），4

截面数据（cross-section data），142

经常账户（Current Account），146

数据（data）
    数据的频率（adequacy of），114-115
    衍生数据（derived），175-176
    名义数据（nominal），169-170
    原始数据（raw），175-176
    实际数据（real），170
    季节调整后的数据（seasonally adjusted），175
    数据变换，为了回归分析（transformations of, for regression analysis），228
    还可参见经济数据（*see also* economic data）

数据附录（data appendices），175-176，180-181，250

数据库,关键词搜索与数据库(databases, keyword searches and),35-38,39-40

数据处理(data manipulation),164-176

　　变量的变化量(change in variable and),165,167-169

　　数据附录(data appendixes and),175-176,180-181

　　数据平滑(data smoothing and),174-175

　　名义值的通货膨胀扭曲(inflation distortion of nominal values and),172

　　变量的水平(level of variable and),164-165

　　价格指数 V.S. 价格平减指数(price indices versus implicit price deflators and),172

　　数量指数 V.S. 实际数量(quantity indices versus real quantities and),171-172

　　实际大小 V.S. 名义大小(real versus nominal magnitudes and),169-170

　　重新定基数据序列(rebasing data series and),172-174

数据序列(data series)

　　构建数据序列的步骤(constructing, steps in),140-141

　　数据序列的重新定基(rebasing),172-174

数据集(data sets),159-176

　　数据集的特征(characteristics of),142-143

　　数据处理(可参见 数据处理)data manipulation and (see data manipulation)

　　提出发现数据的搜索策略(developing search strategies for data finding and),160-163

　　确定数据集来源(locating),21

　　宏观数据集(macro),154

　　微观数据集(micro),142,154

数据平滑(data smoothing),174-175

Davis, Cynthia, 83, 90, 201, 252-253, 260

演绎推理(deductive reasoning),9,57-58

被解释变量(dependent variable),204

　　定性的被解释变量(受限)[qualitative (limited)],230

衍生数据(derived data),175-176

描述性统计(descriptive statistics),187-188

形成高质量的经济学文章(development, for good economic writing),75-76

DIALOG 数据库(DIALOG database),35

主题目录,互联网(directories, Internet),31

学科,科学的 V.S. 非科学的(disciplines, science versus nonscience),11-12

点评人(discussants),258-259

分解,分解谬误(division, fallacy

of),68-69

Dow Jones Interactive database,35

草稿,修改草稿(drafts, revising),79-82

二元性思维(dualistic thinking),3-4

虚拟变量(dummy variables),229-230

Duncan, Greg J.,155

Durbin-Watson 统计量(Durbin-Watson statistic, DW),218-219

Eastern Economic Association,23,232

Eastern Economic Journal,113

EconLit,35

Economagic,151-152

美国经济普查(Economic Census),144,148

经济数据(economic data),139-154
　经济数据的创建(creation of),140-141
　收集与公布经济数据的组织(organizations collecting and publishing),144-145
　一手经济数据,主要数据集(primary, major collections of),145-151
　二手经济数据,主要数据集(secondary, major collections of),151-154
　经济数据的来源,经济数据概览(sources of, overview of),157-158
　经济数据的结构(structure of),141-143

经济学方法论(economic methodologies),9

Economic Policy Institute,32

美国总统经济报告(Economic Report of the President, ERP),151

Economic Review,32

经济显著性,统计显著性 V.S. 经济显著性(economic significance, statistical significance versus),212-213

经济学工作论文(economics working papers),42

经济学写作(economic writing),71-90
　定义(economic writing defined and),71-72
　初稿(first draft and),72-79
　对知识产权给予尊重(giving credit for intellectual property and),77-79
　高质量经济学写作的特征(good, features of),73-76
　技术性细节(mechanics and),87-89
　修改(revising and),79-82
　写作步骤(steps in writing and),72,73
　写作风格(writing style and),82-87
　还可参见研究报告(see also research reports)

《经济学人》(*Economist*),30

编辑(editing),87-89

罗纳德·埃伦伯格(Ehrenberg, Ronald),240

索 引

电子书籍（electronic books），42
经验检验（empirical testing），185-186，199
　研究报告中的经验检验（in research report），241-245
百科全书（encyclopedias），31
内生变量（endogenous variables），221
Epifantseva, Julia, 240
Epstein, Richard L., 65
误差（errors）
　抽样误差（sampling），191
　设定误差（specification），218，221-222
　标准误差（standard），195
　第一类错误与第二类错误（type 1 and type 2），194
估计的参数（系数）[estimated parameters（coefficients）]，20
　评价统计显著性的参数（assessing statistical significance of），211
　估计的参数与理论预测一致（conformity with theoretical predictions），209-217
　估计的参数的合理性（plausibility of），213-216，215
　估计参数的大小（size of），211，214
唐·埃思里奇（Ethridge, Don），3，6，7，13，22，24，25，26，29，30，129，135，137，198，260
欧盟统计局（EuroStat），145，153
证据（evidence）

经验证据，作者提供的（empirical, provided by author），111-112
　有说服力论证的（for persuasive arguments），59-63
　有证据的支持观点（supporting points with），83
Expanded Academic ASAP，41
实验方法（experimental methods），184
解释（explanation）
　假定的解释，解释清晰性（of assumptions, clarity of），115
　有说服力论证的（for persuasive arguments），60-61
解释变量（explanatory variables），204
外部效度（external validity），185

谬误，逻辑谬误（fallacies, logical），54，67-69
合成谬误（分解谬误）[fallacy of composition（of division）]，68-69
错误类比（false analogy），69
美联储（Federal Reserve），32，145
图表，研究报告中的图表（figures, in research reports），235
初稿（first draft），72-79
第一人称，经济学写作中的第一人称（first person, in economic writing），86
欧文·费雪（Fisher, Irving），132
资金流动账户（Flow of Funds Accounts），145，146
聚焦，高质量经济学文章的聚焦

(focus, for good economic writing), 73-74, 75 [（图）(fig.)]
前向链接 (forward linking), 41
FRED Ⅱ, 145, 152
米尔顿·弗里德曼，(Friedman, Milton), 7, 8, 57
F 统计量 (F statistic), 216
全文数据库 (full-text database), 35

GDP, 人均 GDP (GDP, per capita), 164-165
Giesbrecht, Martin Gerhard, 155
比尔·高菲 (Goffe, Bill), 41
政府文件, 互联网上的政府文件 (government documents, on Internet), 41-42
Graff, Gerald, 65
图, 研究报告中的图 (graphics, in research reports), 235
艾伦·格林斯潘 (Greenspan, Alan), 67
国内生产总值, 人均国内生产总值 (gross domestic product, GDP, per capita), 164-165
增长率 (growth rate), 167
  年化增长率 (annualized), 167-168
Gujarati, Damodar, 227

Hansen, W. Lee, 25
Harnock, Andrew, 47
卡伦·哈特曼 (Hartman, Karen), 33, 38, 44

米切尔·哈维 (Harvey, Michael), 85, 90
丹尼尔·M. 豪斯曼 (Hausman, Daniel M.), 7, 9
异方差性 (heteroskedasticity), 219-221
Huff, Darrell, 155, 201
假设 (hypotheses)
  假设检验方法的充分性 (adequacy of methodology for testing), 115
  备择（维持）假设 [alternative (maintained)], 192, 193, 194
  试图拒绝假设 (attempting to refute), 9
  定义 (definition of), 14
  未得到验证的假设 (failed), 246
  好的假设, 好的假设的特征 (good, characteristics of), 134-136
  原（统计）假设 [null (statistical)], 192-193, 194, 200
  陈述假设 (stating), 204-206
假设检验 (hypothesis testing)
  回归分析中的假设检验 (in regression analysis), 206-208
  统计的假设检验 (statistical), 184-186

IFS Yearbook, 152-153
价格平减指数 (implicit price deflators), 172
解释变量 (independent variable), 204
  定性的解释变量, 使用解释变量的估计 (qualitative, estimation u-

sing),229-230
指数(index numbers),170-171
消费者信心指数(Index of Consumer Sentiment),150-151
归纳推理(inductive reasoning),9,58
推断(inference),53-54
通货膨胀,通货膨胀引起的名义值扭曲(inflation, distortion of nominal values by),172
工具效度(instrument validity),184-185
美国整合公共使用微观数据序列(Integrated Public Use Microdata Series, IPUMS),147
交互项(interaction terms),230
泛美开发银行(Inter-American Development Bank),145
馆际互借服务(interlibrary loan services),42
内部效度(internal validity),184
国际金融统计(International Financial Statistics, IFS),152-153
国际货币基金组织(International Monetary Fund, IMF),145,152
Internet Public Library,31
互联网资源(Internet resources),31
政治与社会研究校际联合数据(Inter-university Consortium for Political and Social Research, ICPSR),152
引言,研究报告的引言(introduction, in research report),234-236
Issues in Political Economy,23,232

Jensen, Thomas D.,93,121
Johnson, David E.,93,121
Johnson, Peggy A.,83,90,201,252-253,260
BIS-IMF-OECD-World Bank 联合外债统计(Joint-BIS-IMF-OECD-World Bank Statistics on External Debt database),153
Journal of Economic Literature, JEL,34,41,94
Journal of Economic Perspectives, JEP,34,35,41
期刊(journals),23
  期刊列表(lists of),41
  在线期刊,期刊引用(online, citing),47
  发表本科生研究的期刊(publishing undergraduate research),23,232
  匿名审稿的期刊(refereed),112-113
  期刊来源(sources of),41
JSTOR,41

Kelly, Alan,25
彼得·肯尼迪(Kennedy, Peter),213
Kernberger, Carolyn,65
约翰·梅纳德·凯恩斯(Keynes, John Maynard),3,69
关键词检索(keyword searches),35-38,39-40
Kleppinger, Eugene,47

Knoblach, C. H., 64
知识 (knowledge)
 知识的创造 (creation of), 2-3, 50
 知识的有效性 (validity of), 3-5
 获得知识的方式 (ways of gaining), 24
保罗·克鲁格曼, (Krugman, Paul), 94, 122

理查德·A. 拉纳姆 (Lanham, Richard A.), 84
拉斯贝尔指数 (Laspeyres indexes), 177
显著性水平 (level of significance), 193-194
变量的水平 (level of variables), 164-165
图书馆 (libraries), 42
 虚拟图书馆 (virtual), 31
受限被解释变量 (limited dependent variables), 230
线性回归, 非线性回归 V. S. 线性回归 (linear regression, nonlinear regression versus), 226
文献 (literature), 19
 文献综述, 写作, (review of, writing) 236-239
 文献综述 (literature surveys), 19-20, 29-43
 文献综述的获取来源 (obtaining resources for), 40-42

 大众文献 V. S. 学术文献 (of popular versus scholarly literature), 30-32
 文献综述的目的 (purpose), 29-30
 文献综述的检索策略 (search strategy for), 32-40
劳伦斯·F. 洛克 (Locke, Lawrence F.), 98, 99, 116-117, 121
逻辑谬误 (logical fallacies), 54, 67-69
纵向数据 (longitudinal data), 142

弗里茨·马克卢普 (Machlup, Fritz), 7, 8
宏观数据集 (macro data sets), 154
Maier, Mark H., 145, 146, 147, 155
OECD 的主要经济指数 (Main Economic Indicators, of OECD), 153-154
维持假设 (maintained hypothesis), 192, 193, 194
Manual for Writers of Term Papers, Theses and Dissertations, A (Turabian), 46
阿尔弗雷德·马歇尔 (Marshall, Alfred), 3
数学推导 (mathematical reasoning), 129-132
 特设模型 (ad hoc models and), 131-132, 134
 优化模型 (optimizing model and), 129-130

D. 麦克洛斯基（McCloskey D.），9，25，52，64，65，73-74，76-77，78，84，89，90，97，212-213，260

理查德·H. 麦丘恩（McCuen, Richard H.），83，90，201，252-253，260

McLagan, Donald L.，227

均值（mean），187-188

技术性细节，经济学写作的技术性细节（mechanics, in economic writing），87-89

中值（median），188，200

MetaCrawler，31

皮特·B. 迈耶斯（Meyers, Peter B.），98

微观数据集（micro data sets），142，154

Miller, Merton H.，137

C. A. 宓希玛（Missimer, C. A.），4，6，24，52，53，58，65，251

MLA 引文格式（Modern Language Association，MLA citation style），46-47

众数（mode）188

佛朗哥·莫迪利亚尼（Modigliani, Franco），132

Money, Arthur，7，128，137

《劳动评论月刊》（Monthly Labor Review），145

奥斯卡·摩根斯坦（Morgenstern, Oskar），155

移动平均（moving averages），174

多重共线性（multicollinearity），222-223

多元（多变量）回归分析［multiple (multivariate) regression］，198，206

多元性的（multiplicity），4-5

詹姆斯·默塞尔（Mursell, James），96

叙事推理（narrative reasoning），128-129

国民账户，OECD 国家的国民账户（National Accounts, of OECD），153-154

美国经济研究局（National Bureau of Economic Research），42

本科生研究全国会议（National Conference on Undergraduate Research），23，232

国民收入和生产账户（National Income and Product Accounts, NIPA），144，146

美国国民纵向调查（National Longitudinal Surveys, NLS），145，149-150

Nelson, C.，6，7

嵌套的布尔逻辑（nested Boolean logic），37

NetEc，42

NetLibrary，42

新闻杂志（news magazines），30，31

报纸（newspapers），31

《新闻周刊》杂志（Newsweek magazine），31

《纽约时报》(New York Times),31
名义数据(nominal data),169-170
名词化(nominalization),86
名义值,因通货膨胀而扭曲的名义值(nominal values, distortion by inflation),172
非实验方法(nonexperimental methods),184
非线性回归,线性回归 V.S. 非线性回归(nonlinear regression, linear regression versus),226
非科学学科(nonscience disciplines),11-12
正态分布(normal distribution),188-189
北美产业分类系统(North American Industry Classification System, NAICS),147,148
记笔记(note taking),117-118
NOT 运算符(NOT operator)37
新手研究者(novice researchers)
 自相关(autocorrelation and),220
 t 统计量的临界值(critical t statistic and),210
 Durbin-Watson 统计量(Durbin-Watson statistic and),219,220
 经验检验(empirical testing and),199,246
 专业技能(expertise of),251
 国际比较(international comparisons and),166-167
 文献检索(literature searches by),36

测量单位(measurement units and),165
多重共线性(multicollinearity and),223
口头陈述(oral presentations by),23,232,251,254,256
估计系数的合理性(plausibility of estimated coefficients and),215
出版物(publication by),23,232
阅读研究(reading of research by),97,98
回归问题(regression problems and),223
报告写作(report writing by),52,73,78,86,232-250
好研究项目的要求(requirements for good research projects and),13
研究设计(research design by),135
研究问题(research questions and),17-18
简单回归结果的解释(sample regression result interpretation and),224
估计系数的大小(size of estimated coefficients),214
统计显著性(statistical significance and),211
理论化(theorizing and),127
把名义值变换为实际值(transforming nominal into real variables and),173
第一类错误与第二类错误(type 1

and type 2 error and),194

进行研究的价值(value of research conducted by),16

原假设(null hypothesis),192-193,194,200

On-Line Computer Library Center, OCLC,42

OCLC FirstSearch 数据库,35

经济合作与发展组织(Organization for Economic Cooperation and Development, OECD),145,153-154

Online: A Reference Guide to Using Internet Sources(Harnock and Kleppinger),47

在线引用格式(online citation styles),47

普度大学(On-line Writing Lab, Purdue University),47

优化模型(optimizing models),129-130

Opus 1,232

口头陈述(oral presentations)

与书面陈述的差异(differences from written presentations),251-252

点评人(discussants and),258-259

强调要点(emphasizing important points in),256

进行口头陈述(giving),256-258

练习口头陈述(practicing for),256

准备口头陈述(preparing),252-253

本科生做的口头陈述(by undergraduate),23,232,251,254,256

口头陈述的可视化辅助手段(visual aids for),253-255

结构(organization)

高质量经济学文章的结构(for good economic writing),74-75,76 [图(fig.)],80-82

OR 运算符(OR operator),37,39-40

提纲(outlining)

经济学文章的提纲(for economic writing),76,83 [图(fig.)]

使用文字处理软件(using word processing software),52

帕舍指数(Passche indexes),177

丹尼斯·J. 帕米尼(Palmini, Dennis J.),71

面板(panels),154

收入动态面板研究(Panel Study of Income Dynamics, PSID),150

参数,估计的(parameters, estimated),见估计的参数(系数)(*see* estimated parameters, cofficients)

佩恩表(Penn World Tables),153

变量的人均形式(per capita form of variable),164-165

百分数变化(percentage change),167

百分数(percentages),169

Pergamit, Michael R.,155

Perry, W.,6,7

有说服力的论证(persuasive arguments),59-64

Petr, Jerry L., 72

菲利普斯曲线（Phillips curve），187，188［表（fig.）］

Phillips John L. Jr., 201

词组，作为句子片段的词组（phrases, as sentence fragments），88

词组检索（phrase searching），38

同情，诉诸（pity, appeals to），69

抄袭（plagiarism），77-79

    避免抄袭（avoiding），78-79

    抄袭的类型（types of），77-78

Popkin, Joel, 155

大众出版物（popular publications），30-31

后此谬误（post hoc, ergo propter hoc fallacy），68

Poterba, James, 35

效能，检验的效能（power, of test），186

PowerPoint 文稿演示（PowerPoint presentation），253-255

购买力平价当量［purchasing power parity (PPP) equivalent］，166，177

练习，口头陈述的练习（practicing, for oral presentations），256

准确性（precision）

    经济学写作的准确性（for economic writing），86-87

    有说服力论证的准确性（for persuasive arguments），60

以前的研究，阅读研究报告与以前的研究（previous research, reading research reports and），110-111

价格指数（price indices），170

价格平减指数 V.S. 价格指数（implicit price deflators versus），172

专业会议，本科生可以陈述的专业会议（professional conferences, undergraduate presentation at），23，232

专业出版物（professional publications），30，31-32，还可参见 期刊（see also journals）

比例（proportion），169

出版物，学术的（专业的、科学的）［publications, scholarly, (professional; scientific)］，30，31-32，还可参见 期刊（see also journals）

p 值（p values），196，210-211

定性变量（quantitative variables）

    定性的被解释变量（dependent），230

    使用定性变量的估计（estimation using），229-230

数量指数（quantity indexes），170

    实际数量 V.S. 数量指数（real quantities versus），171-172，177

引文，关于引用的提醒（quotations, caution about use of），78

Ramanathan, Ramu, 25

随机数据点（random data points），191

随机抽样（random sampling），160

随机变化，人类行为中的随机变化（random variation, in human behavior），189-191，192［表（fig.）］
极差（range），188
变化率（rate of change），167
原始数据（raw data），175-176
阅读已发表的研究（reading published research），93-120
　批判性阅读（critical reading for），95-97
　评价研究（evaluating research and），112-113
　格式（format and），94-95
　做笔记与撰写摘要和评论（note taking and writing abstracts and reviews and），117-120
　引导性问题（questions to guide），97，99-112，113-117
实际数据（real data），170
实际数量，数量指数 V.S. 实际数量（real quantities, quantity indexes versus），177
推理（reasoning）
　推理中作者的假定（author's assumptions in），112
　演绎推理（deductive），57-58
　归纳推理（inductive），58
　数学推理（mathematical），129-132
　叙事推理（narrative），128-129
　论据推理（warrant-based），58-59
参考文献列表，研究报告中的参考文献列表（reference lists, in research reports），248
回归分析（regression analysis），203-225
　参数估计（coefficient estimates and），209-216
　数据变换（data transformations for），228
　检验结果的评价（evaluation of test results and），224
　拟合优度（goodness of fit and），216-217
　解释检验结果（interpreting tests results and），208-217
　常见问题（problems common in），217-223
　陈述假设（stating hypotheses and），204-206
　统计显著性 V.S. 经济显著性（statistical versus economic significance and），212-213
　回归分析的步骤（steps in），203，204［图（fig.）］
　检验假设（testing hypotheses and），206-208
丹·雷曼尼（Remenyi, Dan），7，128，137
报告（reporting），23
代表性（representativeness）
　有说服力论证的代表性（for persuasive arguments），61，62
　样本的代表性（of samples），160
研究导师，选择研究导师（research advisors, choosing），24

研究设计（research design），135，183-199
　因果效度（causal validity and），198-199
　干扰变量（confounding variables and），196-198
　数据分析（data analysis and），186-189
　研究设计的关键问题（key issues of），183-186
　研究设计的组成部分（parts of），21-22
　行为的随机变化（random variation in behavior and），189-191，192［图（fig）］
　简单统计假设检验（simple statistical hypothesis testing and），194-196
　统计方法（statistical methods and），192-194
研究假设（research hypotheses），见假设（see hypotheses）
研究论文（research papers）
　研究论文的类型（types of），94-95
　还可参见研究报告（see also research reports）
研究问题（research problems）
　学者的认同（identification by scholars），24
　研究问题的理论分析（theoretical analysis of），20-22
研究过程（research process），11-23
　经济学的研究过程，研究过程的步骤（for economics, steps of），12-23
　科学学科 V.S. 非科学学科的研究过程（in science versus nonscience disciplines），11-12
研究计划书（research proposals）
　研究计划书的构成部分（components of），26-27
　评价研究计划书的问题（questions for evaluating），28
　撰写研究计划书（writing），26-27
研究问题（research questions）
　研究问题的定义（definition of），14
　提出研究问题（developing），14-16，18-19
　经济学研究问题（economic），18
　研究问题的例子（examples of），17-18，19
　识别研究问题（identifying），110
　研究问题的重要性（significance），16，18
研究报告（research reports），23，231-250
　摘要（abstract of），247
　致谢（acknowledgements in），247
　附录（appendices in），175-176，180-181，248，250
　构成（components of），233
　结论（conclusions in），245-246
　经验检验分析（empirical testing of analysis and），241-245
　图（graphics in），235

引言（introduction to），234-236
文献综述（literature review in），236-239
阅读研究报告（参见阅读已发表的研究）（reading, see reading published research）
参考文献列表（reference lists in），248
 格式（style for），248-249
 目录（table of contents of），247
 理论分析（theoretical analysis in），239-241
 标题（title of），247
研究主题（research topics）
 把理论应用于研究主题（applying theory to），126
 研究主题的定义（definition of），14
研究型大学的图书馆（research university libraries），42
经济学家资源网站〔Resources for Economists（RFE）website）〕，41，161
结果（results）
 解释结果（interpreting），22
 报告结果（reporting），23
修改（revising），79-82
戴维·罗默（Romer, David），99-112，114，115，116
R^2统计量（R^2 statistic），216，217
文森特·赖安·鲁吉罗（Ruggiero, Vincent Ryan），97，115，116，121
无标点句（run-on sentences），89

样本数据（sample data），141
样本容量（sample size），160
抽样误差（sampling error），191
罗伯特·J. 萨缪尔森（Samuelson, Robert J.），54-56，57
消费者金融调查（Survey of Consumer Finances, SCF），145，151
学术出版物（scholarly publications），30，31-32，还可参见期刊（see also journals）
戴维德·A. 施罗德（Schroeder, David A.），93，121
科学学科（science disciplines），11-12
科学方法（scientific method），12
 经济学的科学方法，科学方法的步骤（for economics, steps in），12-23
科学出版物（scientific publications），30，31-32，还可参见期刊（see also journals）
搜索引擎（search engines），31
 关键词搜索（keyword searches and），35-38，39-40
检索策略（search strategies），32-40
 基本的检索策略（basic），38-39
 浏览作为一种检索策略（browsing as），33-35
 发现数据的检索策略（for data finding），160-163
 关键词搜索作为一种检索策略（keyword searching as），35-38，39-40

季节调整数据（seasonally adjusted data），175
句子片段（sentence fragments），88
句子（sentences）
　完整的句子（complete），88
　无标点的句子（run-on），89
　句子的结构（structure of），83-84
份额（shares），169
Siegfried, John, 25
显著性（significance）
　经济显著性V.S.统计显著性（economic, statistical significance versus），212-213
　研究问题的重要性（of research questions），16，18
　统计显著性（statistical），见统计显著性（see statistical significance）
　符号，系数的符号（signs, of coefficients），209
Silverman, Stephen J., 98, 99, 116-117, 121
联立方程偏误（simultaneous equations bias），221
SOAS Economic Digest，232
社会科学引文索引（Social Science Citation Index，SSCI），35-37
社会科学研究网（Social Science Research Network），42
Sorokina, Olga, 240
合理的论证（sound arguments），57
诡辩谬误（special pleading fallacy），67
设定误差（specification error），218，221-222
保罗·E. 斯佩克特（Spector, Paul E.），12
思辨（speculation），24
拼写检查软件（spell-checking software），89
J. 斯宾塞（Spencer, J.），3，118
Spirduso, Waneen Wyrick, 98, 99, 116-117, 121
平方项（squared terms），228
Stafford, Frank, 155
标准差（standard deviation），188
标准误差（standard error），195
标准产业分类系统（Standard Industrial Classification system, SIC），148
State & Metropolitan Area Data Book，144
美国统计摘要（*Statistical Abstract of the United States*），144
统计假设（statistical hypotheses），192-193，194，200
统计假设检验（statistical hypothesis testing），184-186
统计方法，选择统计方法（statistical method, selecting），22
统计显著性（statistical significance）
　经济显著性V.S.统计显著性（economic significance versus），212-213
　估计系数的统计显著性，新手研究者（of estimated coefficients, novice researchers），211
　统计显著性的重要性（importance

of), 216-217

统计显著性水平（level of），193-194

统计，描述性统计（statistics, descriptive），187-188

美国统计（STAT-USA），152

稻草人谬误（straw man fallacy），67

Studenmund, A. H., 227

Student Economic Review, The, 232

调查方法（survey methods），184

当前商业调查（*Survey of Current Business*），144，145

密歇根大学调查研究中心（Survey Research Center, University of Michigan），150-151

Swartz, Ethne, 7, 128, 137

表格，研究报告中的表格（tables, of research reports），235

目录，研究报告的目录（tables of contents, of research reports），247

Teplin, Albert M., 155

理论分析（theoretical analysis），20-22
 理论分析解释的清晰性（clarity of explanation of），115
 对理论分析的评价（evaluating），114
 理论分析的过程（process of），20-21
 研究报告中的理论分析（in research report），239-241
 理论分析检验（testing），21-22

理论期刊文章，阅读与评价理论期刊文章（theoretical journal articles, reading and evaluating），122-123

理论研究（theorizing research），125-136
 定义（definition of），126-128
 好的研究假设（good research hypotheses and），134-136
 数学推导（mathematical reasoning and），129-132
 修改现存模型（modifying existing models and），132-134
 叙事推理（narrative reasoning and），128-129

命题，命题的清晰性（thesis, clarity），80

威廉·汤普森，（Thomson, William），90, 94, 260

Tietenberg, Thomas, 25

时间，写作步骤之间的时间分配（time, allocating between writing steps），73

《时代周刊》杂志（*Time magazine*），30, 31

时间序列数据（time-series data），142

时间趋势（time trends），228

标题，研究报告的标题（titles, of research reports），247

詹姆斯·托宾（Tobin, James），68, 113, 123

t 检验（t-test），184-185, 200
 统计量的大小（size of statistic-

and），214

t 统计量临界值表（table of critical t-statistic and），202

T. K. 特雷洛根（Trelogan, T. K.），65, 112, 121

凯特·杜拉宾（Turabian, Kate），44, 46

第一类错误与第二类错误（type 1 and type 2 error），194

本科生研究者，可参见新手研究者（undergraduate researcher, see novice researchers）

联合国（United Nations），145

美国人口普查局（U. S. Census），147

美国人口普查（U. S. Census of Population），144

单位价值（unit value），173

University Avenue Undergraduate Journal of Economics，23, 232

威斯康星写作中心（University of Wisconsin Writing Center），47

Upton, Charles W., 137

USA Counties，144

有效演绎（valid deductions），57

有效性（validity），184-185
　因果效度（causal），185, 198-199
　定义（definition of），6
　外部效度（external），185
　工具效度（instrumental），184-185
　内部效度（internal），184

关系效度（relationship），185

变量（variables）
　变量的人均形式（per capita form of），164-165
　变量的变化量（changes in），165, 167-169
　干扰变量（confounding），196-198
　被解释变量（dependent），204, 230
　虚拟变量（dummy），229-230
　内生变量（endogenous），221
　解释变量（explanatory），204
　解释变量（independent），204, 229-230
　变量的水平（level of），164-165
　定性变量（qualitative），229-230
　变量的测量单位（units of measurement for），165

方差（variance），188

弗吉尼亚社会科学协会（Virginia Social Science Association），23, 232

虚拟图书馆（virtual libraries），31

看得见的手（visible hand, The），232

可视化辅助手段，口头陈述的可视化辅助手段（visual aid, for oral presentations），253-255

《华尔街日报》（Wall Street Journal），31

有正当理由的推断（warranted inferences），53-54

论据（warrants），58-59

《华盛顿邮报》（Washington Post），31

WebEc，161

通配符（wildcard characters），38

Williams, Brian, 7, 128, 137

Williams, Joseph M., 1, 3, 6, 7, 15, 16, 18, 24, 25, 61, 64, 65, 73, 77, 78, 79, 80, 85, 90, 236, 238, 260

威拉德·F. 威廉姆斯（Williams, Willard F.），129

文字处理软件（word processing software），52

工作论文档案（华盛顿大学）[Working Paper Archive (Washington University)]，42

世界银行（Word Bank），145

世界经济展望数据库（World Economic Outlook database），153

经济学的互联网资源（World Wide Web Resources in Economics），161

写作障碍（writer's block），76，83 [表 (fig.)]

写作工作坊（伊利诺伊大学）[Writer's Workshop (University of Illinois)]，47

作为过程的写作（writing as process），39，49-64

作为创造性过程的写作（as creative process），50-51

学习（to learn），50

还可参见论证（see also arguments）

作为成果的写作（writing as product），39

还可参见 经济学写作，研究报告（see also economic writing; research reports）

写作格式（writing style），82-87

研究报告的写作格式（for research reports），248-249

互联网虚拟图书馆（WWW Virtual Library），31

托马斯·威瑞克（Wyrick, Thomas），25，43，73，74，126，137，163，177，196，201，227，260

Zinnser, W., 64

译后记

经济学研究是一项十分复杂的工作，往往需要多年的理论知识和研究技能积累。我从 1998 年读硕士研究生开始就希望能找到一本比较系统地讲述经济学研究方法论的书籍，从而能够为刚刚开始进行经济学研究工作的我们这些学生提供比较系统的训练，避免多走弯路；到多年后自己成为一名经济学教师，从事经济学教学并指导研究生时，更希望如此。但是，很长时间以来我都没有发现较好的参考书，所以在指导研究生的过程中需要花费很多时间去解释关于经济学研究过程的基本问题和手段，但却往往事倍功半。国内目前可以见到的类似书籍基本都是以研究方法论（哲学视角）、具体数据分析方法和论文写作技巧作为主要内容。史蒂文·A. 格林劳的这本书从经济学研究过程的角度比较系统地介绍了经济学经验研究的过程，并且通过一些常见的、简单的、具体的例子介绍了题目的选择、文献的搜集和阅读、理论模型的构建、一手数据与二手数据的搜集与整理、模型的检验、论文写作及结果展示等，为我们提供了一份清晰的经济学经验研究的"菜谱"。此外，作者不仅对每一方面的内容都提供了丰富的课外阅读文献和一些练习，还为新手研究者总结了各种主题的注意事项与窍门，因此本书对于刚刚开始经济学研究生涯的高年级本科生和硕士生应该会有比较大的帮助。本书还提供了面向教师的英文教辅网站，包括"教学提示"等，（http://college.cengage.com/economics/greenlaw/research/1e/instructors/index.html），高校教师可以填写书后的"教学支持服务"表进行申请。不过由于本书的出版时间较早及篇幅所限，对于有一定基础的研究者，书中有些内容的描述相对不是十分深入。读完本书后，新手研究者可能还需要进一步阅读一些更深入的关于研究技能的书籍。我们在每章章末都以注释形式提供了更多的参考资料。

本书主要是针对美国的学生来编写的，作者在书中提供了一些国外的英文搜索引擎和学术数据库网站。对于我国的学生，国内目前也有一些比较好的中文搜索引擎和学术数据库，而且国外近几年也出现了一些新的搜索引擎，有必要加以有效利用，从而更好地进行文献检索。除了谷歌学术（https://scholar.google.com）之外，目前常用的中文学术搜索引擎主要有百度学术（http://xueshu.baidu.com，但很多文献的信息不是太准确，特别是专著信息的准确性和及时性与谷歌学术有较大差距）、搜狗学术（http://scholar.sogou.com）、微软学术（https://academic.microsoft.com）、CNKI学术（http://scholar.cnki.net）等。国内常用的中文学术数据库主要包括中国知网（http://www.cnki.net）、维普资讯（http://qikan.cqvip.com）、万方数据知识服务平台（http://www.wanfangdata.com.cn）等。

本书列举的数据来源主要都是美国研究者常用的数据来源，对于研究美国或世界的问题会很有帮助。但是，我国大部分学生都主要集中于研究中国的经济问题，需要使用我国的数据。我国的数据来源主要有四种：政府有关部门、有关商业机构、高校或其他机构、个人调查。随着我国统计制度的不断完善和政府信息公开力度的加大，政府提供的数据越来越丰富。这主要体现在国家、省、市、县的统计年鉴越来越多，提供的统计指标越来越多，而且专门的统计年鉴也越来越多。政府提供的统计年鉴主要包括国家统计局编制的《中国统计年鉴》、各省统计局编制的省统计年鉴（其中，河北省为《河北经济年鉴》，甘肃省为《甘肃发展年鉴》）、各市或县编制的县（或市）统计年鉴。这些数据一般还可以在国家统计局和各级统计局网站获得，但有时数据是图片格式的，使用起来不是十分方便。而各县市的统计数据也有较大差异，有的县市统计工作质量较好，数据比较完整，有的就质量较差。政府职能部门还编制了大量的专门年统计年鉴，如国家卫生与计划生育委员会编制的《中国卫生和计划生育统计年鉴》（2013年以前称为《中国卫生统计年鉴》）、中国金融学会编制的《中国金融年鉴》、财政部编制的《中国财政年鉴》、农业部编制的《中国畜牧业年鉴》、国家统计局工业统计司编制的《中国工业统计年鉴》、国土资源部编制的《中国国土资源统计年鉴》、国家统计局编制的《中国县域统计年鉴》（2013年以前称为《中国县市社会经济统计年鉴》）及《中国区域经济统计年鉴》等。提供数据服务的商业机构主要有深圳国泰安教育技术股份有限公司等。利用标准宏观经济总量数据进行真正有创造性的研究是非常困难的，尤其对一篇要在较长时期内完成的论文来说更是如此。近年来，我国高校的一些机构也开展了大量的经济与社会调查工作，为全国不同方面的经济或社会状况提供了大量微观数据。这些数据主要包括：北京大学中国社会科学调查中心（ISSS）实施的中国家庭追踪调查（China Family Panel Studies，CFPS），北京大学国家发展研究院主持、北京大学中国社会科学调查中心与北京大学团委共同执行的大型跨学科调查中国健康与养老追踪调查（China Health and Retirement Longitudinal Survey，CHARLS），西南财经大学中国家庭金融调查与研究中心进行的中国家庭金融调查（China Household Finance Survey，CHFS），北卡罗来纳大学人口中心进行的中国健康与营养调查（China Health and Nutrition Survey，CHNS），北京师范大学中国收入分配研究院进行的中国家庭收入调查（China Household Income Project，CHIPS），中国人民大学进行的中国综合社会调查（Chinese General Social Survey，CGSS），等等。其中很多数据库都可以免费申请。关于我国微观经济数据更详细的介绍请参考厦门大学王亚南经济研究院欧振中教授和李云森博士编撰的《经济学研究常用中国微观数据》。

进行研究，就需要不断和同行进行交流。各种学术会议为学者们提供了一个很好的交流和构建学术网络平台的机会。目前，国内经济学的学术会议很多，主要是由一些学会或高校主办的。这些学术会议一般都不限制作者的身份，本科生、研究生都可以投稿和发言。国内较高水平的学术会议包括中国经济学年会、中国数量经济学会年会、中国区域经济学会年会、中国金融学术年会、中国金融评论国际研讨会、中国制度经济学年会、中国产业经济研究学术年会、中国工业经济学会学术年会、中国农业经济学会年会、数量经济学国际学术研讨会、产业经济学与经济理论国际研讨会、中国空间经济学国际研讨会、中国青年经济学家联谊会、中国青年经济学者论坛、中华发展经济学年会、中国劳动经济学者论坛、环亚太青年计量学者会议、全国区域经济学学科建设年会、全国产业经济学研究生学术论坛，等等。每年有关这些会议的详细信息都会在相关网站上进行发布，感兴趣的研究人员可以上网及时关注。

最后，需要提醒读者注意的是，虽然书中的研究技能和方法论具有一定的重要性，但就像本书的英文书名（*Doing Economics*）所说的，要想学会做研究，还必须在实践中不断地摸索、应用和积累经验，最好是一边学习一边实践，在实践中不断进步。另外，还需要强调的是，要想获得较高水平的研究成果，基本的经济学理论与方法的熟练掌握是必不可少的，千万不能忽视对基本原理和分析方法的理解。

金秋时节，经过一年多的努力，终于完成了这项困难重重的翻译任务。在翻译过程中，北京大学出版社的王晶老师不仅提供了大量的支持和帮助，而且在文字修改上投入了大量的时间和精力，在此深表谢意。由于本人水平所限，难免会有所疏漏，希望各位同人不吝指正。

郝永敬
2017 年 9 月

教学支持服务

圣智学习出版集团（Cengage Learning）作为为终身教育提供全方位信息服务的全球知名教育出版集团，为秉承其在全球对教材产品的一贯教学支持服务，将为采用其教材图书的每位老师提供教学辅助资料。任何一位通过Cengage Learning北京代表处注册的老师都可直接下载所有在线提供的、全球最为丰富的教学辅助资料，包括教师用书、PPT、习题库等。

鉴于部分资源仅适用于老师教学使用，烦请索取的老师配合填写如下情况说明表。

教学辅助资料索取证明

兹证明_____大学_____系/院_____学年（学期）开设的_____名学生 □主修 □选修的_____课程，采用如下教材作为 □主要教材 或 □参考教材：

书名：_____
作者：_____
　　　_____　□英文影印版　　□中文翻译版
出版社：_____
学生类型：□本科1/2年级　□本科3/4年级　□研究生　□MBA　□EMBA　□在职培训
任课教师姓名：_____
职称/职务：_____
电话：_____
E-mail：_____
通信地址：_____
邮编：_____
对本教材的建议：_____

　　　　　　　　　　　　　　　　　　　系/院主任：_____（签字）
　　　　　　　　　　　　　　　　　　　　　（系/院办公室章）
　　　　　　　　　　　　　　　　　　　_____年_____月_____日

---

*相关教辅资源事宜敬请联络圣智学习出版集团北京代表处。

经济与管理图书事业部
北京市海淀区成府路205号 100871
联系人：徐 冰 张 燕
电　话：**010-62767312 / 62767348**
传　真：**010-62556201**
电子邮件：em@pup.cn　em_pup@126.com
Q　Q：552063295
新浪微博：@北京大学出版社经管图书
网　址：http://www.pup.cn

Cengage Learning Beijing Office
圣智学习出版集团北京代表处
北京市海淀区科学院南路2号融科资讯中心C座南楼1201室
Tel: (8610) 8286 2095 / 96 / 97　Fax: (8610) 8286 2089
E-mail: asia.infochina@cengage.com
www.cengageasia.com